OTTO BEIERL

Die Einkünftequalifikation bei gemeinsamer wirtschaftlicher Betätigung im Einkommensteuerrecht

Schriften zum Steuerrecht

Band 31

Die Einkünftequalifikation bei gemeinsamer wirtschaftlicher Betätigung im Einkommensteuerrecht

Von

Dr. Otto Beierl

DUNCKER & HUMBLOT / BERLIN

CIP-Kurztitelaufnahme der Deutschen Bibliothek

Beierl, Otto:
Die Einkünftequalifikation bei gemeinsamer wirtschaftlicher Betätigung im Einkommensteuerrecht / von Otto Beierl. — Berlin: Duncker und Humblot, 1987.
(Schriften zum Steuerrecht; Bd. 31)
ISBN 3-428-06241-8

NE: GT

Satz und Druck: Berliner Buchdruckerei Union GmbH, Berlin 61
Printed in Germany

ISBN 3-428-06241-8

Meiner Frau

Vorwort

Die Arbeit lag der Juristischen Fakultät der Universität Augsburg im Wintersemester 1986/87 als Dissertation vor und wurde von ihr angenommen.

Schrifttum und Rechtsprechung konnten bis Januar 1987 berücksichtigt werden.

Für wertvolle Anregungen und Hinweise danke ich dem Erstgutachter Herrn Prof. Dr. Wolfgang Jakob sowie seinem Assistenten Herrn Akad. Rat Roland Jüptner. Besonderen Dank schulde ich dem Zweitgutachter Herrn Prof. Dr. Wilhelm Dütz, an dessen Lehrstuhl ich als Assistent tätig war, für seine stets vorhandene Bereitschaft, meine Bemühungen in jeder Hinsicht zu unterstützen. Der Universität Augsburg danke ich für den großzügig gewährten Druckkostenzuschuß.

Augsburg, im März 1987 *Otto Beierl*

Inhaltsverzeichnis

Hinweis zu den Abkürzungen

Die verwendeten Abkürzungen richten sich nach den Verzeichnissen bei *Kirchner*, Hildebert / *Kastner*, Fritz: Abkürzungsverzeichnis der Rechtssprache. 3. Aufl. Berlin 1983, und *Hübschmann / Hepp / Spitaler*: Kommentar zur Abgabenordnung und Finanzgerichtsordnung. 8. Aufl. Köln 1981 (Stand: März 1986).

I. Einführung und Problemstellung

1. Definition, gesetzessystematische Einordnung und wirtschaftliche Bedeutung der Einkünftequalifikation

Dem geltenden Einkommensteuerrecht liegt das Leistungsfähigkeitsprinzip zugrunde. Nach dieser Steuerlastverteilungsregel hat jeder Einzelne nach Maßgabe seiner Leistungsfähigkeit Steuern zu entrichten. Das Vermögen ist durch den Steuereingriff demnach so zu senken, daß die Fähigkeit aller zur Befriedigung ihrer persönlichen Bedürfnisse in gleichem Umfang gesenkt wird.[1] Das Leistungsfähigkeitsprinzip findet heute als sachgerechtes Fundamentalprinzip der Einkommensbesteuerung beim Steuergesetzgeber, in Wissenschaft und (Verfassungs-) Rechtsprechung nahezu uneingeschränkte Anerkennung.[2]

Leistungsfähigkeit muß bemessen werden. Die Einkommensteuer erfaßt das Einkommen als besonders geeigneten Indikator zur Bestimmung wirtschaftlicher und steuerlicher Leistungsfähigkeit.[3] Am Maßstab des Geldes und der geldeswerten Güter, die einer Person zufließen, läßt sich ihr Potential zur persönlichen Bedürfnisbefriedigung unmittelbar messen.

Der Gesetzgeber des geltenden Einkommensteuergesetzes hat den Begriff des Einkommens in § 2 EStG unabhängig von finanzwissenschaftlichen Lehrmeinungen[4] und unter Verzicht auf eine allgemeingültige Definition pragmatisch, also in einer für Zwecke der Besteuerung möglichst geeigneten

---

[1] Jakob, Steuern vom Einkommen I, S. 21; grundlegend zum Leistungsfähigkeitsprinzip Birk, Das Leistungsfähigkeitsprinzip als Maßstab der Steuernormen; aus finanzwissenschaftlicher Sicht vgl. Neumark, Grundsätze gerechter und ökonomisch rationaler Steuerpolitik, S. 135.

[2] Vgl. die ausführlichen Nachweise bei Tipke, Steuerrecht, S. 52f.; exemplarisch BVerfG, Beschl. vom 21.2.1984, BVerfGE 66, 214, 223: „Es ist ein grundsätzliches Gebot der Steuergerechtigkeit, daß die Besteuerung nach der wirtschaftlichen Leistungsfähigkeit ausgerichtet wird. Dies gilt insbesondere für die Einkommensteuer . . . Im Gesetzgebungsverfahren ist es als „das Prinzip der Steuergerechtigkeit" bezeichnet worden, „jeden Bürger nach Maßgabe seiner finanziellen und wirtschaftlichen Leistungsfähigkeit mit Steuern zu belasten . . .". Dieses Prinzip war schon in Art. 134 WRV normiert; bereits damals wurde es als „oberster Besteuerungsgrundsatz" gewertet, welcher nach ganz überwiegender Auffassung für den Gesetzgeber bindend war."

[3] Tipke StuW 1971, 2, 8 m.w.N.

[4] Die Dogmengeschichte des Einkommensbegriffes ist so häufig erzählt worden, daß hier auf eine Darstellung verzichtet werden soll; verwiesen sei auf die Erläuterung des finanzwissenschaftlichen und des steuerrechtlichen Einkommensbegriffes bei Biergans / Stockinger FR 1982, (I.) 1ff., (II.) 25ff. m.w.N.

Weise bestimmt: Einkommen wird (nur) konstituiert durch Verwirklichung der in § 2 Abs. 1 EStG einzeln aufgeführten sieben Einkünftetatbestände.[5] Wertzugänge, die unter keine der sieben Einkunftsarten subsumiert werden können, sind daher nicht einkommensteuerbar.[6] Die Aufgabe des Rechtsanwenders besteht nun darin, diejenigen Vermögenszugänge herauszufiltern, die durch eine Leistung des Steuerpflichtigen im Rahmen einer Einkunftsart veranlaßt sind. Diese juristische Einordnung einer auf den Bezug von Einnahmen gerichteten Handlung in den Rahmen einer Einkunftsart bezeichnet man allgemein als Einkünftequalifikation.[7]

Zwar werden die einzelnen Einkünfte aus den verschiedenen Einkunftsarten addiert und der sich ergebende Saldo nach Abzug bestimmter Korrekturposten[8] einem einheitlichen Steuersatz unterworfen, da die einzelnen Einkunftsarten nach geltendem Recht prinzipiell gleichwertig nebeneinanderstehen und unselbständige Bestandteile eines einheitlichen Einkommens sind;[9] die wahre wirtschaftliche Bedeutung der Zuordnung einer auf den Bezug von Einnahmen gerichteten Handlung zur „richtigen" Einkunftsart zeigt sich jedoch bereits in systematisch vorgeschalteten „Prüfungsstufen": so bei der Abgrenzung der steuerbaren Einkommenssphäre zur prinzipiell nicht steuerbaren Vermögenssphäre,[10] der einkunftsartenspezifischen Einkünfteermittlung (unterschiedliche Erfassung der Vermögenswertänderungen),[11] den einkunftsartenspezifischen Vereinfachungs- bzw. Vergünstigungsvorschriften (Werbungskostenpauschbeträge,[12] Vorsorgepauschalen,[13]

---

5 Merkenich, Die unterschiedlichen Arten der Einkünfteermittlung im deutschen Einkommensteuerrecht, S. 21; Tiedtke, Einkommensteuer- und Bilanzsteuerrecht, S. 20; Littmann DStR 1962, 17, 18; Hermann / Heuer / Raupach RdNr. 39 a zu § 2 EStG.

6 Anders das amerikanische Einkommensteuerrecht, dem ein umfassender Einkommensbegriff ohne Auflösung in Einkunftsarten zugrunde liegt, vgl. sec. 61 a I. R. C.: "Except otherwise provided in this subtitle, gross income means all income from whatever source derived, including (but not limited to) the following items: . . ." und hierzu Musgrave / Musgrave, Public Finance in Theory and Practice, S. 237 ff. sowie Schmölders StuW 1960, Sp. 75 ff.; anders auch das schweizerische Einkommensteuerrecht, vgl. dazu Höhn, Steuerrecht, S. 133 ff.

7 Jakob, Steuern vom Einkommen I, S. 60; Walz, Steuergerechtigkeit und Rechtsanwendung, S. 235, Fn. 3.

8 Vgl. § 2 Abs. 3-6 EStG.

9 Sog. synthetisches im Gegensatz zum analytischen System der Einkommensteuer, bei dem die einzelnen Einkünfte jeweils einer besonderen Einkommensteuer unterliegen; vgl. dazu Giloy FR 1978, 205; das EStG kennt – im Grundsatz, wohl anders in der steuertechnischen Ausgestaltung – keine qualitative Differentiation der fiskalischen Belastung von Einkünften verschiedener ökonomischer Qualität, geht also nicht davon aus, daß bei gleicher Höhe Einkünfte bestimmter Art (z. B. Arbeitseinkommen) ihren Beziehern im Vergleich zu anderen Einkünften (z. B. Besitzeinkommen) eine unterschiedliche Leistungsfähigkeit gewähren; vgl. Neumark, Grundsätze gerechter und ökonomisch rationaler Steuerpolitik, S. 156 f.

10 § 2 Abs. 1 Satz 1 EStG.

11 § 2 Abs. 2 EStG.

12 § 9 a EStG.

13 § 10 c Abs. 3 EStG.

Freibeträge und Freigrenzen,[14] Behandlung von Altersbezügen,[15] Verlustausgleichs- bzw. Verlustabzugsbeschränkungen,[16] Steuerbefreiungen[17]) und der einkunftsartenspezifischen Zuordnung von Einkünften zu Inlandseinkünften im Falle der beschränkten Steuerpflicht.[18]

Die bei der Einkommensteuer getroffene Feststellung der „richtigen" Einkunftsart hat darüber hinaus auch Auswirkungen auf die anzuwendende Steuererhebungstechnik[19] sowie auf andere Steuern, insbesondere Gewerbe- und Umsatzsteuer.[20] Zwar bestehen rechtlich diesbezüglich keinerlei Bindungswirkungen, doch handelt es sich zumindest um eine faktische Konsequenz.[21]

Die Bedeutung der unterschiedlichen Einkünfteermittlungsarten beschränkt sich somit nicht etwa auf bloße Ermittlungstechnik, vielmehr sind sie von größter materieller Relevanz:[22] realisierte Vermögenswertsteigerungen werden nur bei den Gewinnermittlungsarten (§ 2 Abs. 1 Nrn. 1-3 EStG) erfaßt. Die Einkünftequalifikation bestimmt somit letztlich auch den Umfang des Einkommens.

2. Bezogenheit der Einkünftequalifikation auf die natürliche Person als „den Steuerpflichtigen"

Träger wirtschaftlicher Leistungsfähigkeit und damit folgerichtig Subjekt der Einkommensteuer ist die natürliche Person (§ 1 EStG), da persönliche Bedürfnisbefriedigung notwendig der Individualsphäre natürlicher Personen zuzuordnen ist.[23] Kraft der Anordnung in § 1 EStG sind somit Vermö-

---

[14] §§ 13 Abs. 3, 16 Abs. 4, 17 Abs. 3, 18 Abs. 4, 19 Abs. 2-5, 20 Abs. 4, 23 Abs. 4 EStG.

[15] §§ 19 Abs. 2, 22 Nr. 1, 24 a EStG.

[16] §§ 2 a, 15 Abs. 3, 15 a, 19 Abs. 5, 22 Nr. 3 letzter Satz, 24 Abs. 4 letzter Satz, 50 Abs. 2 EStG.

[17] §§ 3, 3 a, 3 b EStG.

[18] § 49 EStG.

[19] Quellenabzugsverfahren bei der Lohnsteuer (§§ 38ff. EStG). Zu dessen möglichen Auswirkungen auf die Gleichmäßigkeit der Einkommensbesteuerung vgl. Upmeier, Die neue „Klassensteuer", S. 65ff.

[20] § 2 Abs. 1 Satz 1 und 2 GewStG; § 2 UStG.

[21] Vgl. z. B. zur Anknüpfung der Gewerbesteuer Lenski / Steinberg, Anm. 5 zu § 2 GewStG.

[22] Daß die unterschiedlichen Einkünfteermittlungsarten den materiellen Umfang des Einkommens bestimmen, wurde schon früh erkannt; vgl. Strutz, Anm. 7 zu § 7 EStG 1925 unter Hinweis auf das Urteil des RFH in RFHE 11, 249.

[23] So bereits Fuisting, Grundzüge der Steuerlehre, S. 187, 188: „Ist hiernach die Zweckbestimmung des Einkommens ausschließlich auf die Verfügbarkeit für die persönlichen Lebensbedürfnisse gerichtet, so beschränkt sich der Einkommensbegriff auf natürliche Personen. Andere Rechtsgebilde mit voller oder beschränkter Rechtsfähigkeit (juristische Personen usw.) können keine persönlichen Lebensbedürfnisse und deshalb auch kein Einkommen haben; bei ihnen kann nur zwischen Vermögen

genszugänge nur dann einkommensteuerrechtlich relevant, wenn sie sich einer von einer natürlichen Person erbrachten „steuerbaren Leistung“[24] zuordnen lassen, wenn sie durch deren steuerbare Leistung veranlaßt sind.[25] Nur die natürliche Person als alleiniges Rechtssubjekt der Einkommensteuer kann daher Steuerpflichtiger im Sinne des § 33 AO, insbesondere Steuerschuldner sein.[26] Wenn die Zuordnung eines Vermögenszuganges zu einer Einkunftsart voraussetzt, daß dieser auf einer auf den Bezug von Einnahmen gerichteten *Handlung* einer natürlichen Person beruht, so kann ein Besteuerungstatbestand offenbar nur durch dieses Handeln verwirklicht werden, dies ist die „steuerbare Leistung“ des Steuerpflichtigen.

3. Tatbestandsverwirklichung durch gemeinsame wirtschaftliche Betätigung und ihre Auswirkungen auf die Einkünftequalifikation

„Erzielt“ (§ 2 Abs. 1 EStG) werden Einkünfte grundsätzlich durch Erwirtschaftung.[27] Erwirtschaftende Tätigkeit wird durch Beteiligung am wirtschaftlichen Verkehr vollzogen.[28] Beteiligung am allgemeinen Wirtschaftsverkehr setzt Streben nach Leistungsaustausch voraus; dieser vollzieht sich im allgemeinen in den Rechtsformen des Zivilrechts: der Arbeitnehmer erbringt seine Arbeitsleistung aufgrund Arbeitsvertrags, der Mietvertrag ist Rechtsgrundlage für die Vermietung von Wohnraum an den Mieter, der Rechtsanwalt vertritt den Mandanten aufgrund Dienstvertrags.

Partner des zivilrechtlichen Leistungsaustauschverhältnisses und damit am wirtschaftlichen Verkehr „Beteiligte“ sind nicht nur natürliche Personen, vielmehr auch Personenvereinigungen.[29] Der einzelne Gesellschafter nimmt bei ihnen nur durch den Zusammenschluß am wirtschaftlichen Verkehr teil.

---

und Ertrag unterschieden werden“; vgl. dazu aus finanzwissenschaftlicher Sicht Neumark, Wirtschafts- und Finanzprobleme des Interventionsstaates, S. 23f.

[24] Zu diesem Begriff vgl. Jakob, Steuern und Einkommen I, S. 58.

[25] Vgl. zum Veranlassungsprinzip grundlegend Kröger StuW 1978, 289; Tipke StuW 1979, 193.

[26] Zu den Begriffen Steuersubjekt – Steuerpflichtiger – Steuerschuldner vgl. Hübschmann / Hepp / Spitaler, AO, RdNr. 2ff. zu § 33 AO sowie grundlegend Stoll, Das Steuerschuldverhältnis, S. 157ff.

[27] BFH, Urt. v. 5.7.1978, BStBl. II 1979, 40; Tipke FR 1983, 580.

[28] Tipke, a.a.O., unter irrtümlicher Berufung auf § 1 Abs. 1 EStDV.

[29] Soweit es sich bei diesen Personenvereinigungen um Körperschaftsteuersubjekte handelt, werden sie von einer eigenen „Einkommensteuer der juristischen Person“, der Körperschaftsteuer erfaßt. Diese Vereinigungen mit eigener „körperschaftsteuerlicher Rechtsfähigkeit“ (vgl. § 1 Abs. 1 KStG: im wesentlichen juristische Personen des privaten Rechts) sind jedoch nicht Gegenstand der vorliegenden Untersuchung.

Fraglich ist nun, welche die einnahmenbringende Handlung ist, die in den Rahmen einer Einkunftsart eingeordnet werden soll: Ist es die Leistung, die die Vereinigung gegenüber einem Dritten als Partner in einem Leistungsaustauschverhältnis erbringt oder ist es die Beitragsleistung, die der an der Vereinigung Beteiligte der Vereinigung gegenüber erbringt? Gibt es also eine gemeinschaftlich erbrachte steuerbare Leistung oder können gesetzlich vertypte Leistungen nur einzelne Steuerpflichtige (= natürliche Personen) erbringen?

Die vielfältigen Erscheinungsformen der enormen Zahl der am Wirtschaftsverkehr teilnehmenden Personenvereinigungen (II. 1.) macht es zunächst notwendig, allgemeingültige Merkmale für die Qualifizierung einer wirtschaftlichen Tätigkeit als im Rechtssinne „gemeinsam" erbracht herauszuarbeiten (II. 2.). Sodann soll dargestellt werden, welche Entwicklung die Einkünftequalifikation der gemeinsamen wirtschaftlichen Betätigung bei im Prinzip stets gleich gebliebenen (dürftigen) Aussagen der Einkommensteuergesetze nach dem jeweiligen Erkenntnisstand von Rechtsprechung und Steuerrechtswissenschaft bisher genommen hat sowie eine erste Beurteilung dieser Erkenntnisse vorgenommen werden (III.).

Ausgehend vom Normengefüge des Einkommensteuergesetzes selbst soll daraufhin versucht werden, einen eigenen Lösungsansatz für die dogmatische Bewältigung des Problems zu finden. Dazu muß erstens Klarheit über die Bestimmung der zu qualifizierenden Leistung bei gemeinsamer wirtschaftlicher Betätigung geschaffen werden (IV.); auf dieser Grundlage können Kriterien für die Zuordnung der Leistung zur „richtigen" Einkunftsart herausgearbeitet werden (V.). Das eigene Einkünftequalifikationsmodell wird sodann auf der Einkünfteermittlungs- und der Besteuerungsverfahrensebene fortentwickelt (VI.). Die aufgestellten Grundsätze werden schließlich anhand von Einzelfallgestaltungen gemeinsamer wirtschaftlicher Betätigung daraufhin untersucht, ob sie im Einklang mit den systemtragenden Prinzipien der Einkommensbesteuerung[30] stehen (VII.), da nur deren durchgängige Anwendung Widersprüche, Überschneidungen und Lücken vermeidet, letztlich also gerecht ist.[31]

---

30 Zu den systemtragenden Prinzipien des Steuerrechts vgl. Tipke, Steuerrecht, S. 21 ff.; Loritz StuW 1986, 9 ff.; zum Zusammenhang der Systemhaftigkeit des Steuerrechts mit der Steuergerechtigkeit ders., Steuergerechtigkeit in Theorie und Praxis, S. 47 ff. (S. 49: „Systemhaftigkeit ist nichts anderes als auf konsequent durchgeführten, sachgerechten Regeln beruhende Gerechtigkeit"); grundlegend auch Walz, Steuergerechtigkeit und Rechtsanwendung.

31 Zu dem aus Art. 3 Abs. 1 GG hergeleiteten Gebot der Steuergerechtigkeit vgl. BVerfG, Beschl. v. 17.1.1957, BVerfGE 6, 55, 70; Beschl. v. 30.10.1961, BVerfGE 13, 181, 202; Urteil vom 24.1.1962, BVerfGE 13, 331, 338; Beschl. v. 9.7.1969, BVerfGE 26, 302, 310; Beschl. v. 23.11.1976, BVerfGE 43, 108, 118; Urt. v. 3.11.1982, BVerfGE 61, 319, 343, 351; Beschl. v. 6.12.1983, BVerfGE 65, 325, 354; Beschl. v. 22.2.1984, BVerfGE 66, 214, 223.

Diese Aufgabenstellung schließt ein, wenn nötig auch gesetzgeberische Einzelaktionen, die oft ohne erkennbare Zugrundelegung sachgerechter Prinzipien oder Regeln verwirklicht werden, einer kritischen Analyse zu unterziehen, denn „wie aus einem Lumpengewand selbst durch Kunststopfen kein Modell entsteht, so erwächst aus einem ständig aufgepropften Steuerrecht keine Systemhaftigkeit, die es der Steuerrechtswissenschaft ermöglichen könnte, das Steuerrecht systematisch aufzuarbeiten und darzustellen."[32]

---

[32] Mösbauer DStR 1975, 679, 683. Die Gestaltungsfreiheit des Gesetzgebers ist im übrigen auch im Steuerrecht nicht grenzenlos. Das Bundesverfassungsgericht hat zwar bisher die vom Steuergesetzgeber zu beachtenden verfassungsrechtlichen Grenzen recht weit gezogen, doch ist eine Tendenz zur Anlegung schärferer Maßstäbe unverkennbar. Vgl. dazu die Darstellung der neueren Verfassungsrechtsprechung bei Loritz NJW 1986, 1, 5ff.

II. Merkmale gemeinsamer wirtschaftlicher Betätigung

1. Rechtstatsächliche Bedeutung und Erscheinungsformen gemeinsamer Betätigung im Wirtschaftsverkehr

Der Zusammenschluß von Individuen zum Zwecke der gemeinsamen Teilnahme am Wirtschaftsverkehr ist in der Wirtschaftspraxis überaus häufig anzutreffen. Statistische Erhebungen, die 1982 bei 12 und 1983 bei weiteren 3 Registergerichten vorgenommen wurden,[1] geben darüber Aufschluß: von den in Abteilung A der Handelsregister eingetragenen Unternehmen (Einzelunternehmen, OHG, KG) – nur diese sind für die Besteuerung nach dem Einkommensteuergesetz relevant[2] – waren etwa 52% vollkaufmännische Einzelunternehmen, 48% hingegen Personenhandelsgesellschaften, davon ca. 22% offene Handelsgesellschaften und ca. 78% Kommanditgesellschaften. Bei den Kommanditgesellschaften fällt auf, daß – regional unterschiedlich – durchschnittlich etwa 60% dieser die Rechtsform der GmbH & Co. KG[3] aufwiesen. Setzt man nun die durchschnittliche Zahl der OHG-Gesellschafter (ca. 2,3) und die durchschnittliche Zahl der Gesellschafter einer „typischen" KG (ca. 2,1) bzw. der Kommanditisten einer GmbH & Co. KG (ca. 2,5)[4] in Beziehung zu den Einzelunternehmen, so ergibt sich, daß von etwa 10 Gewerbetreibenden 7 ihr Gewerbe gemeinschaftlich und nur 3 allein betreiben.

Zumindest tendenziell läßt sich ähnliches auch für die freien Berufe[5] und die Landwirtschaft[6] feststellen. Für den Bereich der privaten Vermögensverwaltung liegt, soweit ersichtlich, kein statistisches Material vor, doch dürften hier über den Kreis von Familienmitgliedern hinausgehende

---

[1] Kornblum GmbHR 1983, (I.) 29, (II.) 61; Kornblum / Kleinle / Baumann / Steffan GmbHR 1985, (I.) 7, (II.) 42.

[2] Vgl. § 1 Abs. 1 Satz 1 i.V.m. § 15 Abs. 1 Nr. 2 EStG und § 1 Abs. 1 i.V.m. § 3 Abs. 1 KStG.

[3] Miteinbezogen wurden hier nur die Kommanditgesellschaften, bei denen die GmbH als alleinige Komplementärin fungiert.

[4] Ohne sogenannte Publikumspersonengesellschaften.

[5] Vgl. z. B. Sandberger / Müller-Graff ZRP 1975, 1. Rechtspolitische Vorschläge, eine neue, auf die spezifischen Bedürfnisse der freien Berufe zugeschnittene Gesellschaftsform – die Partnerschaft – zu schaffen, um in Abweichung von der Rechtsform der Gesellschaft bürgerlichen Rechts den Freiberuflern trotz fehlenden Handelsgewerbes die Vorteile der Firmenbildung und der Haftungsbeschränkung zu eröffnen, haben sich bisher nicht durchsetzen können; dazu Sandberger / Müller-Graff a.a.O., 6.

[6] Dazu Raisch BB 1969, 1361.

gemeinschaftliche Betätigungen – mit Ausnahme der in den letzten 10 Jahren von der „Steuersparbranche" kreierten Gestaltungsformen[7] – eine weit geringere Rolle spielen.

Die Erscheinungsformen von Personenzusammenschlüssen sind vielfältig. Schon die Zahl der im Zivilrecht vorgesehenen Rechtsformen von Personenvereinigungen ist recht groß, hinzu kommt, daß die gesetzlichen Regelungen weitgehend dispositiven Charakter tragen, so daß häufig vom gesetzlichen Typus abweichende Mischformen entstehen.[8] Nach dem Grade ihrer Verselbständigung, ihrer Unabhängigkeit von den Mitgliedern, ihrer selbständigen Rechtsträgerschaft lassen sich Personenvereinigungen ohne Rechtsfähigkeit, deren Grundform die BGB-Gesellschaft, und rechtsfähige Personenvereinigungen, deren Grundform der Verein ist, unterscheiden.

Das Steuerrecht knüpft an diese Unterscheidung prinzipiell an, in dem es rechtsfähige Personenvereinigungen[9] (e. V., AG, KGaA, GmbH, Versicherungsverein – um nur die wichtigsten zu nennen), bei denen die Gemeinschaft als selbständiger Rechtsträger eine weitestgehende Unabhängigkeit von ihren Mitglieder aufweist, einer eigenen „Einkommensteuer der juristischen Person", der Körperschaftsteuer unterwirft. Diese Gemeinschaften sind, weil eigenständige Steuersubjekte der Körperschaftsteuer, nicht Gegenstand der vorliegenden Untersuchung.

2. Definitionsversuch der gemeinsamen wirtschaftlichen Betätigung

Unter den nichtrechtsfähigen Erwerbsgesellschaften spielen die bei weitem wichtigste Rolle die Handelsgesellschaften. Als Grundformen gemeinsamer wirtschaftlicher Betätigung können sie daher für die Definition dieses Merkmals wertvolle Hinweise liefern. Personenhandelsgesellschaften ist eigen, daß der Zweck der wirtschaftlichen Betätigung, die Erzielung von Einnahmen durch das Betreiben eines Handelsgewerbes, ein gemeinsamer ist und hierauf Förderungspflichten der Beteiligten gerichtet sind.[10]

---

[7] Bei diesen sog. „Abschreibungsgesellschaften" liegt der Gestaltung meist die Rechtsform einer Gesellschaft bürgerlichen Rechts, einer Kommanditgesellschaft oder einer GmbH & Co. KG zugrunde; dazu Jahrmarkt / Bareis, „Abschreibungsgesellschaften", in: Strickrodt, u. a., Handwörterbuch des Steuerrechts; v. Armansperg, Die Abschreibungsgesellschaft.

[8] Hueck, Gesellschaftsrecht, S. 4; Paradigma einer solchen Mischform ist die GmbH & Co. KG.

[9] Einzige Ausnahme stellt der nicht rechtsfähige Verein (§ 1 Abs. 1 Nr. 5 KStG) dar, der sich vom rechtsfähigen Verein jedoch allein durch das Fehlen der Rechtsfähigkeit unterscheidet, also die gleiche körperschaftliche Struktur aufweist. Die im Entwurf zum Steuerentlastungsgesetz 1984 (BT-Drucks. 10/336) zum Ausdruck gekommene Absicht der Bundesregierung, im Wege einer lediglich „klarstellenden" Gesetzesänderung – so die Amtliche Begründung – Publikumspersonengesellschaften, insbes. also GmbH & Co. KGs, der Körperschaftsteuerpflicht zu unterwerfen, ist aufgegeben worden.

Der gemeinsame Zweck ist zu unterscheiden von einem rein äußerlichen Zusammenwirken, von lediglich gleichgerichteten, keinen rechtsgeschäftlichen Bindungen unterliegenden Interessen der Beteiligten. Er liegt nur vor, wenn auf der Grundlage der Übereinstimmung der Zwecke eine rechtliche Verbindung zwischen den Beteiligten besteht, die die Aufstellung besonderer Rechtssätze rechtfertigt.[11] Der bloß übereinstimmende Zweck wird also erst durch eine vertragliche Vereinbarung zu einem gemeinsamen Zweck. So können zwar auch bei einer Bruchteilsgemeinschaft gleichgerichtete Interessen der Teilhaber bestehen; diese vermögen jedoch mangels vertraglicher Vereinbarung keinen Zweck i.S. des § 705 BGB zu begründen.[12] Zu prüfen ist demnach, welche einzelnen Merkmale vorliegen müssen, um von einem gemeinsamen Zweck sprechen zu können. Davon, wann der Zweck ein gemeinsamer ist, ist weder im BGB selbst noch in den Motiven oder Protokollen zu diesem Gesetz die Rede. In den Motiven findet sich lediglich der Satz: „Aus der Gemeinsamkeit des vereinbarten Zweckes folgt, daß im Wesen jeder Gesellschaft die Anteilnahme eines jeden Gesellschafters an diesem Zwecke liegt.“[13]

Auf die Bezeichnung des Vertragsverhältnisses durch die Beteiligten kann es insoweit sicherlich nicht ankommen, da es sich um eine rein rechtliche Qualifikation handelt.[14] Auch ein Abstellen auf die konkreten Tathandlungen, die auf die Erreichung des gemeinsamen Zwecks gerichtet sind, erweist sich als wenig hilfreich: typische Beitragsleistungen wie etwa Geld oder Betriebsvorrichtungen können auch darlehens-, leih- oder schenkweise zur Verfügung gestellt werden. Rechtsgrund für die Leistung von Diensten kann ebensogut ein Dienstvertrag sein,[15] selbst wenn es sich um eine Mitwirkung an der Geschäftsführung handelt.

Das die notwendige Gemeinsamkeit schaffende Merkmal ist nach einer Meinung im Schrifttum vielmehr allein die auf vertraglicher Vereinbarung beruhende gemeinschaftliche Zurechnung des sich aus der Zweckverfolgung ergebenden Erfolges;[16] maßgeblich sei insoweit das Innenverhältnis der Beteiligten. Bei Vereinbarungen, deren Zweck eine wirtschaftliche Betätigung ist, die also zur Gewinnerzielung getroffen werden, sei die Überschußverteilung entscheidend.[17] Die überwiegende Meinung in der gesell-

---

[10] Vgl. hierzu MüKo-Ulmer, RdNr. 61ff. Vor § 705 BGB.

[11] Schulze-Osterloh, Der gemeinsame Zweck der Personengesellschaften, S. 6.

[12] Schulze-Osterloh, a.a.O., S. 8.

[13] Mugdan, Die gesamten Materialien zum Bürgerlichen Gesetzbuch für das Deutsche Reich, Band II, S. 594.

[14] BGH, Urt. v. 19.9.1951, LM Nr. 1 zu § 335 HGB.

[15] Schulze-Osterloh, a.a.O., S. 13f.

[16] Schulze-Osterloh, a.a.O., S. 16.

[17] Soergel-Hadding, RdNr. 11 Vor § 705 BGB; ebenso Schulze-Osterloh, a.a.O., S. 26.

schaftsrechtlichen Literatur lehnt die Maßgeblichkeit dieses Merkmals jedoch ab,[18] neuere höchstrichterliche Entscheidungen hierzu fehlen.[19] Nach der zuletzt genannten Auffassung in der Literatur ist die Eigen- oder Fremdnützigkeit nicht Bestandteil des gemeinsamen Zwecks, sondern bildet nur das jeweilige individuelle und außervertragliche Motiv der Beteiligung. Diese Ansicht bejaht den gemeinsamen Zweck trotz Fremdnützigkeit zum Beispiel für den vielzitierten Fall des Vaters, der auf eine Beteiligung am Gewinn des gemeinsam betriebenen Unternehmens verzichtet, um seinen Kindern als Mitgesellschaftern den Aufbau einer Existenz zu ermöglichen.[20]

Meines Erachtens ist wie folgt zu differenzieren: Der Zweck der Gesellschaft ist zu unterscheiden von den außerhalb des Gesellschaftsvertrages liegenden Interessen der einzelnen Beteiligten, von deren Beteiligungsmotiven. Es gibt nur einen überindividuellen, unteilbaren Zweck der Gesellschaft, zu dessen Förderung sich die Partner durch den Gesellschaftsvertrag gegenseitig verpflichtet haben.[21] Die Bruchteilsgemeinschaft im Sinne § 741ff. BGB kennt hingegen keinen gemeinsamen Zweck, kein „gemeinschaftliches" Interesse, sondern nur „das Interesse aller Teilhaber",[22] selbst wenn deren Interessen gleichgerichtet sind. Die Förderung des einen Zwecks erfolgt durch die Gesellschafter in ihrer gesamthänderischen Verbundenheit.

Vom Austauschverhältnis unterscheidet sich die Gesellschaft daher insoweit, daß die Leistungen der Gesellschafter nicht auf einem bloßen „do ut des" beruhen, sondern ihre causa durch den Gesellschaftszweck empfangen, somit eine Vereinigung der Leistungen der Gesellschafter vorliegt.[23] Aus der Unteilbarkeit des Zweckes folgt, daß eine Unterscheidung zwischen Eigen- und Fremdnützigkeit der Beteiligung, zwischen Eigen- und Fremdzweck nicht möglich ist. Jeder Gesellschafter erklärt im Gesellschaftsvertrag den

---

[18] Flume, Die Personengesellschaft, S. 44; Fischer, in: Staub, Großkommentar zum HGB, Anm. 9 a zu § 105 HGB; Müller-Gugenberger, in: Gedächtnisschrift Rödig, S. 274, 280, Fn. 224.

[19] Das Reichsgericht hielt im Urt. v. 9.3.1917 (RGZ 90, 14, 16) einen gemeinsamen Zweck auch dann für gegeben, wenn ein Gesellschafter für seine Förderung des Gesellschaftszwecks gar nichts erhält und von jeder Anteilnahme am Gewinn und Verlust ausgeschlossen ist.

[20] So Flume, Die Personengesellschaft, S. 43; vgl. zu diesem Ballerstedt, JuS 1963, 253, 255, der allerdings die gegenteilige Auffassung vertritt; anders wohl auch Palandt-Thomas, Anm. 4 a zu § 705 BGB.

[21] Ebenso Flume, Die Personengesellschaft, S. 43: „Das persönliche Gewinninteresse des Gesellschafters steht auf einer Stufe mit allen sonst wie möglichen individuellen Interessen, die für die Beteiligung an einer Gesellschaft im Einzelfall bestimmend sind. In der Tat kommt es, wie Hueck gesagt hat, nicht vor, daß jemand ohne irgendein eigenes Interesse Gesellschafter einer Gesellschaft wird. Alle diese Interessen und so insbesondere das Gewinninteresse des einzelnen Gesellschafters sind jedoch Individualzwecke und hinsichtlich des „gemeinsamen Zwecks" irrelevant."

[22] Vgl. § 745 Abs. 2 BGB.

[23] Vgl. Soergel-Hadding, RdNr. 8 Vor § 705 BGB.

ganzen Zweck zu seinem eigenen – unabhängig davon, inwieweit dieser Zweck jeweils dem eigenen Motiv entspricht. Somit ist der Zweck einer Gesellschaft im Sinne des § 705 BGB, die ein Gewerbe im Interesse der Gewinnerzielung betreibt doch der, daß die Gesellschaft als solche ertragreich wirtschaftet. Die Förderungspflichten der Beteiligten sind darauf gerichtet, daß die Gesellschaft Gewinne erzielt, die Motive ihrer Beteiligung mögen unterschiedlich sein. Die gemeinschaftliche Zurechnung des sich aus der Zweckverfolgung ergebenden Erfolges – hier: des Gewinns – ist zwischen einander fremden Beteiligten sicherlich das gewichtigste Indiz für das Vorliegen eines gemeinsamen Zwecks, da zwischen ihnen ein natürlicher wirtschaftlicher Interessengegensatz vorhanden ist; bei Gesellschaftsverhältnissen zwischen Familienangehörigen[24] entfällt diese durch den Interessengegensatz bedingte Richtigkeitsgewähr, bei ihnen können widerstreitende wirtschaftliche Interessen fehlen. Daher liegt auch in dem oben angesprochenen Fall[25] des Vaters, der auf eine Beteiligung am Gewinn des gemeinsam betriebenen Unternehmens verzichtet, um seinen Kindern als Mitgesellschaftern den Aufbau einer Existenz zu ermöglichen, ein gemeinsamer Zweck – gemeinschaftlicher Betrieb des Handelsgewerbes – vor. Unter Angehörigen kann eben causa für die Art und Weise der Ergebnisverteilung nicht nur das individuelle Maß der gesellschaftsrechtlichen Förderungspflicht, sondern auch private Veranlassung, z.B. Schenkung, sein: für die typologische Einordnung kann es keine Rolle spielen, ob der Vater am Ergebnis der Geschäftstätigkeit beteiligt ist, sich seinen Gewinnanteil gutschreiben läßt, um ihn anschließend aus der Gesellschaftskasse zu entnehmen und seinen Kindern zu schenken, oder ob er von vorneherein zugunsten seiner Kinder als Mitgesellschafter auf eine Beteiligung am Gewinn verzichtet. Die mit der Beteiligung verfolgte Zuwendungsabsicht steht daher außerhalb des gemeinsamen Zwecks als bloßes individuelles Motiv.[26]

Ein Fall der sog. societas leonina, bei der allein einer der Beteiligten einen Vorteil hat, alle anderen aber nur Lasten zu tragen haben, und die daher keine Gesellschaft im Sinne des § 705 BGB ist,[27] kann in dem genannten Beispiel nicht gesehen werden.

---

24 Rechtstatsächliche Untersuchungen in verschiedenen Handelsregisterbezirken zeigen, daß mehr als die Hälfte aller Personenhandelsgesellschaften aus Familiengesellschaften, d. h. aus Gesellschaften, deren Gesellschafter ausschließlich Ehepartner bzw. Abkömmlinge, Geschwister oder Ehegatten dieser sind, bestehen; vgl. dazu Kornblum / Kleinle / Baumann / Steffan GmbHR 1985 (I.) 7, 17.

25 Siehe S. 22.

26 Ebenso MüKo-Ulmer, RdNr. 99 zu § 705 BGB.

27 Ebenso Flume, Die Personengesellschaft, S. 37; Ballerstedt JuS 1963, 253, 255 und wohl auch Soergel-Hadding, RdNr. 11 Vor § 705 BGB; der von MüKo-Ulmer, RdNr. 100 zu § 705 BGB vertretenen gegenteiligen Ansicht kann nicht zugestimmt werden, da sie die für das Vorliegen einer Gesellschaft zwingend kumulativ vorliegenden Tatbestandsmerkmale gemeinsamer Zweck und Förderungspflicht, die auf Erreichung des gemeinsamen Zwecks gerichtet sein muß, miteinander vermengen.

Die gemeinsame wirtschaftliche Betätigung setzt neben dem Vorliegen eines gemeinsamen Zwecks weiter voraus, daß sich die Gesellschafter vertraglich verpflichtet haben, diesen zu fördern. Gegenstand der Förderungspflicht können neben der Pflicht zur Leistung von Beiträgen insbesondere Tätigkeitspflichten, etwa die Pflicht zur Geschäftsführung sein.

Die gemeinsame wirtschaftliche Betätigung läßt sich also definieren als ein vertraglicher Zusammenschluß mehrerer Rechtssubjekte, um einen zugrunde gelegten gemeinsamen Zweck, nämlich die Erzielung von Einnahmen aufgrund einer Teilnahme am Marktgeschehen durch Erbringung von Beiträgen, insbesondere von Vermögenswerten und Dienstleistungen, zu fördern.

III. Einkommensteuerrechtlicher Beurteilungswandel bei der Qualifikation gemeinsamer wirtschaftlicher Betätigung

Die Einkünftequalifikation bei gemeinsamer wirtschaftlicher Betätigung im Einkommensteuerrecht hat verschiedene Entwicklungsstadien durchlaufen, die darzulegen und kritisch zu würdigen schon deshalb notwendig erscheint, da die Aussage des Gesetzes zur gemeinsamen wirtschaftlichen Betätigung dürftig, die Wandlungen in der Beurteilung durch Rechtsprechung und Wissenschaft hingegen vielfältig sind; bei den Überschußeinkunftsarten[1] fehlt eine Regelung völlig, bei den Gewinneinkunftsarten[2] ist die Frage trotz im Prinzip stets gleicher materiell-rechtlicher Ausgangslage seit § 14 Abs. 2 Nr. 2 des Preußischen Einkommensteuergesetzes vom 24.6.1891[3] höchst unterschiedlich beantwortet worden.[4]

Bezüglich der Einkünftequalifikation ist es zweckmäßig zu unterscheiden einmal zwischen Einnahmen, die resultieren aus Leistungsbeziehungen der Personenvereinigung zu Dritten (Unterscheidung nach der Art der Einkünfte) und zum anderen solchen, die auf Leistungsbeziehungen zwischen der Personenvereinigung und einzelnen an ihr Beteiligten (Unterscheidung nach dem Umfang der Einkünfte) zurückzuführen sind.

1. Die Zeit des Preußischen Einkommensteuergesetzes 1891[5]

Als Ausgangspunkt der Betrachtung wird das vom damaligen preußischen Finanzminister Johannes von Miquel geschaffene Preußische Einkommensteuergesetz gewählt, da es zum einen der Prototyp der deutschen Landeseinkommensteuergesetze vor dem Ersten Weltkrieg war[6] und zum anderen in ihm erstmals jene moderne Form der Einkommensbesteuerung[7] zur Ausbildung gelangte, die trotz vieler Modifikationen den späteren Reichseinkommensteuern ihr charakteristisches Gepräge verlieh[8] und auch in

---

[1] Vgl. §§ 19, 20, 21, 22 EStG.

[2] Vgl. §§ 15 Abs. 1 Nr. 2, 18 Abs. 5 i.V.m. 15 Abs. 1 Nr. 2, 13 Abs. 5 i.V.m. 15 Abs. 1 Nr. 2 EStG.

[3] PrGS 1891, 175; ebenso PrEStG i.d.F. v. 19.6.1906, PrGS 259.

[4] Meßmer StbJb. 1972/73, 127, 135; Littmann DB 1958, 580.

[5] Einkommensteuergesetz vom 24.6.1891, PrGS 1891, 175.

[6] Tipke, Grundstücksveräußerungen im Steuerrecht, S. 34.

[7] Vgl. dazu Linzbach, Der Werdegang der preussischen Einkommensteuer unter besonderer Berücksichtigung ihrer kausalen Entwicklungsfaktoren, S. 196ff.

[8] Neumark, Theorie und Praxis der modernen Einkommensbesteuerung, S. 219.

Grundsätzen im geltenden Einkommensteuergesetz der Bundesrepublik Deutschland verwirklicht ist.[9]

Das PrEStG traf lediglich eine Regelung bezüglich gemeinsam erwirtschafteter Einkommen aus Handel und Gewerbe. Gemäß § 14 Abs. 2 Nr. 2 PrEStG war „der von einer nicht nach § 1 Nr. 4 und 5[10] steuerpflichtigen Erwerbsgesellschaft erzielte Geschäftsgewinn ... den einzelnen Theilhabern nach Maßgabe ihres Antheils anzurechnen". Das Preußische OVG wandte diese Bestimmung nicht nur auf Personengesellschaften, sondern auch auf die Mitglieder einer eine Gesellschaft nicht darstellenden Gemeinschaft (Miteigentümergemeinschaft, Miterbengemeinschaft) an.[11] Entsprechend der von Fuisting vertretenen sog. Quellentheorie,[12] auf deren Durchsetzung im PrEStG er als Staatssekretär unter Finanzminister Miquel maßgeblich Einfluß hatte, wurde als Quelle des gewerblichen Ertrages auch gemeinsamer wirtschaftlicher Betätigung der Gewerbebetrieb als solcher angesehen. Fuisting schreibt: „Mag eine gewerbliche Tätigkeit von einer Person allein oder zusammen mit anderen Personen, also in irgendeiner Gesellschaftsform, ausgeübt werden, als Quelle erscheint stets die *gewerbliche Unternehmung*. Auch wenn mehrere Personen zusammen die Inhaber des Betriebes sind, so ist doch für jeden von ihnen der gemeinschaftliche Betrieb, nicht etwa das Antheilsrecht des einzelnen, die Quelle; denn die neuen Güter entstehen nur aus dem Betriebe als Gesammtheit, während sich nach dem Antheilsrechte lediglich die Betheiligung der einzelnen Mitinhaber an dem Genusse der erzeugten Güter bestimmt."[13]

Subjekt der Einkünfteerzielung war somit der Personenzusammenschluß als solcher. Die Frage der Einkünftequalifikation wurde jedoch bei Personenzusammenschlüssen in erster Linie nach dem zivilrechtlichen Rechtskleid, das sie sich anlegten, und nur falls dieses zivilrechtlich zu unterschiedlichen Zwecken zu gebrauchen war, nach der Art der Tätigkeit des Einkünfteerzielers beurteilt. Als gewerbliches Einkommen wurden daher – unabhängig von der Art der ausgeübten Tätigkeit – stets und in vollem Umfang „die Gewinnantheile der Theilhaber einer offenen Handelsgesell-

---

9 Vgl. Felix, „Einkommensteuer", in: Handwörterbuch des Steuerrechts.

10 Dort genannt sind u. a. Aktiengesellschaften, Kommanditgesellschaften auf Aktien, Berggewerkschaften, eingetragene Genossenschaften, nicht aber die GmbH; diese wurde erst durch das Steueränderungsgesetz 1906 (vom 19.6.1906, PrGS, 259) zum Einkommensteuersubjekt erklärt.

11 PrOVG, Urt. v. 3.5.1905, PrOVGSt 12, 366, 368; PrOVG, Urt. v. 25.9.1907, PrOVGSt 13, 18, 22.

12 Fuisting, Grundzüge der Steuerlehre, S. 110: „Hiernach ist Einkommen die Gesammtheit der Sachgüter, welche in einer bestimmten Periode (Jahr) dem einzelnen als Erträge dauernder Quellen der Gütererzeugung zur Bestreitung der persönlichen Bedürfnisse für sich ... zur Verfügung stehen."

13 Fuisting, Grundzüge der Steuerlehre, S. 169; ebenso ders., Einkommensteuergesetz, RdNr. 9 b zu § 14 PrEStG.

schaft und einfachen Kommanditgesellschaft" erfaßt,[14] da handelsrechtlich Gegenstand dieser Personenzusammenschlüsse nur das Betreiben eines Handelsgewerbes sein konnte[15] und zwischen den handelsrechtlichen (Handelsgewerbe) und steuerrechtlichen (Gewerbebetrieb) Begriffen nicht differenziert wurde. Dieses Ergebnis entsprach der damaligen Auffassung, daß sich das Steuerrecht an den vorgegebenen zivilrechtlichen Strukturen zu orientieren habe. So judizierte das Preußische OVG, „sich, . . . , falls nicht gewichtige Gründe entgegenstehen, der Auffassung der Civilgerichte anzuschließen".[16] Grundlage der Gewinnermittlung war daher allein das eine abgeschlossene Einheit bildende Sondervermögen.[17]

Das Einkommen der Gesellschafter stellte man fest, indem zuerst das Ergebnis der Gesellschaft so ermittelt wurde, „als wenn das Gesellschaftsunternehmen nur von einer einzelnen physischen Person betrieben würde";[18] dieses wurde sodann den Gesellschaftern anteilig zugerechnet.

Die Leistungsbeziehungen zwischen Gesellschaft und Gesellschafter – eine dem heutigen § 15 Abs. 1 Nr. 2 Hs. 2 EStG[19] entsprechende Regelung fehlte im PrEStG – wurden differenziert behandelt: Sofern es sich um Vergütungen für im Gesellschaftsvertrag vereinbarte Leistungen handelte, lag nicht Leistungsaustausch, sondern Leistungsvereinigung vor, mit der Folge, daß die Leistungen des Gesellschafters „lediglich einen Maßstab für die Verteilung des Reingewinns" bildeten,[20] die diesbezüglichen Vergütungen also nicht vom Geschäftsgewinn abgezogen werden durften. Handelte es sich

---

[14] Fuisting, Einkommensteuergesetz, RdNr. 16 zu § 14 PrEStG.

[15] Und zwar eines Vollhandelsgewerbes, vgl. §§ 105 Abs. 1, 161 Abs. 1, 6 Abs. 1, 4 Abs. 2 HGB; betreibt die Gesellschaft nur ein minderkaufmännisches oder überhaupt kein Gewerbe, so ist sie Gesellschaft bürgerlichen Rechts (§§ 705ff. BGB). Andere Personenvereinigungen (AG, GmbH, KGaA) erkärt das Gesetz allein wegen ihrer besonderen Rechtsform zu Handelsgesellschaften (sog. Formkaufleute), gleichgültig, was Gegenstand ihrer Betätigung ist; vgl. § 3 AktG („Die Aktiengesellschaft gilt als Handelsgewerbe auch wenn der Gegenstand des Unternehmens nicht im Betrieb eines Handelsgewerbes besteht") und § 1 GmbHG („Gesellschaften mit beschränkter Haftung können . . . zu jedem gesetzlich zulässigen Zweck . . . errichtet werden"); siehe dazu auch Loidl, Die GmbH ohne erwerbswirtschaftliche Zielsetzung. Die letztgenannten Gesellschaftsformen waren daher unter Geltung der entsprechenden Vorschriften des ADHGB nur dann gewerbesteuerpflichtig, wenn feststand, daß sie tatsächlich ein Gewerbe betrieben (Fuisting, Gewerbesteuergesetz, RdNr. 2 zu § 19 GewStG; ders., Einkommensteuergesetz, RdNr. 5 zu § 16 EStG, S. 187f.).

[16] PrOVG, Urt. v. 5.5.1898, PrOVGSt 7, 435, 437.

[17] PrOVG, Urt. v. 6.12.1913, PrOVGSt 16, 430, 431.

[18] PrOVG, Urt. v. 7.4.1900, PrOVGSt 9, 14, 18; vgl. auch § 18 des preussischen Gewerbesteuergesetzes vom 24.6.1891 (PrGS, 205): „Gewerbe, welche von mehreren Personen gemeinschaftlich betrieben werden, sind ebenso zu besteuern, als wenn sie nur von einer Person betrieben würden."

[19] „Einkünfte aus Gewerbebetrieb sind . . . die Vergütungen, die der Gesellschafter von der Gesellschaft für seine Tätigkeit im Dienst der Gesellschaft oder für die Hingabe von Darlehen oder für die Überlassung von Wirtschaftsgütern bezogen hat."

[20] Mrozek, Handkommentar zum preussischen Einkommensteuergesetz, S. 297.

hingegen um Vergütungen, deren Rechtsgrund ein neben dem Gesellschaftsverhältnis bestehendes Schuldverhältnis bildete, so wurden diese steuerlich wie entsprechende Vergütungen zwischen Fremden behandelt.[21]

Vermietete der Gesellschafter einer OHG dieser ein in seinem Alleineigentum befindliches Grundstück, so handelte es sich bei seinen Mieteinnahmen um Einkommen aus Grundvermögen.[22] Die Zinsen des von einem Kommanditisten neben seiner Einlage der Gesellschaft gewährten Darlehens gehörten zu dessen Einkommen aus Kapitalvermögen.[23] Das Gehalt, das ein bei der Gesellschaft als Prokurist Angestellter bezog, wurde durch seine Beteiligung als Kommanditist nicht gewerbliches Einkommen, sondern blieb Einkommen aus gewinnbringender Beschäftigung.[24] Die Einkünftequalifikation knüpfte also auch bei Leistungsbeziehungen zwischen Gesellschaft und Gesellschafter an die zivilrechtliche Gestaltung an; die Rechtsprechung wich davon nur bei wirtschaftlich nicht gebotenen Gestaltungen ab.[25]

Zwar wurde bereits damals erkannt, daß „die Unterscheidung des Einkommens nach den Quellen seiner Entstehung . . . eine hervorragende materielle Bedeutung“[26] habe, da sich durch unterschiedliche Ergebnisermittlungsarten das steuerliche Ergebnis sehr verschieden gestalten könne, doch beschäftigten steuersparende Gestaltungen mit dem Ziel der Senkung der Steuerlast durch Änderung der Einkunftsart angesichts des verglichen mit heutigen Verhältnissen geradezu unglaubhaft anmutenden Steuertarifs[27] die Gerichte noch recht selten. In dieser Zeit „das Steuerrecht als unerwünschte Quelle des Gesellschaftsrechts“[28] zu bezeichnen, bestand kein Anlaß.

---

21 Anders § 21 Nr. 3 des königlich-sächsischen EStG v. 24.7.1900 (GVBl., 61): „Der Reingewinn einer Erwerbsgesellschaft ist den einzelnen Theilhabern nach Maßgabe ihres Antheils anzurechnen. Erhalten Theilhaber einer solchen Gesellschaft für Mühewaltungen in deren Interesse besondere Vergütungen für Rechnung der Gesellschaft, so sind diese Vergütungen den Gewinnantheilen der betreffenden Theilhaber hinzuzurechnen.“

22 PrOVG, Urt. v. 21.11.1895, PrOVGSt 4, 205, 207; PrOVG, Urt. v. 5.5.1898, PrOVGSt 7, 435, 436; Fuisting, Einkommensteuergesetz, RdNr. 7 A. b. zu § 14 PrEStG.

23 Fuisting, Einkommensteuergesetz, RdNr. 14 C. zu § 2 PrEStG; PrOVG, Urt. v. 3.5.1905, PrOVGSt 12, 366, 371; PrOVG, Urt. v. 6.12.1905, PrOVGSt 12, 92, 93.

24 Fuisting, a.a.O.

25 PrOVG, Urt. v. 5.5.1898, PrOVGSt 7, 435, 438.

26 Fuisting, Einkommensteuergesetz, RdNr. 2 zu § 7 PrEStG.

27 Der Tarif war in Stufen progressiv gestaltet; die Progression begann bei Jahreseinkommen von 900 Mark mit 0,67 % und erreichte den Höchstsatz von 4% bei Einkünften von 100 000 Mark (vgl. § 17 PrEStG).

28 So der Titel eines Aufsatzes von Groh (BB 1984, 304ff.) und einer Monographie von Knobbe-Keuk (Köln 1986).

2. Grundlegende Änderungen im Reichseinkommensteuergesetz 1920

Nach dem Ersten Weltkrieg wurde die Gesetzgebungshoheit für die Steuern vom Einkommen erstmals vom Deutschen Reich in Anspruch genommen[29] und am 29.3.1920 das erste reichseinheitliche Einkommensteuergesetz beschlossen.[30]

Dieses Gesetz lehnte sich an die Schanzsche Reinvermögenszugangstheorie[31] an und bezeichnete, „um den Einkommensbegriff dem Verständnis des Steuerpflichtigen näherzubringen",[32] in § 5 „lediglich beispielsweise" als zum steuerbaren Einkommen gehörig „Einkünfte aus Grundbesitz, aus Gewerbebetrieb, aus Kapitalvermögen und aus Arbeit sowie sonstige Einnahmen ohne Rücksicht darauf, ob es sich um einmalige oder wiederkehrende Einkünfte handelt oder aus welchem rechtlichen oder tatsächlichen Grunde sie dem Steuerpflichtigen zugeflossen sind." War die Einkünftequalifikation zweifelhaft, so sollte nach § 10 die Verkehrsauffassung den Ausschlag geben. § 7 Nr. 3 EStG bestimmte als Einkommen aus Gewerbebetrieb „bei Gesellschaftern oder einer offenen Handelsgesellschaft, einer Kommanditgesellschaft oder einer anderen Erwerbsgesellschaft, bei der der Gesellschafter als Unternehmer (Mitunternehmer) des Betriebs anzusehen ist, ihren Anteil am Geschäftsgewinne zuzüglich etwaiger besonderer Vergütungen, die der Gesellschafter für Mühewaltungen im Interesse der Gesellschaft für deren Rechnung bezogen hat."

Galt noch nach dem Preußischen EStG der gemeinsame Betrieb als Unternehmen der Gesellschaft selbst und der von den einzelnen „Theilhabern" zu versteuernde Gewinn als ausdrücklich von der Gesellschaft erzielt, so war

---

[29] Dies geschah im Zuge der auf eine Vereinheitlichung von Steuerverwaltung und Steuerrecht zielenden, nach dem damaligen Reichsfinanzminister Erzberger benannten Steuerreform. Die konkurrierende Gesetzgebungshoheit des Reiches für die Steuern vom Einkommen war bereits in Art. 4 Nr. 2 der Verfassung des Deutschen Reiches (Bismarcksche Reichsverfassung) vom 16.4.1871 (RGBl., 63) festgeschrieben und wurde in Art. 8 (i.V.m. Art. 12 Abs. 1) der Weimarer Reichsverfassung vom 11.8.1919 (RGBl., 1383) übernommen.

[30] RGBl. I, 359. Durch das Körperschaftsteuergesetz vom 30.3.1920 (RGBl. I, 393) wurde die Besteuerung der Körperschaften losgelöst vom Einkommensteuerrecht der natürlichen Personen reichseinheitlich geregelt. Steuersubjekte waren hiernach alle Körperschaften und Vermögensmassen des öffentlichen und des bürgerlichen Rechts. Zur diesbezüglichen Rechtsentwicklung vgl. Rasenack, Die Theorie der Körperschaftsteuer, S. 19ff.

[31] Von Schanz Finanzarchiv 1896, 1; ders. Finanzarchiv 1922, 505, 507. Nach von Schanz ist Einkommen *jeder* Vermögenszugang in der Zeiteinheit, gleichgültig ob und aus welchen Quellen er stammt.

[32] Amtliche Begründung, S. 42f.; zitiert nach Strutz, Handausgabe des Einkommensteuergesetzes vom 29.3.1920, S. 36f. Freilich dachte man bei Zugrundelegung der Reinvermögenszugangstheorie nicht nur an den Steuerpflichtigen oder an die wissenschaftlich „richtige" Theorie; es handelte sich vielmehr auch und zu allererst um eine pragmatisch-fiskalpolitische Entscheidung vor dem Hintergrund der desolaten wirtschaftlichen Situation nach dem Ersten Weltkrieg. Vgl. dazu auch Strutz, Anm. 4 zu § 6 REStG 1925 (S. 493 unten).

nach dem REStG 1920 der einzelne Gesellschafter (Mit-) Unternehmer des Betriebs.[33] Steuerrechtlich erwirtschaftete der einzelne Gesellschafter den Geschäftsgewinn aus eigener gewerblicher Tätigkeit; ihm wurde das gesamte Gesellschaftsvermögen zugeordnet, lediglich beschränkt durch die parallele Berechtigung der übrigen Gesellschafter.[34] Diese neue Sicht des Steuergesetzgebers beruhte zum einen auf der geänderten zivilrechtlichen Auffassung vom Wesen der Personengesellschaft[35] und zum anderen auf dem nunmehr auf der sogenannten Reinvermögenszugangstheorie aufbauenden Einkommensbegriff.[36]

Der erstmals eingefügte Relativsatz „bei der der Gesellschafter als Unternehmer (Mitunternehmer) des Betriebs anzusehen ist" bezieht sich grammatikalisch nur auf die andere Erwerbsgesellschaft; dies war nach der Entstehungsgeschichte des REStG 1920 auch die Intention des Gesetzgebers,[37] ein Faktum, das die heute bei der Auslegung des Gesetzes dem Wort „Mitunternehmer" so großes Gewicht beimessende Lehre und Rechtsprechung meist übersieht. Gesellschafter einer OHG oder einer KG erzielten also unabhängig von der Art ihrer Tätigkeit oder der Tätigkeit der Gesellschaft immer Einkünfte aus Gewerbebetrieb. Nur bei den anderen Erwerbsgesellschaften wurde der Art der Tätigkeit einkünftequalifizierendes Gewicht beigemessen.

---

[33] So ausdrücklich Glaser, Anm. 15 zu § 7 EStG: „Betriebs-(mit-)inhaber, (Mit-) Unternehmer ist jeder einzelne Gesellschafter."

[34] Die zur Zeit des PrEStG häufigen Auseinandersetzungen zwischen Steuerpflichtigen und Finanzbehörden, ob in der Gesellschaft verbleibende Gewinne zu versteuern seien, waren damit gegenstandslos geworden; aus seiner Stellung als Eigentümer des Gesellschaftsvermögens trafen den einzelnen Gesellschafter Vermögenswertänderungen unmittelbar.

[35] Gemeint ist der bis heute in der Zivilrechtsdogmatik geführte Streit, ob man sich die Personengesellschaft als einheitliches Zurechnungssubjekt vorstellen darf – schlagwortartig verkürzt „Einheitstheorie" genannt (vertreten von Flume ZHR 136 (1972), 177, 189, 190; ders., in: Festschrift für Raiser, S. 27, 32ff.; ders., Allgemeiner Teil des bürgerlichen Rechts I/1, S. 54ff., 60ff., 68) – oder ob die Vermögensrechte den beteiligten Personen in Wahrheit einzeln zuzurechnen sind – „Vielheitstheorie" (vertreten u. a. von Buchner AcP 169 (1969), 483; Fischer, in: Staub, Großkommentar zum HBG, Anm. 34 zu § 105 HGB; Weber-Grellet DStR 1982, (I.) 699, 1983, (II.) 16f.). Um die Jahrhundertwende herrschte von Gierkes Lehre der „rechts- und handlungsfähigen Kollektiveinheit" (Privatrecht, Bd. 1, S. 661) vor, der Gesetzgeber des REStG 1920 schloß sich jedoch der immer mehr Zustimmung findenden Rechtsprechung des Reichsgerichts an, nach der ohne Vorbehalt nur die Gesellschafter als Träger der Rechte und Pflichten anerkannt wurden (vgl. Urt. v. 23.2.1907, RGZ 65, 227, 235).

[36] Hiernach ist Einkommen jeder Vermögenszugang in der Zeiteinheit, ohne daß es darauf ankommt, ob und aus welchen Quellen er stammt und gleichgültig, ob und auf welchem Rechtsgrund er beruht. Begründet wurde diese Lehre durch von Schanz, Finanzarchiv 1896, 1.

[37] Zur Entstehungsgeschichte der Norm vgl. die Darstellung bei Meßmer StKongr-Rep. 1974, 281, 299f. Da die Gestaltungsmöglichkeiten bei den „anderen Erwerbsgesellschaften" ohne eigene Rechtspersönlichkeit recht vielfältig sind, mußte eine Formel gefunden werden, die nur solche Gesellschafter erfaßte, die zusammen mit anderen Trägern des Unternehmens der Gesellschaft deren Mitunternehmer waren.

Erstmals im REStG 1920 wurden besondere Vergütungen, die ein Gesellschafter von der Gesellschaft für besondere Dienstleistungen in deren Interesse erhielt, als Teil der gewerblichen Einkünfte des Gesellschafters besteuert. Nach der geänderten Auffassung vom Mitunternehmer als Inhaber des eigenen Gewerbebetriebes war dies nur konsequent. Andererseits waren Entgelte, die die Gesellschafter von der Gesellschaft bezogen, bei ihnen der entsprechenden Einkunftsart zuzuordnen.[38]

3. Die Zeit des Reichseinkommensteuergesetzes 1925[39]

Das REStG 1925 näherte sich zunächst äußerlich wieder der Quellentheorie. Gemäß § 6 Abs. 1 unterlagen der Besteuerung „nur" – also ausschließlich[40] – Einkünfte aus acht einzeln aufgezählten Einkunftsarten. Der Sache nach überwog aber im REStG 1925 die Überwindung der Quellentheorie,[41] einige Ansatzpunkte lassen sich als Annäherung an diese, andere als solche an die Schanzsche Reinvermögenszugangstheorie werten. Der Steuergesetzgeber schuf eine „steuerrechtlich selbständige", pragmatische Lösung.[42]

Welcher Einkunftsart die einzelnen Einkünfte zuzuordnen waren, bestimmte sich bei Fehlen einer besonderen Regelung nach der Verkehrsauffassung (§ 6 Abs. 2). Eine solche, die Verkehrsauffassung ausschließende besondere Regelung stellte insbesondere der dem § 7 Nr. 3 REStG 1920 entsprechende[43] § 29 Nr. 3 REStG 1925 dar. Erstmals wurden deutlich zwei (eigentlich drei)[44] Einkünfteermittlungsarten unterschieden, die unmittelbar an die festgestellte Einkunftsart anknüpften: Gewinnermittlung bei Einkünften aus Land- und Forstwirtschaft, Gewerbebetrieb und sonstiger selbständiger Tätigkeit; Ermittlung des Überschusses der Einnahmen über die Ausgaben bei den übrigen Einkunftsarten.

---

[38] Kurth, Die Besteuerung des Mitunternehmers, S. 151.

[39] Vom 10.8.1925, RGBl. I, 189.

[40] Strutz, Anm. 4 (S. 495 unten) zu § 6 REStG 1925; Einkünfte, die aus anderen Quellen stammten, konnten zur Steuer nicht herangezogen werden.

[41] Bei buchführenden Gewerbetreibenden stellte das Gesetz durch Zugrundelegung des kaufmännischen Gewinnbegriffs auf den Reinvermögenszugang ab; über die Quellentheorie geht das Gesetz auch hinaus durch die Besteuerung der Gewinne bei der Veräußerung des ganzen oder eines Teiles des Gewerbebetriebes sowie an Beteiligungen an Personalgesellschaften und bei Aufgabe des Gewerbebetriebs (§ 30), ferner durch die Besteuerung der Gewinne aus Spekulationsgeschäften (§§ 41, 42).

[42] Becker, Die Grundlagen der Einkommensteuer, S. 1. Bühler, Lehrbuch des Steuerrechts, Bd. 2, S. 29 bezeichnet das REStG 1925 als in der Mitte zwischen beiden Einkommenstheorien stehend.

[43] Das Wort „Betriebs" wurde lediglich durch das Wort „Gewerbetriebs" ersetzt.

[44] Der „als Einkommen geltende Gewinn" nach § 13 REStG ist bei Handelsbüchern führenden Steuerpflichtigen (i.d.R. Vollkaufleuten) durch Betriebsvermögensvergleich zu ermitteln, bei anderen Steuerpflichtigen ist Gewinn der Überschuß des Betriebsvermögens am Ende gegen dessen Stande am Anfang des Wirtschaftsjahres. Vgl. hierzu Strutz, Anm. 7 zu § 7 REStG 1925. Zur weittragenden materiellen Bedeutung dieser Unterscheidung siehe Hensel, Steuerrecht, S. 99f.

Daß damit tatsächlich zwei verschiedene Einkommensbegriffe aufgestellt wurden, die den Umfang des steuerbaren Einkommens unterschiedlich bestimmten, war dem Steuergesetzgeber wohl bewußt und von ihm auch gewollt. Die Amtliche Begründung[45] führt hierzu aus: „Wie in der allgemeinen Begründung ausgeführt, ist zwischen zwei Hauptgruppen streng zu unterscheiden. Die eine Hauptgruppe bilden die Einkünfte aus selbständiger Erwerbs- und Berufstätigkeit (§ 6 Abs. 1 Nr. 1-3). Gemeinsam ist dieser Gruppe . . . , daß die Erwerbs- und Berufstätigkeit ohne ein dieser Tätigkeit gewidmetes Vermögen regelmäßig nicht möglich ist . . . Als Einkommen soll bei diesen Personen der erzielte Gewinn gelten. Wesentlich ist für diesen Gewinn, daß ein wichtiger Faktor für seine Ermittlung der Unterschied des der Tätigkeit gewidmeten Vermögens am Anfang und Schluß des Steuerjahres bildet (vgl. §§ 12, 13).[46] . . . Bei der anderen Hauptgruppe der Einkommen . . . gilt als Einkommen der Überschuß der Einnahmen über die Ausgaben. Soweit es sich bei diesen Einkommensarten um Einkommen aus einer Tätigkeit handelt, insbesondere aus nichtselbständiger Arbeit, sind dieser Tätigkeit Vermögensgegenstände irgendwelcher Art regelmäßig nicht gewidmet; soweit es sich andererseits um Erträge handelt, die ohne Arbeit oder nur aufgrund einer begrenzten Verwaltungstätigkeit aus Vermögen bezogen werden, wie bei Kapitalerträgen, Einkünften aus Vermietung und Verpachtung, wiederkehrenden Bezügen, kommt es nicht auf die Veränderung der Vermögensgegenstände an, sondern lediglich auf die Erträge, die sie abwerfen."

Gemäß § 29 Nr. 3 REStG 1925 wurden Einkünfte aus Beteiligungen an Gesellschaften hinsichtlich ihrer Qualifikation als solcher aus Gewerbebetrieb nicht durch die Art der Tätigkeit der Gesellschaft, durch den Gegenstand des Betriebes unterschieden, entscheidend war – für die in § 29 Nr. 3 REStG 1925 genannten Gesellschaftsformen OHG und KG – die Rechtsform der Unternehmung.[47] Einig war man sich zwar darüber, daß eine Gesellschaft, die kein Handelsgewerbe betrieb, niemals OHG oder KG, sondern Gesellschaft bürgerlichen Rechts sei, deren Eintragung im Handelsregister zwar einen Anhalt, aber keinen unwiderleglichen Beweis liefere. Doch besann man sich auf den gesellschaftsrechtlichen Grundsatz, daß eine gesellschaftliche Vereinigung, die in Wirklichkeit keine OHG ist, aber im

---

[45] S. 40f.; zitiert nach Strutz, Anm. 3 zu § 7 REStG 1925.

[46] Das Steuerrecht folgte aus Gründen der Praktikabilität grundsätzlich der Art der handelsrechtlichen Gewinnberechnung des Steuerpflichtigen, vgl. Strutz, Anm. 7 zu § 7 REStG 1925.

[47] Strutz, Anm. 23 zu § 29 REStG 1925; nur bei den „anderen Gesellschaften" i. S. § 29 Nr. 3 REStG 1925 wurde anhand der allgemeinen Kriterien geprüft, ob sich die Tätigkeit der Gesellschaft als Gewerbebetrieb darstellt. Dies folgerte man aus der grammatikalischen Auslegung der Vorschrift, nach der sich der Satzteil „bei der der Gesellschafter als Unternehmer (Mitunternehmer) des Gewerbebetriebs anzusehen ist", nur auf die „andere Gesellschaft" bezog.

Rechtsverkehr als solche auftritt, sich auch gefallen lassen müsse, als OHG mit den sich daraus für die Gesellschafter ergebenden Rechtsfolgen behandelt zu werden.[48] Der Reichsfinanzhof leitete daraus den Gedanken ab, daß sich die Steuerbehörde an diejenige Lage halten dürfe, „die die Beteiligten selbst durch ihre tatsächliche Gebarung in Wirklichkeit für sich in Anspruch nehmen". Daher könne eine gesellschaftliche Vereinigung, die, ohne eine OHG zu sein, im Verkehr als solche aufgetreten ist, auch steuerlich als OHG behandelt werden.[49]

Die Einkünftequalifikation beim Leistungsaustausch zwischen Gesellschaft und Gesellschafter wurde seit 1925 nicht so sehr durch das materielle Recht, sondern vielmehr durch das erstmals mit dem REStG 1925 geschaffenen Recht der einheitlichen Feststellung des Geschäftsgewinns der Gesellschaft oder Gemeinschaft[50] determiniert.[51] Anlaß für die Einführung dieses Verfahrens waren zahlreiche Beschwerden, daß bei der Einkommensteuerveranlagung der einzelnen Gesellschafter der Gewinn der Gesellschaft durch die jeweiligen Wohnsitzfinanzämter recht unterschiedlich festgestellt worden sei und folglich sich nicht gerechtfertigte Unterschiede bei der Besteuerung der Gesellschafter ergeben hätten.[52]

Aus dieser Intention des Gesetzgebers schloß der Reichsfinanzhof: „Ziel der ... einheitlichen Gewinnfeststellung ist nicht sowohl die Feststellung des Gewinns der Gemeinschaft als vielmehr die gemeinschaftliche, d.h. in *einem* Verfahren von *einem* FA vorzunehmende Feststellung der von den einzelnen Beteiligten aufgrund ihrer Beteiligung erzielten Gewinne".[53] Diese Auffassung führte konsequent in den Folgejahren zur Negierung jeglichen Leistungsaustausches zwischen Gesellschaft und Gesellschafter. Tätigkeitsvergütungen,[54] Zinsen für Gesellschafterdarlehen,[55] Entgelt für

[48] Vgl. Flechtheim, in: Düringer / Hachenburg, Kommentar zum HGB, Anm. 9 zu § 123 HGB; Fischer, in: Staub, Großkommentar HGB, Anm. 14 zu § 123 HGB.

[49] RFH, Beschl. v. 2.12.1925, RFHE 18, 85, 87f.

[50] §§ 65ff. REStG 1925; diese Verfahrensvorschriften wurden durch die Verordnung zur Sicherung von Wirtschaft und Finanzen vom 1.12.1930 (RGBl. I, 517, 577) in die Reichsabgabenordnung eingefügt.

[51] Die gleiche Ansicht vertritt Meßmer StbJb. 1972/73, 127, 137ff. in bezug auf die sich durchsetzende sog. Bilanzbündeltheorie.

[52] Vgl. die Amtliche Begründung RT-Drucks. 1924 – 3. Wahlperiode – Nr. 797, S. 70f.; zitiert nach Knobbe-Keuk, Bilanz- und Unternehmenssteuerrecht, S. 319. Um den gleichen Effekt wie durch die einheitliche Gewinnfeststellung bei der Einkommensteuer auch bei der Vermögensteuer zu erzielen, erklärte § 2 Nr. 2 c des Vermögensteuergesetzes vom 10.8.1925 (RGBl. I, 233) OHG und KG kurzerhand für steuerfähig.

[53] RFH, Urt. v. 22.2.1928, RStBl., 176; diese Auffassung entwickelte sich zur ständigen Rechtsprechung; vgl. dazu die Nachweise bei Meßmer StbJb. 1972/73, S. 146, Fn. 75.

[54] Nach RFH, Urt. v. 8.5.1929, RStBl., 427 bezieht der Gesellschafter Einkommen aus *eigenem* Gewerbebetrieb; danach ist es schon begrifflich ausgeschlossen, daß jemand gleichzeitig Inhaber eines Betriebs und Angestellter desselben Betriebs sein kann.

miet- oder pachtweise Überlassung von Wirtschaftsgütern[56] waren nunmehr einkommensteuerrechtlich Teil des Gewinns der Gesellschaft und daher bei dieser nicht als Betriebsausgaben abzugsfähig, ohne daß das materielle Steuerrecht (§ 29 Nr. 3 REStG) hierfür einen Anhalt bot.[57]

4. Die Zeit des Reichseinkommensteuergesetzes 1934[58]

Das REStG 1934 übernahm im wesentlichen den pragmatischen Einkommensbegriff des bisherigen Einkommensteuergesetzes.[59] Dabei ist es bis heute geblieben. Die Einkünftequalifikation wurde gemäß § 2 Abs. 3 REStG 1934 „in Zweifelsfällen nach der Verkehrsauffassung"[60] vorgenommen, die Beurteilung richtete sich „in erster Linie nach der Natur der einzelnen Arten".[61] Die Qualifikationsfrage wurde aus dem besonderen Wesen der jeweiligen Einkunftsart heraus gelöst. Es gab nach damaliger Auffassung keine allgemeine Formel für das, was Einkünfte sind, die Aufgabe wurde vielmehr darin gesehen, dies „dem Leben abzulauschen".[62] So vertrat etwa Becker die Ansicht, einen Anhalt, welcher Einkunftsart eine Vermögensmehrung zugeordnet werden solle, könnten auch die unterschiedlichen Einkünfteermittlungsarten darstellen.[63] Überspitzt formuliert könnte man auch sagen: Zunächst ist zu fragen, ob eine Vermögensmehrung besteuerungswürdig ist; wird dies bejaht, ist diese einer Einkunftsart zuzuordnen, bei der die Art der Einkünfteermittlung die Erfassung sicherstellt. Dieser recht freimütige Umgang mit dem Gesetz wird nur verständlich vor dem Hintergrund nationalsozialistischen Rechtsdenkens. „Der nunmehr zum Siege gelangte Grundsatz ‚Gemeinnutz geht vor Eigennutz' hat nirgends mehr

---

[55] RFH, Urt. v. 21.11.1928, RStBl. 1929, 63 qualifizierte die Zinsen noch als Kapitaleinkommen des Gesellschafters; später hat der RFH (Urt. v. 17.7.1935, RStBl., 1452) diese Rechtsprechung – entgegen dem Wortlaut des § 29 Nr. 3 REStG 1925 – aufgegeben, da für den Gewerbetreibenden Betriebsvermögen sei, was ihm gehöre und dem Betrieb tatsächlich diene.

[56] Ursprünglich vom RFH (Urt. v. 8.8.1928, RStBl. 1929, 173) als abzugsfähige Ausgabe bei der Gesellschaft angesehen, in der Folgezeit – gestützt auf eine Vorschrift des Bewertungsgesetzes (!) – als Teil des Gewinns der Gesellschaft qualifiziert (Urt. v. 24.4.1931, RStBl. 1932, 388). Zu dieser Rechtsentwicklung vgl. im einzelnen die Darstellung bei Meßmer StbJb. 1972/73, 127, 159ff.

[57] Mit Ausnahme der Tätigkeitsvergütungen, deren Hinzurechnung in § 29 Nr. 3 REStG 1925 ausdrücklich vorgesehen war.

[58] Vom 16.10.1934, RGBl. I, S. 1005.

[59] Amtliche Begründung zum REStG 1934, RStBl. 1935, 33, 34. Die bisherigen Einkunftsarten 7 („andere wiederkehrende Bezüge") und 8 („sonstige Leistungsgewinne") wurden lediglich zusammengefaßt.

[60] Die Verweisung auf die Verkehrsauffassung wurde in das REStG 1938 (v. 6.2.1938, RGBl. I, S. 121) nicht übernommen, da dies nach damaliger Auffassung selbstverständlich war.

[61] Becker, Die Grundlagen der Einkommensteuer, S. 215.

[62] Becker, a.a.O.

[63] Becker, a.a.O., S. 216.

Berechtigung als im Steuerrecht; ... das nationalsozialistische Steuerrecht kann keine spitzfindigen, juristischen und dialektischen Konstruktionen mehr dulden, die – wie bisher vielfach – die Lehre von der Steuer zu einer Lehre von der Umgehung der Steuer umbogen."[64]

Das Verhältnis der einzelnen Einkunftsarten untereinander wurde dahingehend bestimmt, daß die Einkunftsarten 1-3 (sog. Gewinneinkunftsarten) denjenigen der Nrn. 4-7 (sog. Überschußeinkunftsarten) grundsätzlich vorgingen. Diese Auffassung wurde jedoch nicht aus dem Gesetz gewonnen – Anhaltspunkte hätten etwa die bloße Aneinanderreihung der Einkunftsarten in § 2 Abs. 3 REStG, oder die Andeutungen in § 20 Abs. 3, § 21 Abs. 3, § 22 Ziffern 1 und 3, § 23 Abs. 3 REStG[65] sein können –, entscheidend war vielmehr, daß die Gewinnermittlung die exaktere, umfassendere und vollkommenere Einkünfteermittlungsmethode war, und daher Überschußeinkünfte ohne weiteres im Wege der Gewinnermittlung zu den Gewinneinkunftsarten gezogen werden konnten, nicht aber umgekehrt.[66]

Eine Aussage hinsichtlich gemeinsam erwirtschafteter Einkünfte fand sich im REStG 1934 lediglich in § 15 Nr. 2, der als Einkünfte aus Gewerbebetrieb bereits in wörtlicher Übereinstimmung mit § 15 Abs. 1 Nr. 2 des geltenden EStG „die Gewinnanteile der Gesellschafter einer offenen Handelsgesellschaft, einer Kommanditgesellschaft und einer anderen Gesellschaft, bei der der Gesellschafter als Unternehmer (Mitunternehmer) anzusehen ist, und die Vergütungen, die der Gesellschafter von der Gesellschaft für seine Tätigkeit im Dienst der Gesellschaft oder für die Hingabe von Darlehen oder für die Überlassung von Wirtschaftsgütern bezogen hat" qualifizierte. Der RFH tendierte nunmehr – insbesondere unter dem Einfluß Beckers – dazu, das Steuerrecht nicht mehr als Folgerecht des Zivilrechts, sondern als eigenständiges, den übrigen Rechtsgebieten nebengeordnetes und von ihnen unabhängiges Teilgebiet der Rechtsordnung zu betrachten.[67] Somit wurde es abweichend von der früheren Rechtsprechung für die Einkünftequalifikation als gleichgültig erachtet, ob eine Tätigkeit unter einer Firma, insbesondere einer offenen Handelsgesellschaft oder Kommanditgesellschaft

---

[64] Frank, Nationalsozialistisches Handbuch für Recht und Gesetzgebung, S. 663; § 1 Abs. 1 Steueranpassungsgesetz (v. 16.10.1934, RStBl., 1149) schrieb die Auslegung der Steuergesetze nach nationalsozialistischer Weltanschauung – und dies bedeutete im Sinne des Volksgemeinschaftsgeistes – vor.

[65] Vorschriften, nach denen Einkünfte, die ihrer Art nach zu einer bestimmten Einkunftsart gehörten, anderen Einkunftsarten zuzurechnen sind, „soweit sie zu diesen gehören."

[66] RFH, Urt. v. 28.6.1934, RStBl., 1058; so auch Becker, Die Grundlagen der Einkommensteuer, S. 470f.

[67] Becker, Die Grundlagen der Einkommensteuer, S. 429: „Die Einkommensteuer (ist, d. Verf.) ... unmittelbar auf wirtschaftlichen Interessen aufgebaut ... (und muß, d. Verf.) losgelöst von bürgerlich-rechtlichen oder handelsrechtlichen Vorstellungen seinen eigenen Weg gehen ... Die Verwendung bürgerlich-rechtlicher Krücken, Notbehelfe und Vorwände (wirkt, d. Verf.) nur störend und verwirrend."

entfaltet wurde.[68] Entscheidend war allein die Tätigkeit des Personenzusammenschlusses, die nach denselben Grundsätzen wie bei einzeln tätig werdenden natürlichen Personen beurteilt wurde.

Die Unabhängigkeit der einkommensteuerrechtlichen Einkünftequalifikation von der Rechtsform wurde vom RFH damit begründet, daß das Rechtskleid, unter dem eine Tätigkeit gemeinschaftlich ausgeübt wird, nichts an der inneren Wesensart der jeweiligen beruflichen Tätigkeit ändere. Es komme ausschließlich auf den sachlichen Gehalt der Tätigkeit an, handelsrechtliche Wertungen hätten außer Betracht zu bleiben.[69] Wurde jedoch für das Vorliegen einer bestimmten Einkunftsart eine persönliche qualifizierte Berufsausübung durch den Steuerpflichtigen selbst vorausgesetzt – § 18 EStG, Ausübung eines freien Berufes – und beteiligte sich an einer solchen Gesellschaft ein Berufsfremder mit einer Kapitaleinlage gegen Gewinnbeteiligung – z.B. ein Nichtjurist an einer Rechtsanwaltssozietät –, so wurde er als Mitunternehmer mit der Folge angesehen, daß die Tätigkeit der Sozietät insgesamt in vollem Umfang als Gewerbebetrieb angesehen wurde.[70]

Nach damaliger Rechtsauffassung wurde die Beteiligung an Personengesellschaften als selbständiger Gewerbebetrieb jedes einzelnen Mitunternehmers interpretiert;[71] prägnant ist die Formulierung Beckers: „Die Mitunternehmerschaften . . . sind, wenn sie auch wirtschaftlich noch so lebenskräftige selbständige Gebilde sind, . . . für die Einkommensteuer . . . überhaupt nicht da.“[72] Nach Becker[73] kommen im Wortlaut des § 15 Nr. 2 EStG nur „erste Ansätze, Durchbruchspunkte eines viel weitertragenden grundsätzlichen Rechtsgedankens“ zum Ausdruck. In Weiterentwicklung der bisherigen Rechtsprechung wurde nicht mehr der Umfang des *gemeinschaftlichen* Betriebes aus der Sicht des einzelnen Mitunternehmers abgegrenzt; er

---

[68] Becker, a.a.O., S. 406; RFH, Urt. v. 26.10.1938, StuW 1938 Nr. 663 (OHG, die lediglich Grundstücksverwaltung betreibt erzielt Einkünfte aus Vermietung und Verpachtung); RFH, Urt. v. 26.1.1938, RStBl., 733 (Vereinigung von Buchsachverständigen zu einer OHG ist Ausübung eines freien Berufes); RFH, Urt. v. 8.8.1934, RStBl. 1935, 920 (Bildung einer OHG zum Betrieb einer Landwirtschaft oder zur bloßen Vermögensverwaltung macht Landwirt oder Rentner noch nicht zum Gewerbetreibenden); ebenso RFH, Urt. v. 31.10.1934, RStBl. 1935, 773.

[69] RFH, Urt. v. 26.1.1938, RStBl., 733; ebenso RFH, Urt. 26.2.1941, RStBl., 300.

[70] RFH, Urt. v. 26.2.1941, RStBl., 300. Zu beachten ist, daß dieses Urteil zur Gewerbesteuer erging, ihm aufgrund der Vorschrift des § 2 Abs. 1 Satz 2 GewStG 1934 („unter Gewerbebetrieb ist ein gewerbliches Unternehmen im Sinne des Einkommensteuergesetzes zu verstehen“) jedoch Maßgeblichkeit auch für die einkommensteuerrechtliche Beurteilung beigemessen wurde.

[71] RFH, Urt. v. 14.7.1937, RStBl., 937; RFH, Urt. v. 31.8.1937, RStBl., 1272; RFH, Urt. v. 30.11.1938, RStBl. 1939, 544; RFH, Urt. v. 10.1.1940, RStBl., 134.

[72] Becker, Die Grundlagen der Einkommensteuer, S. 94; vgl. zur damals vorherrschenden Tendenz der Loslösung des Steuerrechts vom Privatrecht die grundlegende Untersuchung von Ball, Steuerrecht und Privatrecht, S. 110ff.

[73] A.a.O., S. 106.

wurde nicht mehr als Inhaber des gesamten Betriebes, belastet durch die Rechte der übrigen Mitunternehmer, vielmehr als Einzelunternehmer seines *eigenen* Betriebes betrachtet. Einkommensteuerrechtlich wurde der einzelne Mitunternehmer damit zum unmittelbaren Gewerbetreibenden.[74] Die Rechtsprechung besteuerte fortan den Mitunternehmer in allen Beziehungen wie den Einzelunternehmer. „Die Einkommensteuer ist eine Personensteuer auf die Person des Steuerpflichtigen nach Maßgabe seiner verschiedenen Beziehungen zu einkommen- und gewinnbringenden Wirtschaftsvorgängen, so insbesondere auch zu den Gewinnen, die er als Einzelperson aus dem Vorhandensein gewerblicher Unternehmungen erzielt hat.“[75] Unter dem Dach der Personengesellschaft wurden fortan so viele Einzelunternehmen betrieben, wie Gesellschafter beteiligt waren.[76]

Die umfassende Einbeziehung von Entgelten und Vergütungen im Verhältnis Gesellschaft – Gesellschafter war zwar nach der Amtlichen Begründung[77] auch „durch die Rücksichtnahme auf das kommende reichsrechtliche Gewerbesteuergesetz veranlaßt“ worden, da die nach § 15 REStG ermittelten Ergebnisse „unmittelbar für die Feststellung des gewerbesteuerpflichtigen Gewinns verwendet werden“ sollten;[78] eine sachliche Änderung sah der Gesetzgeber hierin freilich nicht:[79] Denn bereits mit der Rechtsauffassung, jeder Mitunternehmer betreibe einkommensteuerrechtlich seinen eigenen Betrieb, war die Vorstellung, zwischen Gesellschaft und Gesellschafter einkommensteuerrechtlich relevante Leistungsbeziehungen anzuerkennen, unvereinbar.[80] Aus diesem Grunde wurden auch im Eigentum eines Gesellschafters stehende Wirtschaftsgüter, die er der Gesellschaft gegen eine besondere Vergütung überlassen hatte – eine Gestaltung, die in der damaligen Wirtschaftspraxis überaus häufig anzutreffen war – als Betriebsvermögen (sog. Sonderbetriebsvermögen) qualifiziert.[81]

---

[74] A.a.O., S. 94, S. 426.

[75] RFH, Urt. v. 1.12.1937, RStBl. 1938, 356; vgl. auch RFH, Urt. v. 14.7.1937, RStBl., 937; RFH, Urt. v. 13.3.1940, RStBl., 474.

[76] Sog. Einzelbetriebstheorie; dazu v. Zezschwitz FR 1970, (I.) 133, (II.) 158, 161.

[77] Zum Einkommensteuergesetz vom 16.10.1934, RStBl. 1935, 33, 42.

[78] Demgemäß legte das Gewerbesteuergesetz vom 1.12.1936 (RGBl. I, 979) als Basisgröße des Gewerbeertrags den nach den Vorschriften des Einkommensteuergesetzes ermittelten Gewinn aus dem Gewerbebetrieb fest (§ 7 GewStG).

[79] Amtliche Begründung zum Einkommensteuergesetz vom 16.10.1934, RStBl. 1935, 33, 42.

[80] Lapidar der RFH, Urt. v. 7.5.1941, RStBl., 554: „Bei einer Personengesellschaft können sich also Gesellschaft und Gesellschafter nicht als Gläubiger und Schuldner gegenüberstehen.“

[81] Meßmer StbJb. 1972/73, 127, 159ff. hat nachgewiesen, daß dieser Wandel der Rechtsauffassung des RFH ursprünglich von dem Ziel geleitet war, bei Errichtung einer Gesellschaft durch mehrere Einzelunternehmer die Realisierung von stillen Reserven bei Wirtschaftsgütern, die der Einzelunternehmer in seinem Eigentum behielt, aber der Gesellschaft gegen Entgelt zur Nutzung überließ, durch die Fortdauer der Qualifizierung als Betriebsvermögen zu vermeiden. Auch versuchte man

Auch ermöglichte es diese Rechtsauffassung, bestimmte Betriebseinnahmen und -ausgaben, die nur mit dem Mitunternehmeranteil als solchem zusammenhingen, als gewerblich zu qualifizieren und in die einheitliche Gewinnfeststellung mit einzubeziehen.[82]

5. Die Nachkriegszeit bis etwa 1970

Die Rückkehr zu den Grundsätzen der Rechtsstaatlichkeit nach dem Ende des Zweiten Weltkrieges[83] und die damit verbundene Änderung der Rechtsprechung führte – jedenfalls hinsichtlich der Besteuerung gemeinsamer wirtschaftlicher Betätigung – nur zu einer vermeintlichen Erhöhung der Rechtssicherheit. Die Rechtsprechung des Bundesfinanzhofes maß der bürgerlich-rechtlichen Ausgestaltung wesentlich größere Bedeutung bei als dies in der Rechtsprechung des Reichsfinanzhofes der Fall gewesen war.[84] So war bei der Frage, ob eine sog. Familienpersonengesellschaft[85] „steuerlich anerkannt" werden könne, ob also eine gemeinsame wirtschaftliche Betätigung vorliegt, ein entscheidendes Kriterium das Vorliegen einer bürgerlich-rechtlich wirksamen Personalgesellschaft.[86]

Die Maßgeblichkeit des bürgerlichen Rechts war auch ausschlaggebend für die Frage, ob die GmbH & Co. KG ertragsteuerrechtlich als Personen- oder Kapitalgesellschaft einzustufen war.[87] Auch der Eintragung einer Personengesellschaft (OHG, KG) im Handelsregister maß man hinsichtlich der

auf diese Weise zu einer einheitlichen Bemessungsgrundlage für Einkommen-, Gewerbe- und Vermögensteuergesetz zu kommen; vgl. dazu Kurth, Die Besteuerung des Mitunternehmers, S. 167ff.

82 Kurth, a.a.O., S. 217; hierzu gehören bspw. bei Kreditfinanzierung der Einlage des Mitunternehmers die von diesem aufzuwendenden Kreditzinsen.

83 Vgl. dazu Bühler StuW 1947, Sp. 1ff.

84 BFH, Urt. v. 13.1.1959, BStBl. III, 197. Ebenso BFH, Urt. v. 11.5.1962, BStBl. III, 310, wo der BFH diesbezüglich selbst von einer „fortlaufend klarer entwickelten Rechtsprechung der Einkommensteuersenate des Bundesfinanzhofes" spricht und dem bürgerlichen Recht eine maßgebliche Ordnungsfunktion für die gesamte Rechtsordnung einschließlich des Steuerrechts zumißt.

85 Darunter versteht man eine Personengesellschaft (GbR, OHG, KG), deren Gesellschafter Familienangehörige sind; vgl. dazu Paulick, „Familiengesellschaft", in: Handwörterbuch des Steuerrechts.

86 BFH, Urt. v. 22.8.1951, BStBl. III, 181, 183. Für den Reichsfinanzhof (Urt. v. 30.9.1936, RStBl., 1099, 1101) war bei der „einkommensteuerrechtlichen Anerkennung" noch die Erwägung maßgebend gewesen, daß „sonst die Betriebsinhaber dazu gedrängt würden, an Stelle einer Personalgesellschaft die nach nationalsozialistischer Wirtschaftsauffassung unerwünschte Betriebsform der Kapitalgesellschaft ... zu wählen, die ... auch steuerlich anerkannt werden müßte".

87 BFH, Urt. v. 16.9.1958, BStBl. III, 462, 463; BFH, Urt. v. 14.3.1961, BStBl. III, 363; BFH, Urt. v. 17.3.1966, BStBl. III, 171, 173: „Die ertragsteuerliche Anerkennung der GmbH & Co. KG als Personengesellschaft beruht entscheidend auf dem Grundsatz der Beachtung zivilrechtlicher Gestaltungen im Einkommen- und Körperschaftsteuerrecht"; der RFH, Urt. v. 15.7.1925, RFHE 17, 19 behandelte die GmbH & Co. KG noch als Kapitalgesellschaft.

Qualifikation der Einkünfte der Gesellschafter erhebliche Bedeutung bei. Die Eintragung begründete die Vermutung, daß ein Handelsgewerbe betrieben werde. Diese Vermutung bedurfte zu ihrer Widerlegung eines „eindeutigen Beweises“, daß die von den Gesellschaftern gegenüber dem Registergericht abgegebenen Erklärungen der tatsächlichen Geschäftsführung und Betriebsabwicklung nicht entsprächen, daß also in Wirklichkeit keine gewerbliche Tätigkeit entfaltet wurde.[88] Grieger, der damalige Präsident des zuständigen 4. Senats des BFH, ging sogar noch weiter und forderte, die Gesellschafter müßten sich an ihrer gegenüber dem Registergericht abgegebenen Erklärung, sie würden ein Handelsgewerbe betreiben, nach Treu und Glauben auch für das Steuerrecht festhalten lassen.[89]

Eine von der Besteuerung einzelner natürlicher Personen abweichende Behandlung findet sich auch bei Personenzusammenschlüssen, die mehrere, isoliert betrachtet einkommensteuerrechtlich unterschiedlich zu qualifizierende Tätigkeiten ausüben (sog. gemischte wirtschaftliche Betätigung), denn nach der Rechtsprechung des BFH kann die Art der Einkünfte einer Personengesellschaft nur einheitlich bestimmt werden.[90] Grieger ist es zu danken, daß bei der Einkünftequalifikation von Personenzusammenschlüssen ein Aspekt, der in den Urteilsgründen nicht zum Ausdruck kommt, jedoch die Urteilsfindung offenbar maßgeblich beeinflußt hat, offengelegt wurde: der Einfluß des Verfahrensrechts auf die materielle Rechtsfindung. So legt er dar, daß eine GmbH & Co. KG deshalb ausschließlich gewerbliche Einkünfte haben könne, weil andernfalls das Verfahren der einheitlichen Gewinnfeststellung ins Wanken geriete. Der Anteil der Kapitalgesellschaft an der Personengesellschaft könne nicht nach anderen Grundsätzen ermittelt werden (Vermögensvergleich) wie der der anderen Gesellschafter (Überschußrechnung).[91]

Auch hinter der einheitlichen Qualifikation der Einkünfte eines Personenzusammenschlusses bei gemischter Tätigkeit stand die Überlegung, „daß Sinn und Zweck der einheitlichen Gewinnfeststellung (§ 219 AO) möglichst

---

[88] BFH, Urt. v. 16.9.1958, BStBl. III, 462.

[89] Grieger StbJb. 1966/67, 159, 164.

[90] BFH, Urt. v. 12.3.1964, BStBl. III, 500; so schon RFH, Urt. v. 27.11.1924, RFHE 15, 111 und RFH, Urt. v. 25.8.1937, RStBl., 1129; in letzterer Entscheidung wurde zur Begründung erstmals auf § 2 Abs. 2 Nr. 1 GewStG 1936 verwiesen. Zur gewerbesteuerrechtlichen Sicht des Problems in dieser Zeit vgl. Withol DStZ 1963, 261 und Felix StuW 1963, 85ff.

[91] Grieger, Anm. zu BFH, Urt. v. 17.3.1966, BB 1966, 396; ebenso ders. StbJb. 1966/67, 159; in dieser Entscheidung wurde die sog. Geprägetheorie begründet, nach der die Tätigkeit einer GmbH & Co. KG, bei der die geschäftsführende GmbH der alleinige Komplementär ist, stets als Gewerbebetrieb gilt. Bestätigt wurde sie in BFH, Urt. v. 3.8. 1972, BStBl. II, 799. Auch die Tätigkeit einer OHG, deren Gesellschafter ausschließlich Kapitalgesellschaften sind, wurde als gewerbliche Tätigkeit selbst dann angesehen, wenn diese in der Vermietung von Grundbesitz bestand; vgl. BFH, Urt. v. 22.11.1972, BStBl. II 1973, 405.

weitgehend eine einheitliche, d. h. nach denselben steuerlichen Grundsätzen vorzunehmende Ermittlung der Einkünfte einer Gemeinschaft der Gesellschaft fordern."[92]

Die Rechtsprechung des RFH zur Negierung von Leistungsbeziehungen zwischen Gesellschaft und Gesellschafter hat der BFH im Prinzip übernommen[93] und für seine diesbezügliche Rechtsansicht erstmals in einer Entscheidung aus dem Jahre 1956 das Wort „Bilanzbündeltheorie" verwandt.[94] Er hat sich jedoch der Einsicht nicht verschlossen, daß die konsequente Anwendung der Bilanzbündeltheorie für gewisse Fallkonstellationen zu unerträglichen Ergebnissen führe[95] und daher in eng begrenzten Ausnahmefällen Leistungsbeziehungen zwischen Gesellschaft und Gesellschafter anerkennt.[96]

Insbesondere gestattete es die Rechtsprechung dem Gesellschafter einer Personengesellschaft nicht, von Wahlrechten – z. B. bei der gewöhnlichen Absetzung für Abnutzung, bei Sonderabschreibungen und Rückstellungen – wie ein Einzelkaufmann ohne Rücksicht auf die anderen Gesellschafter Gebrauch zu machen, da dies zu einer mit dem Gedanken der einheitlichen Gewinnfeststellung schwer zu vereinbarenden Auflösung der Bilanz der Personengesellschaft führe,[97] was der Gesetzgeber nicht beabsichtigt haben könne.

---

[92] Grieger StbJb. 1966/67, 159, 166.

[93] Beispiele aus der Rechtsprechung: BFH, Urt. v. 8.9.1969, BStBl. II 1970, 43 (§ 15 Nr. 2 EStG findet auch Anwendung, wenn der Gesellschafter für die Gesellschaft im Rahmen seines freien Berufes von Fall zu Fall gegen das übliche Honorar tätig wird und seine Tätigkeit nicht auf gesellschaftsrechtlichen Vereinbarungen beruht); BFH, Urt. v. 23.1.1953, BStBl. III, 70 (keine Rückstellungen für Pensionsverpflichtungen der Gesellschaft gegenüber Gesellschafter-Geschäftsführern).

[94] BFH, Urt. v. 11.12.1956, BStBl. III 1957, 105; der Berechnung der Einkünfte der Gesellschafter liegt nach diesem Urteil die „sogenannte Bilanzbündeltheorie" zugrunde. Zwar beruft sich der BFH in späteren Urteilen (Urt. v. 29.11.1960, BStBl. III 1961, 183) darauf, diese Theorie sei „vom Gesetzgeber in § 15 Nr. 2 EStG zugrunde gelegt" worden, der Weg zu diesem Auslegungsergebnis bleibt jedoch im dunkeln, eine Begründung wird nicht gegeben. In der Literatur findet sich der Begriff „Bilanzbündeltheorie" erstmals bei Böttcher StbJb. 1953/54, 239, 241, 269.

[95] BFH, Urt. v. 31.1.1964, BStBl. III, 240.

[96] BFH, Urt. v. 6.9.1960, BStBl. III, 443 (Gewährung eines üblichen Lieferantenkredits); BFH, Urt. v. 18.9.1969, BStBl. II 1970, 43 (Lieferung von Waren im üblichen Geschäftsverkehr); BFH, Urt. v. 10.5.1973, BStBl. II, 630 (Ausführung von Bauarbeiten).

[97] Vgl. BFH, Urt. v. 14.1.1958, BStBl. III, 75 und dazu Grieger StbJb. 1966/67, 159, 195f. Unterschiedliche Abschreibungen nach § 7 b EStG wurden jedoch bei den einzelnen Gesellschaftern zugelassen; so BFH, Urt. v. 25.11.1965, BStBl. III 1966, 90.

6. Neuorientierung seit etwa 1970

a) Die Personenvereinigung selbst als Subjekt der Einkünftequalifikation

Die Rechtsentwicklung zu Fragen der Einkünftequalifikation bei gemeinsamer wirtschaftlicher Betätigung ist seit etwa 1970 gekennzeichnet durch eine Entwicklungslinie, die man als Abschied von der Qualifikation nach der Rechtsform bezeichnen könnte. Entscheidend ist hiernach nicht die zivil-, insbesondere die handelsrechtliche Einordnung des Subjekts gemeinsamer wirtschaftlicher Betätigung, entscheidendes Qualifikationskriterium ist vielmehr allein die Tätigkeit dieses Subjekts und nicht etwa die Tätigkeit der an diesem Subjekt beteiligten natürlichen oder juristischen Personen. Der BFH hält – ausgehend von dem in § 15 Abs. 1 Nr. 2 EStG genannten Begriff Gewinnanteil – die Gesellschaft als solche – das sind die Gesellschafter in ihrer Verbundenheit – für gewerblich tätig und erkennt die Vereinigung selbst als Gewerbetreibende an.[98]

Das Gericht prüft nunmehr die Frage der Einkunftsart für alle Rechtsformen der Personengesellschaften (OHG, KG, Gesellschaft des bürgerlichen Rechts, stille Gesellschaft) zunehmend unabhängig von deren handelsregisterlicher Eintragung[99] nach den gleichen Kriterien.[100] Zwar seien auch Personenhandelsgesellschaften handelsrechtlich als Kaufleute anzusehen (§ 6 Abs. 1 HGB). Da jedoch das Einkommensteuerrecht bei der Besteuerung dieser Gesellschafter gerade *nicht* durchgängig an die Ordnungsstruktur des Zivilrechts anknüpfe, sondern auch Einkünfte einbeziehe, die – zivilrechtlich – nicht die Gesellschaft, sondern der Gesellschafter erzielt, lägen Einkünfte der Gesellschafter aus Gewerbebetrieb auch nur dann vor, wenn die Voraussetzungen eines Gewerbebetriebes erfüllt seien.[101] Ebenso werden

---

[98] Trotz fehlender Rechts- und Steuerträgerschaft der Personengesellschaft „geht das geltende Einkommensteuerrecht aber bei der Besteuerung der in der Personengesellschaft zusammengefaßten Gesellschafter von der Personengesellschaft als solcher aus"; so BFH, Urt. v. 21.12.1972, BStBl. II 1973, 298, 299. Heyll, Zur unternehmerspezifischen Rechtssubjektivität von Personengesellschaften im Einkommensteuerrecht, S. 281 ff.

[99] Im Fall der OHG und KG.

[100] BFH, Urt. v. 25.9.1970, BStBl. II 1971, 130, 131 ohne nähere Begründung; einschränkend jedoch wiederum BFH, Urt. v. 6.10.1977, BStBl. II 1978, 54 m.w.N., wonach bei Handelsregistereintragung einer Personengesellschaft die widerlegbare Vermutung besteht, daß sie ein gewerbliches Unternehmen betreibt. Die Voraussetzungen für die Widerlegung sind jedoch in der neueren Rechtsprechung immer mehr erleichtert worden; vgl. dazu Schmidt, Einkommensteuergesetz, Anm. 41 a zu § 15 EStG. Der Beschluß des Großen Senats des BFH zur sog. „Gepräge-Rechtsprechung" verwirft nunmehr die Vermutungswirkung der Handelsregistereintragung generell, vgl. Beschl. v. 25.6.1984, BStBl. II, 751, 769 und nachfolgend BFH, Urt. v. 17.1.1985, BStBl. II, 291, 293.

[101] BFH, Urt. v. 20.10.1976, BStBl. II 1977, 96, 97; für Mangold StuW 1978, 162, 166, der das Urteil als „Ergebnis vorausgegangener unordentlicher Rechtsanwen-

unabhängig von der Gesellschaftsform einheitliche Maßstäbe bei der Beurteilung der Frage, ob steuerrechtlich überhaupt eine gemeinsame wirtschaftliche Betätigung vorliegt, angelegt.[102]

Diese neuen Grundsätze sollen aber nur im Regelfall gelten. In einem Urteil vom 18.2.1976[103] macht der BFH deutlich, daß es für die Einkünftequalifikation zwar grundsätzlich darauf ankomme, ob „die Gesellschaft"[104] eine Tätigkeit entfalte, die die Merkmale eines Gewerbebetriebes erfülle. Einkünftequalifizierende Merkmale könne „die Gesellschaft allerdings auch von der Tätigkeit oder der rechtlichen Einordnung der Gesellschafter empfangen."

b) Auswirkungen des Beurteilungswandels auf die sog. Gepräge-Rechtsprechung

Insbesondere bei Personengesellschaften, deren alleinige persönlich haftende und geschäftsführende Gesellschafterin eine juristische Person ist, wurden aufgrund der steuerrechtlichen Einordnung dieses Gesellschafters als Gewerbetreibender[105] unabhängig von der Art der Tätigkeit der Kommanditgesellschaft mit Wirkung für alle Beteiligten sämtliche Einkünfte der Gesellschaft als solche aus Gewerbebetrieb qualifiziert,[106] da die Kapitalgesellschaft der Personengesellschaft das „Gepräge"[107] gebe und ihre Tätigkeit entscheidend bestimme.

Im Schrifttum stieß die Gepräge-Rechtsprechung zunehmend auf Widerspruch.[108] Kritisiert werden insbesondere die fehlende Auseinandersetzung

---

dung" kritisiert, ist es unverständlich, warum gerade dieser Gesichtspunkt bei Personenhandelsgesellschaften andere als gewerbliche Einkünfte zulassen soll, ist es doch gerade § 15 Nr. 2 Hs. 2 EStG, der solche Einkünfte erst zu gewerblichen macht, die es nach allgemeinen Regeln nicht wären.

[102] BFH, Beschl. v. 21.4.1974, BStBl. II, 404, 406; der BFH beruft sich zur Stützung seiner Auffassung auf „Gründe der Gleichmäßigkeit der Besteuerung", die es nicht zuließen, handelsrechtliche Wertungen auf das Steuerrecht durchschlagen zu lassen.

[103] BStBl. II, 480, 481.

[104] Aus dieser Formulierung wird deutlich, daß bei gemeinsamer wirtschaftlicher Betätigung nicht mehr der einzelne Gesellschafter, vielmehr die Gesellschaft als solche im Mittelpunkt der Einkünfteermittlung steht. Der BFH judizierte in diesem Urteil, daß eine GmbH, die neben einer natürlichen Person zu 50 v.H. an einer OHG beteiligt sei, dieser nicht „das Gepräge" gebe, da sie nicht alleinige persönlich haftende Gesellschafterin der OHG sei.

[105] Vgl. §§ 1 Abs. 1 Nr. 1 i.V.m. 8 Abs. 2 KStG (Kapitalgesellschaften erzielen kraft Rechtsform ausschließlich Einkünfte aus Gewerbebetrieb) und § 2 Abs. 2 Nr. 2 GewStG (Kapitalgesellschaften sind bereits kraft Rechtsform gewerbesteuerpflichtig).

[106] Vgl. Urt. v. 22.11.1972, BStBl. II 1973, 405 (an der Gesellschaft waren nur Kapitalgesellschaften beteiligt); Urt. v. 17.3.1966, BStBl. III, 171; Urt. v. 3.8.1972, BStBl. II, 799; Heuer (GmbHR 1974, 166) will diese Rechtsprechung auch bei Beteiligung einer GmbH an einer Gesellschaft bürgerlichen Rechts anwenden.

[107] Daher der Ausdruck „Gepräge-Rechtsprechung".

des BFH mit handels- und gesellschaftsrechtlichen Wertungen, hier vor allem die Frage der Identität von Handelsgewerbe i.S. des HGB und Gewerbebetrieb i.S. des EStG und die Frage, ob eine nichtgewerblich tätige Gesellschaft überhaupt noch KG oder nur GbR sein könne, die fehlende Rechtsgrundlage für die Gepräge-Rechtsprechung im Einkommensteuergesetz und das verfehlte Argument, die Vorschriften über die einheitliche Gewinnfeststellung der Abgabenordnung geböten auch einkommensteuerrechtlich eine einheitliche Feststellung der Art der Einkünfte der Gesellschafter. Schmidt[109] meint schließlich, die Unhaltbarkeit der Gepräge-Rechtsprechung dadurch untermauern zu können, daß bei konsequenter Anwendung der Gepräge-Rechtsprechung im Falle einer bloß vermietenden Kommanditgesellschaft, deren einziger Komplementär eine natürliche Person sei, die als Kommanditistin beteiligte GmbH doch ebenfalls Einkünfte aus Vermietung und Verpachtung beziehe.[110]

Die unter dem Einfluß des kritischen Schrifttums[111] – auch aus den eigenen Reihen – gewandelte Auffassung des BFH von der einkommensteuerrechtlichen Beurteilung der Personengesellschaft als Einheit[112] führte

[108] Der bisherigen Rechtsprechung des BFH stimmten *vor* deren Rechtsprechungsänderung – dazu sogleich im Text – zu: Klein / Flockermann / Kühr, Einkommensteuergesetz, Anm. 3 a zu § 15 EStG; Lademann / Söffing / Brockhoff, Einkommensteuergesetz, Stand 1980, Anm. 4 zu § 15 EStG; Littmann, Einkommensteuerrecht, 12. Aufl., RdNr. 103 zu § 15 EStG; Frotscher, Einkommensteuergesetz, Stand 1980, Anm. 23 zu Anhang § 15 EStG. Die bisherige Rechtsprechung des BFH lehnten bereits *vor* Bekanntwerden des Beschl. des BFH v. 25.6.1984, BStBl. II, 751 ab: Hennerkes / Binz, Die GmbH & Co., 6. Aufl., S. 318ff.; Schmidt, Einkommensteuergesetz, 3. Aufl., RdNr. 111 zu § 15 EStG; Blümich / Falk, Einkommensteuergesetz, Stand 1981, Anm. 202 zu § 15 EStG; Herrmann / Heuer, Einkommensteuergesetz, 15. Aufl., Anm. 13 c 2 zu § 15 EStG; Tipke, Steuerrecht, 8. Aufl., S. 162; Knobbe-Keuk, Bilanz- und Unternehmenssteuerrecht, 4. Aufl., S. 454ff.; Groh JbFfSt. 1979/80, 209, 232f.; Jurkat GmbHR 1983, 224, 229; Schulze-Osterloh NJW 1983, 1281 (zustimmend aber für den Fall, daß die Gesellschafter der Kapitalgesellschaft auch Gesellschafter der Personengesellschaft sind); ders., in: Kruse (Hrsg.), Die Grundprobleme der Personengesellschaft im Steuerrecht, S. 131, 143.

[109] Schmidt, Einkommensteuergesetz, 3. Aufl., RdNr. 111 zu § 15 EStG.

[110] Zustimmend Hennerkes / Binz, Die GmbH & Co., S. 320; diese Auffassung ist jedoch abzulehnen. Natürliche Personen können als Subjekt der Einkommensteuer jede der in § 2 Abs. 1 Nrn. 1-7 EStG aufgeführten Einkunftsarten verwirklichen, während der „Einkunftsartenhorizont" der Kapitalgesellschaften als Subjekte der Körperschaftsteuer bereits qua gesetzlicher Anordnung des § 8 Abs. 2 KStG auf den Bezug gewerblicher Einkünfte beschränkt ist.

[111] Zu nennen ist hier insbes. der Richter am BFH Meßmer StbJb. 1972/73, 127ff.

[112] Vgl. z.B. BFH, Beschl. des GS vom 10.11.1980, BStBl. II 1981, 164, 167 m.w.N. („Gewinnanteile" i.S. § 15 Abs. 1 Nr. 2 EStG sind die Anteile der Gesellschafter am *Gewinn der Gesellschaft;* eines Zufließens des Gewinns selbst beim Gesellschafter bedarf es nicht); BFH, Beschl. v. 5.5.1981, BStBl. II, 574, 576 (bei einer vermögensverwaltenden Gesellschaft sind Einkünfte der Gesellschafter die Anteile am Überschuß der Einnahmen über die Werbungskosten, die die *Gesellschaft* erzielt; dazu bedarf es keiner Zurechnung der einzelnen Geschäftsvorfälle der Gesellschaft an die Gesellschafter). Im Urteil vom 8.12.1982, BStBl. II 1983, 570 spricht der BFH selbst von dem „überholten Gedankengut der Bilanzbündeltheorie".

schließlich[113] dazu, daß sowohl der 1. Senat des BFH mit Beschl. v. 17.2.1982[114] wie auch der 4. Senat wenig später mit Beschl. v. 26.8.1982[115] dem Großen Senat des BFH die Frage vorlegten, ob an der Gepräge-Rechtsprechung noch länger festzuhalten sei. Der Große Senat gab im Beschl. v. 25.6.1984[116] die Gepräge-Rechsprechung auf.

Diese Rechtsprechung sei „mit den neueren Erkenntnissen zur steuerrechtlichen Behandlung der Personengesellschaft und ihrer Gesellschafter nicht mehr vereinbar."[117] Eine Personengesellschaft unterliege zwar als solche nicht der Einkommensteuer und sei „insoweit" nicht Steuersubjekt. Sie sei jedoch unterschiedslos für alle in § 2 Abs. 1 Nrn. 1-7 EStG aufgeführten Einkunftsarten „insoweit" Steuerrechtssubjekt, als sie in der Einheit ihrer Gesellschafter Merkmale eines Besteuerungstatbestandes verwirkliche, welche den Gesellschaftern für deren Besteuerung zuzurechnen seien. Ein solches Merkmal sei insbesondere die Verwirklichung oder Nichtverwirklichung des Tatbestandes einer bestimmten Einkunftsart. Abzustellen sei also auf die Tätigkeit der Gesellschaft, wie sie sich in der gemeinschaftlichen Betätigung ihrer Gesellschafter darstelle. Da „in erster Linie" (!) diese Tätigkeit zu qualifizieren sei, könne es auf die Rechtsform dieser Gesellschaft nicht ankommen. Um allerdings die Besteuerung von Veräußerungsgewinnen bei einem Gesellschafter einer vermögensverwaltenden Gesellschaft, dessen Gesellschaftsanteil zu seinem Betriebsvermögen gehört,[118] sicherzustellen, nimmt der BFH an, daß dieser Gesellschafter vermittels seines Gesellschaftsanteils „anteilig an den Wirtschaftsgütern der Gesellschaft beteiligt ist und diese bei ihm Betriebsvermögen sind."[119]

---

[113] Zweifelnd bereits BFH, Urt. v. 24.4.1980, BStBl. II, 658 (eingeschränkte gewerbesteuerrechtliche Anwendung der Gepräge-Rechtsprechung), BFH, Urt. v. 17.1.1980, BStBl. II, 336 (offengelassen, ob die Gepräge-Rechtsprechung anwendbar ist, wenn neben GmbH auch natürliche Person als Komplementärin einer KG beteiligt) und BFH, Beschl. v. 10.11.1977, BStBl. II 1978, 15 (auch eine GmbH & Co. KG erzielt nur bei Vorliegen einer Gewinnerzielungsabsicht gewerbliche Einkünfte).

[114] BStBl. II, 295; der 1. Senat will an der Gepräge-Rechtsprechung festhalten, die nach seiner Ansicht auch im Einkommensteuerrecht gilt.

[115] BStBl. II, 771; der 4. Senat vertritt im Vorlagebeschluß die Auffassung, daß Einkünfte, die nach allgemeinen Kriterien keine gewerblichen Einkünfte seien, bei einer GmbH & Co. KG einkommensteuerrechtlich ebensowenig Einkünfte aus Gewerbebetrieb darstellten wie bei einer anderen Personengesellschaft; nur bei Kapitalgesellschaften präge die Rechtsform die Einkunftsart.

[116] BStBl. II, 751; Leitsatz 3 der Entscheidung lautet: „Bei einer GmbH & Co. KG, deren alleiniger persönlich haftender und geschäftsführender Gesellschafter eine GmbH ist, sind nicht allein wegen dieser Rechtsform alle Einkünfte i. S. des § 2 Abs. 3 EStG mit Wirkung für alle Gesellschafter (Mitunternehmer) als Einkünfte aus Gewerbebetrieb zu qualifizieren (Aufgabe der Gepräge-Rechtsprechung)."

[117] BStBl. II, 751, 761. Zum folgenden a.a.O., 761 ff.

[118] Bei Kapitalgesellschaften sind alle Einkünfte als gewerblich zu behandeln, § 8 Abs. 2 KStG; im übrigen sind bei betrieblicher Veranlassung der Beteiligung die ihrer Art nach nicht betrieblichen Einkünfte der jeweiligen betrieblichen Einkunftsart zuzurechnen, §§ 20 Abs. 3, 21 Abs. 3 EStG.

Der Beschluß des Großen Senats, der neben der Aufgabe der Gepräge-Rechtsprechung den Mitunternehmerbegriff näher präzisiert und die Gewinn- bzw. Überschußerzielungsabsicht neu definiert,[120] kann wohl als die bisher bedeutendste Entscheidung des BFH zum Steuerrecht der Personengesellschaft gewertet werden, mit dem ein weiterer wichtiger Schritt zur steuerrechtlichen Verselbständigung der Personengesellschaft gegenüber ihren Gesellschaftern vollzogen wurde. Entsprechend lebhaft war das Echo in der Literatur,[121] in Seminaren[122] und „Trainingstagungen"[123] wurden die neuen Erkenntnisse des BFH interpretiert und mögliche Auswirkungen diskutiert. Nach nahezu einhelliger Meinung[124] wirft der Beschluß jedoch dogmatisch und auch in bezug auf seine technische Umsetzung im Besteuerungsverfahren mehr Fragen und Probleme auf, als er zu beantworten imstande ist.

Der „Horror vor einer ‚Besteuerungslücke' hinsichtlich der Veräußerungsgewinne einer Überschußgesellschaft"[125] bei den betrieblich beteiligten Gesellschaftern hat den Großen Senat nach dem – zumindest sinngemäßen – Zeugnis von Erdweg,[126] dem Berichterstatter in diesem Verfahren, dazu veranlaßt, die wenige Seiten vorher postulierte Einheitlichkeit der Personengesellschaft und deren Funktion für Einkunftsart und Einkunftsermitt-

---

[119] BFH, Beschl. v. 25.6.1984, BStBl. II, 751, 763; der BFH stützt diese Auffassung jedenfalls explizit auf keine Rechtsnorm; gedacht war wohl an § 39 Abs. 2 Nr. 2 AO.

[120] Danach ist eine einkommensteuerrechtlich relevante Betätigung nur dann gegeben, wenn bezogen auf deren Gesamtdauer nachhaltig ein Gewinn/Überschuß zu erzielen ist (BFH, a.a.O., 766). Bei konsequenter Umsetzung dieses Maßstabes ist bei Einkünften aus Vermietung und Verpachtung die Überschußerzielungsabsicht in vielen Fällen zu verneinen: Drei von vier „Vermietern" erwirtschaften „Verluste"; diese betrugen 1980 insgesamt 31 Mrd. DM (Ergebnisse der Einkommensteuerstatistik 1980, zitiert nach DIW (Hrsg.), Wochenbericht 21/85, S. 247, 249).

[121] Jakob, StRK-Anmerkungen, R. 5 zu § 15 Abs. 2 EStG 1975; Knobbe-Keuk BB 1985, 473; Jurkat GmbHR 1985, 62 (I.), 86 (II.); Crezelius, SteuerStud 1985, 84; Wollny DStZ/A 1985, 107; Schellenberger DStR 1985, 163; Schulze zur Wiesche WPG 1985, 65; Söffing / Fleischmann DB 1984, 2433; Erdweg FR 1985, 601; Groh DB 1984, 2373; ders. DB 1984, 2424; Walz JZ 1985, 192; Felix DStZ/A 1984, 575; Dornfeld, „Blick durch die Wirtschaft" v. 15.11.1984; Bordewin RWP SG 5.2, S. 835; Bruse FR 1985, 63 (I.), 85 (II.); Paus DStZ/A 1985, 450; Quast, „Blick durch die Wirtschaft" v. 15.11.1984; Söffing / Fleischmann DB 1984, 2433; Schulze-Osterloh DStZ/A 1985, 315.

[122] IDW (Hrsg.), Neuorientierung bei der Besteuerung von Personengesellschaften; Pabst / Quast / Schmider / Uelner, Praxis der steuerbegünstigten Kapitalanlagen, Bd. XIII.

[123] Arbeitskreis für Steuerrecht GmbH (Hrsg.), Nicht gewerbliche Gesellschaften und Gemeinschaften – Vermögensverwaltung und Sozietäten.

[124] Anders Dornfeld, „Blick durch die Wirtschaft" v. 15.11.1984, nach dessen Auffassung der Beschluß einen „bedeutenden Schlußstein darstellt, mit dem das Werk der Abschaffung der Bilanzbündeltheorie und der Betonung der Einheit der Personengesellschaften im Steuerrecht einen theoretisch überzeugenden Abschluß gefunden" habe.

[125] Knobbe-Keuk BB 1985, 473, 474; ebenso Jakob, StRK-Anmerkungen, R. 5 zu § 15 Abs. 2 EStG 1975, S. 8.

[126] Erdweg FR 1984, 601, 603.

lung in Frage zu stellen und dem betrieblich beteiligten Gesellschafter die Wirtschaftsgüter der Gesellschaft anteilig zuzurechnen.[127] Die kontroverse Diskussion um die praktische Umsetzung dieser Auffassung im Besteuerungsverfahren[128] zeigt, daß hier das letzte Wort wohl noch nicht gesprochen ist.[129]

Auch der Gesetzgeber blieb nicht untätig und bemühte sich rasch um Maßnahmen zur Beseitigung von Übergangsproblemen[130] und unerwünschten Folgen des Beschlusses.

So wurde den im Berliner sozialen Wohnungsbau tätigen GmbH & Co. KGs durch Änderung des EStG ein *Wahlrecht* eingeräumt, ob sie ihre Tätigkeit steuerrechtlich als Gewerbebetrieb oder als Vermögensverwaltung behandeln lassen wollten (sog. Gewerbebetrieb auf Antrag).[131] Am 12.4.1985 legte die Bundesregierung den „Entwurf eines Gesetzes zur vordringlichen Regelung von Fragen der Besteuerung von Personengesellschaften" vor,[132] der mit dem erklärten Ziel der Vermeidung hoher Steuerausfälle eine gesetzliche Verankerung der sog. Gepräge-Rechtsprechung mit Wirkung auch für die Vergangenheit vorsah.[133] Nach Auffassung der Bundesregierung fehle es nach dem Beschluß des Großen Senats bei vermögensverwaltenden GmbH & Co. KGs an einer gesicherten Rechtsgrundlage für die Besteuerung von Veräußerungsgewinnen, einschließlich der Nachversteuerung der negativen Kapitalkonten.[134] Es könne nicht hingenommen werden,

---

[127] BFH, Beschl. v. 25.6.1984, BStBl. II, 751, 763.

[128] Vgl. dazu die oben in Fn. 122 genannten Fundstellen.

[129] Vgl. die nach dem Beschluß ergangenen Folgeentscheidungen des BFH: Urt. v. 17.1.1985, FR 1985, 358 mit Anm. Söffing (betreffend GmbH & Co. KG, die ausschließlich Land- und Forstwirtschaft betreibt), sowie BFH, Urt. v. 7.2.1985, BStBl. II, 372 und BFH, Urt. v. 30.4.1985, HFR 1985, 370 mit Anm. (Aufgabe der Gepräge-Rechtsprechung gilt auch für die Gewerbesteuer).

[130] Zu den Übergangsproblemen vgl. Schellenberger DStR 1985, 163, 167ff. und Groh DB 1984, 2373, 2378f.

[131] Vgl. im einzelnen die durch das Steuerbereinigungsgesetz 1985 v. 14.12.1984 (BStBl. I, 659) eingeführte Regelung § 52 Abs. 21 Sätze 7-10 EStG und dazu Bordewin BB 1985, 386, 388f. Diese Regelung erschien dem Gesetzgeber erforderlich, um die Ausnahmeregelung des § 52 Abs. 21 Satz 3 Nr. 2 EStG bezüglich der Nichtanwendung der Verlustbegrenzungsklausel des § 15 a EStG auf den Berliner Wohnungsbau bis 1990, die *Gewerblichkeit* der Einkünfte voraussetzt, aufrechtzuerhalten. Letztlich also ein Steuergeschenk, über dessen Realisierung der Finanzausschuß bereits drei Wochen (!) nach dem Bekanntwerden des Beschlusses am 31.10.1984 Einigkeit erzielte, vgl. o.V., Handelsblatt v. 26.11.1984. Bereits durch Art. 7 Nr. 23 j. bb. des Steuerbereinigungsgesetzes 1986 v. 19.12.1985 (BGBl. I., 2436) wurde die Regelung wegen Überholung durch die neueste Gesetzgebung (dazu sogleich) wieder aufgehoben.

[132] BR-Drucks. 165/85; Kommentierung des Gesetzentwurfes bei Schmidt, Einkommensteuergesetz, 4. Aufl., „Aktueller Nachtrag zu § 15 EStG", S. 1914ff.

[133] Daneben eine – insoweit mit der bisherigen Rechtsprechung übereinstimmende – gesetzliche Regelung der Betriebsaufspaltung und eine Regelung, wonach Vergütungen auch dann, wenn sie als nachträgliche Einkünfte zufließen, von § 15 Abs. 1 Nr. 2 EStG erfaßt werden.

[134] So die Amtliche Begründung, vgl. BR-Drucks. 165/85 unter I. 1.

daß die mit der Wahl einer bestimmten Rechtsform verbundenen Vorteile (insbesondere erhöhte Absetzungen, Sonderabschreibungen und Investitionszulagen, die das Vorliegen eines Gewerbebetriebes voraussetzen) in Anspruch genommen würden, die damit verbundene Folge bestimmter Steuerpflichten, die bei der Wahl der Rechtsform bekannt waren und in die Disposition einbezogen wurden, jedoch rückwirkend entfallen.[135] Die vehemente Kritik, die der Gesetzentwurf im Schrifttum erfahren hat,[136] bemängelt vor allem, daß es sich bei dem in der Öffentlichkeit besonders herausgestellten Aspekt der Verlustzuweisungsgesellschaften in der Sache um eine Übergangsproblematik handele, die, ohne daß auch nur der Versuch einer systematischen Erklärung dafür geliefert würde, die um Systemhaftigkeit bemühte neuere Rechsprechung des BFH zur Besteuerung der Gesellschafter einer Personengesellschaft wegwische. Eine punktuelle Übergangsproblematik solle durch eine unsystematische Dauerregelung gelöst werden.[137] Der Grundsatz der Gewaltenteilung sei verletzt und die vorgesehene Rückwirkung verstoße gegen das Rechtsstaatsgebot.[138]

Der Gesetzgeber hat – wenn auch mit Änderungen im Detail[139] – das Gesetz nunmehr trotz aller Einwände in Kraft gesetzt.[140]

---

[135] BR-Drucks. 165/85.

[136] Knobbe-Keuk, „Blick durch die Wirtschaft“ v. 25.4.1985 = BB 1985, 820 („Ein Tritt für die Finanzrechtsprechung“); dies. BB 1985, 473; dies. BB 1985, 941; dies. BB 1985, 1903; Felix, „Handelsblatt“ v. 22.4.1985 („Staatsethisch ein verwerflicher Vorgang“); Flume DB 1985, 1152; Hildebrandt, „Blick durch die Wirtschaft“ v. 18.4.1985; Jakob, StRK-Anmerkungen, R. 5 zu § 15 Abs. 2 EStG 1975; Mundorf, „Handelsblatt“ v. 12./13.4.1985; Raupach, in: Raupach / Tipke / Uelner, Niedergang oder Neuordnung des deutschen Einkommensteuerrechts?, Bd. I, S. 15, 74 ff. Auch die „Steuersparbranche“ meldete sich verschreckt zu Wort, vgl. Argenta GmbH, „Nota bene“, Juni 1985 (Beilage zum Betriebsberater).

[137] Knobbe-Keuk BB 1985, 941 ff.

[138] Bordewin BB 1985, 1548 verteidigt aus der Sicht des Bundesministeriums der Finanzen den Gesetzentwurf gegen die vorgebrachte Kritik. Auch Hennerkes / Binz BB 1985, 2161 begrüßen aus ihrer Sicht als Berater den „Genie-Streich“ (S. 2170) des Gepräge-Gesetzes, da es Rechtssicherheit bei der Wahl der jeweils „gewünschten“ Einkunftsart mit sich bringe.

[139] Den meines Erachtens zutreffenden Bedenken des Bundesrates (BT-Drucks. 10/3663 v. 9.7.1985, S. 10), die von der Bundesregierung vorgeschlagene Formulierung zur Festschreibung der Gepräge-Rechtsprechung gehe über diese weit hinaus, wurde Rechnung getragen. Von der ursprünglich vorgesehenen gesetzlichen Regelung der Betriebsaufspaltung wurde nach dem Zeugnis von Kreile (DStZ/A 1986, 4, 10) in den abschließenden Gesetzesberatungen Abstand genommen, da ein vordringliches Bedürfnis für deren Festschreibung nicht bestehe: Zum einen halte der Bundesfinanzhof im Prinzip an diesem Rechtsinstitut fest (vgl. BFH, Urt. v. 25.4.1985, BStBl. II, 622), zum anderen sei die Bedeutung des Beschlusses des Bundesverfassungsgerichtes vom 12.3.1985 (BStBl. II, 475) zur Betriebsaufspaltung unter Beteiligung des Ehegatten noch nicht abschließend geklärt.

[140] Eingeführt durch Art. 7 Nr. 6 des Steuerbereinigungsgesetzes 1986 v. 19.12.1985 (BGBl. I, 2436 ff.); es darf vermutet werden, daß die „neutrale Verpakkung“ der Änderung in einem allgemeinen Artikelgesetz der Neuregelung den Hauch eines gesetzgeberischen Aktionismus nehmen sollte.

c) Folgerungen für die Einkünftequalifikation bei gemischter wirtschaftlicher Betätigung

Um möglichen weiteren Rechtsprechungsänderungen in Konsequenz des Beschlusses des Großen Senats einen gesetzlichen Riegel vorzuschieben, wurde auch die Frage der Einkünftequalifikation bei gemischter wirtschaftlicher Betätigung von Personengesellschaften gesetzlich geregelt.[141] Das Problem, wie die Einkünfte einer Personengesellschaft, die teils gewerblich, teils nichtgewerblich[142] tätig ist, zu qualifizieren sind, hat eine historische Dimension.

Während der Geltungsdauer des § 29 Nr. 3 EStG 1925 stellte sich das Problem nur für die „anderen Gesellschaften" im Sinne dieser Vorschrift, da Einkünfte aus einer Beteiligung an einer OHG oder KG per se unabhängig von deren Tätigkeit als gewerblich angesehen wurden.[143] Bei den „anderen Gesellschaften" wurde ein einheitlicher Gewerbebetrieb angenommen, wenn die Gesellschaft überhaupt ein „... keine untergeordnete Rolle ..." spielendes Gewerbe betrieb.[144] Die Frage erhielt eine neue Dimension durch § 2 Abs. 2 Nr. 1 GewStG 1936,[145] den der RFH – wie später der BFH – fortan mit § 15 Nr. 2 EStG 1934 in Verbindung brachte und lapidar feststellte, daß § 15 Nr. 2 EStG 1934 in gleicher Weise auszulegen sei.[146] Das Unbehagen ist zu spüren, wenn der RFH am Ende der Entscheidung ausführt, das gefundene Ergebnis könne durch Gründung zweier Gesellschaften vermieden werden, von denen eine das Gewerbe, die andere die nichtgewerbliche

141 § 15 Abs. 3 Nr. 1 EStG 1986. Die Amtliche Begründung (BR-Drucks. 165/85 v. 12.4.1985, S. 8) hierzu lautet: „Abs. 3 Nr. 1 entspricht der bisher in § 2 Abs. 2 Nr. 1 GewStG enthaltenen, aber auch für die Einkommensteuer geltenden Regelung, wonach bei ... Gesellschaften, bei denen die Gesellschafter als Unternehmer (Mitunternehmer) des Betriebs anzusehen sind, die gesamte Tätigkeit als Gewerbebetrieb gilt, wenn die Gesellschaft neben anderen Tätigkeiten auch eine gewerbliche Tätigkeit ausübt. Aus rechtssystematischen Gründen wird diese Regelung in das Einkommensteuergesetz übernommen. Eine materielle Rechtsänderung ist damit nicht verbunden."

142 Also freiberuflich, land- und forstwirtschaftlich oder vermögensverwaltend.

143 Strutz, Anm. 28 zu § 29 EStG 1925; RFH, Urt. v. 27.11.1924, RFHE 15, 111 – ergangen zum EStG; vgl. schon oben Gliederungspunkt III. 3.

144 Vgl. dazu ausführlich Strutz, Anm. 30 zu § 29 EStG 1925, der diese Auslegung mit den andernfalls auftretenden praktischen Schwierigkeiten bei der Zuordnung der Einnahmen rechtfertigt.

145 Gewerbesteuergesetz vom 1.12.1936, RGBl. I, 979; § 2 Abs. 2 Nr. 1 GewStG lautet: „Als Gewerbebetrieb gilt stets und in vollem Umfang die Tätigkeit der offenen Handelsgesellschaften, Kommanditgesellschaften und anderen Gesellschaften, bei denen die Gesellschafter als Unternehmer (Mitunternehmer) des Gewerbebetriebs anzusehen sind."

146 RFH, Urt. v. 25.8.1937, RStBl., 1129 – ergangen für eine BGB-Gesellschaft zum EStG. Ebenso RFH, Urt. v. 24.11.1937, RStBl. 1938, 107 – ergangen für eine BGB-Gesellschaft zum EStG; im letzteren Urteil wurde zusätzlich darauf abgestellt, daß eine Trennung der Einkünfteermittlung für Gewerbe und Vermögensverwaltung weder buchmäßig noch in anderer Weise durchgeführt worden sei.

Tätigkeit betreibe. Differenziert äußerte sich die Rechtsprechung des RFH bei von Erbengemeinschaften ererbten Betrieben: Führten die Erben den Gewerbebetrieb und (im Urteilsfall) die Landwirtschaft lediglich fort, wurde darauf abgestellt, wie die Sache beim Erblasser behandelt worden war;[147] dies galt selbst dann, wenn eine Erbauseinandersetzung bereits stattgefunden hatte und die Vereinigung „steuerlich" als OHG behandelt wurde. Gründeten die Miterben jedoch eine OHG, die sie ins Handelsregister eintragen und in die sie die vom Erblasser innegehabten Betriebe einbrachten, stellte der gesamte Gewinn der Gesellschaft gewerbliche Einkünfte dar.[148]

Der BFH hat die Rechtsprechung des RFH übernommen und unter Berufung auf § 2 Abs. 2 Nr. 1 GewStG („stets und in vollem Umfang") angenommen, daß eine Personengesellschaft, die auch nur teilweise gewerblich tätig ist, gewerbesteuerrechtlich und einkommensteuerrechtlich insgesamt nur *ein* gewerbliches Unternehmen betreibe; eine Aufteilung sei nicht zulässig.[149] Die einheitliche Beurteilung und damit die unterschiedliche Behandlung zur Einkünftequalifikation bei natürlichen Personen verstößt nach Auffassung des BFH[150] auch nicht gegen Art. 3 GG. „Denn eine Personengesellschaft beruht durch den Gesellschaftsvertrag auf einem einheitlichen und gemeinschaftlichen Organisationsakt ihrer Gesellschafter. Haben diese sich zum Zwecke der gemeinschaftlichen Gewinnerzielung durch ein Gewerbe zusammengeschlossen und sich dafür die geeignete Organisation gegeben, so erstreckt sich der auf Erwerb gerichtete organisierte gemeinsame Betätigungswille zwangsläufig auf alle Tätigkeitsbereiche der Gesellschaft. Der durch die Organisation geprägte Wille der Personengesellschaft kann daher gewerbesteuerrechtlich nur einheitlich beurteilt werden."[151]

Diese Rechtsprechung, auch Infektions- oder Abfärbetheorie genannt, wurde in der Literatur lange Zeit unkritisch übernommen.[152] Neuerdings

---

[147] RFH, Urt. v. 4.1.1939, RStBl., 264 – ergangen zum EStG.

[148] RFH, Urt. v. 29.5.1940, RStBl., 713 – ergangen zum EStG.

[149] BFH, Urt. v. 9.7.1964, BStBl. III, 530, 532ff. unter Hinweis auch auf BFH, Urt. v. 28.9.1951, BStBl. III 1952, 15 – ergangen zur Gewerbesteuer (Ausübung von freiberuflicher und gewerblicher Tätigkeit); BFH, Urt. v. 25.5.1977, BStBl. II, 660, 661 – ergangen zur Einkommensteuer (einheitliche Beurteilung, selbst wenn gewerblicher Betätigung nur geringe wirtschaftliche Bedeutung zukommt); BFH, Urt. v. 1.2.1979, BStBl. II, 574, 575f. – ergangen zur Gewerbesteuer; BFH, Urt. v. 21.2.1980, BStBl. II, 465, 467 – ergangen zur Gewerbesteuer.

[150] BFH, Urt. v. 13.10.1977, BStBl. II 1978, 73, 74 – ergangen zur Gewerbesteuer. In diesem Urteil findet sich wieder der Hinweis auf die Vermeidbarkeit der Rechtsfolge durch Tätigwerden als Einzelperson oder Gründung einer personenidentischen zweiten Gesellschaft. Ebenso BFH, Urt. 5.10.1976, BStBl. II 1977, 42 – ergangen zur Gewerbesteuer.

[151] BFH, Urt. v. 13.10.1977, BStBl. II 1978, 73, 74 – ergangen zur Gewerbesteuer.

[152] Müthling / Fock, Gewerbesteuergesetz, RdNr. 10 zu § 2 GewStG; Lenski / Steinberg, Gewerbesteuergesetz, RdNr. 95 zu § 2 GewStG; Herrmann / Heuer / Raupach, Einkommensteuergesetz, RdNr. 27 b zu § 15 EStG; Blümich / Falk, Einkommensteuergesetz, Anm. V 1 c zu § 15 EStG; Lademann / Söffing / Brockhoff, Einkom-

begegnet ihr das Schrifttum mit zunehmend kritischen Äußerungen.[153] Begründet wird dies mit der nahezu unbestrittenen Auffassung, daß auch Personengesellschaften, die teils freiberuflich, teils landwirtschaftlich oder nur vermögensverwaltend (z.B. Einkünfte aus Vermietung neben Einkünften aus Kapitalvermögen erzielend) tätig seien, auch nicht einheitlich beurteilt würden;[154] im übrigen gelte der Grundsatz, Einzel- und Mitunternehmer nach Möglichkeit gleich zu behandeln; auch § 2 Abs. 2 Nr. 1 GewStG vermöge einkommensteuerrechtlich keine andere Beurteilung zu bewirken, da die Vorschrift nur für das Gewerbesteuerrecht Anwendung finde.

Der BFH hat jedoch in einer sehr ausführlich begründeten Entscheidung[155] an seiner Rechtsprechung festgehalten. Eine gleichheitswidrige Benachteiligung der Gesellschafter einer Personengesellschaft gegenüber einzeln tätig werdenden natürlichen Personen entstehe durch die Heranziehung des § 2 Abs. 2 Nr. 1 GewStG für den Bereich der Einkommensteuer nicht, da es die Gesellschafter in der Hand hätten, durch Gründung getrennter Gesellschaften für die gewerbliche und die nichtgewerbliche Betätigung „den Umfang der Gewerbesteuer sowie die Auswirkungen bei der Einkommensteuer wie ein Einzelunternehmer zu begrenzen".[156]

Die Anforderungen, die der BFH an das Vorliegen einer zweiten Gesellschaft stellt, sind jedoch denkbar gering: Anhaltspunkte für eine konkludente Gesellschaftsgründung sollen bereits genügen.[157]

Die Finanzverwaltung teilt die Auffassung der Rechtsprechung,[158] erläßt jedoch bei als unbillig empfundenen Ergebnissen großzügige Übergangsregelungen und gibt detaillierte Gestaltungsempfehlungen, wie durch „Ausgliederung" der gewerblichen Tätigkeit im Wege der Gründung einer zwei-

---

mensteuergesetz, RdNr. 50 zu § 15 EStG; Littmann, Einkommensteuergesetz, 12. Aufl., RdNr. 63 zu § 15 EStG; Klempt / Winter, Die steuerl. Betriebsprüfung 1971, 5ff., 25ff.; Weber, Der Gewerbebetrieb im Ertragsteuerrecht, S. 21; Schmidt, Die Realteilung von Mitunternehmerschaften im Einkommensteuerrecht, S. 40f.; Brewi, Die steuerliche Behandlung der Personenhandelsgesellschaften, S. 176ff.; Bethmann, Die Problematik des gewerbesteuerlichen Betriebsbegriffs, S. 123.

153 Schmidt, Einkommensteuergesetz, Anm. 43 zu § 15 EStG; Weber-Grellet DStZ/A 1982, 228; Kruse JbFfSt. 1978/79, 172; Anders Groh JbFfSt. 1979/80, 209, 228, der sich zur Stützung seiner Auffassung von der Nicht-Trennbarkeit auch auf die handelsrechtliche Lage beruft; Orth, StRK-Anmerkungen, R. 396 zu § 2 Abs. 1 GewStG.

154 Differenzierend jedoch Groh JbFfSt. 1979/80, 209, 231f.: Bei Zusammentreffen nichtgewerblicher Gewinneinkünfte mit Vermögensverwaltung bleibe die (dann einheitliche) freiberufliche oder landwirtschaftliche Einkünftequalifizierung nur dann erhalten, wenn sich durch die Vermögensverwaltung der Gesellschaftszweck nicht ändere; andernfalls müsse man zur einheitlichen gewerblichen Qualifizierung kommen. Lediglich eine ausschließlich vermögensverwaltende Personengesellschaft könne mehrere Einkunftsarten nebeneinander verwirklichen.

155 BFH, Urt. v. 10.11.1983, BStBl. II 1984, 152; kritisch dazu List, StRK-Anmerkungen, R. 222 zu § 15 Ziffer 2 EStG.

156 BFH, a.a.O., 154.

157 BFH, a.a.O., 154.

158 Vgl. Abschnitt 135 Abs. 8 Satz 8 EStR 1981.

ten, personenidentischen Gesellschaft unerwünschte Steuerfolgen vermieden werden können.[159]

Ob diese Auffassungen nach den Erkenntnissen des Großen Senats des BFH im sog. „Gepräge-Rechtsprechungsbeschluß"[160] noch aufrechterhalten werden können, war zweifelhaft geworden. Wenn die Personengesellschaft bei der Feststellung der Verwirklichung des Tatbestandes einer Einkunftsart Steuerrechtssubjekt ist, insoweit also einer natürlichen Person gleichzustellen ist, und § 2 Abs. 2 Nr. 1 GewStG nach der Auffassung des Großen Senats eine Fiktion ist, die nur für die Gewerbesteuer gilt,[161] ist meines Erachtens kein Grund mehr ersichtlich, die Einkünftequalifikation abweichend von den Grundsätzen wie sie bei einzeln tätig werdenden natürlichen Personen gelten vorzunehmen.[162] Die nunmehr vorgenommene gesetzliche Festschreibung der einheitlichen Beurteilung sollte vermutlich einer möglichen Rechtsprechungsänderung und damit einer Entstrickung im Gefolge der Literaturstimmen vorbeugen, die Konsequenzen des Beschlusses des Großen Senats auch für die Rechtsprechung zur gemischten wirtschaftlichen Betätigung sahen.[163]

Keine gemischte wirtschaftliche Betätigung mit der Folge einheitlicher Einkünftequalifikation nimmt das Schrifttum hingegen beim „Halten einer gewerblichen Beteiligung" durch eine nichtgewerblich tätige Personengesellschaft an. Beispielsweise unterhalte eine Architektengemeinschaft nicht schon wegen einer KG-Beteiligung an einem Bauträger einen eigenen Gewerbebetrieb. Dies soll sich aus der Tatsache ergeben, daß die Personengesellschaft selbst den Einkunftstatbestand verwirklicht.[164]

---

[159] FinMin. NRW, Erlaß v. 23.10.1981, DB 1981, 2153 (Sozietät von Tierärzten, die auch Heilmittel verkauft); FinMin. NRW, Erlaß v. 19.10.1984, FR 1984, 646 (Sozietät von Augenärzten, die auch Kontaktlinsen und Pflegemittel verkauft); Übergangsregelung hierzu durch FinMin. NRW, Erlaß v. 12.11.1985, DB 1985, 2536.

[160] BFH, Beschl. v. 25.6.1984, BStBl. II, 751.

[161] BFH, a.a.O., 763; der BFH gibt weder einer Begründung dafür, welche Erwägungen ihn veranlaßt haben, mit einer jahrzehntelangen gefestigten Rechtsprechung des RFH und BFH (vgl. die Nachweise oben in Fn. 90) zu brechen und die ausschließliche Geltung des § 2 Abs. 2 Nr. 1 GewStG für die Gewerbesteuer zu postulieren, noch zeigt er den Weg auf, wie er zu diesem Auslegungsergebnis gelangt ist.

[162] Vgl. zur Bestimmung der Einkunftsart bei gemischten wirtschaftlichen Aktivitäten von Einzelpersonen Rose DB 1980, 2464.

[163] Knobbe-Keuk BB 1985, 941, 947f.; Schulze zur Wiesche DB 1985, 2221; Jakob, StRK-Anmerkungen, R. 5 zu § 15 Abs. 2 EStG 1975, S. 2f.; Herzig / Kessler DB 1985, 2528f. Anders Wollny DStZ/A 1985, 107, 108; Groh und Uelner, in: IDW (Hrsg.), Neuorientierung bei der Besteuerung der Personengesellschaften, S. 80ff.; diese Autoren berufen sich auch für den Bereich der Einkommensteuer weiter auf § 2 Abs. 2 Nr. 1 GewStG; eine Auseinandersetzung mit der neuen Erkenntnis des BFH zu dieser Norm findet nicht statt.

[164] So Groh JbFfSt. 1979/80, 209, 230f. Offenbar ist Groh der Auffassung, im bloßen „Halten" einer gewerblichen Beteiligung liege keine originäre gewerbliche „Tätigkeit" der Gesellschaft, vielmehr werde ihr das Ergebnis der Betätigung zur Versteuerung als gewerbliche Einkünfte lediglich zugewiesen.

d) Konsequenzen für die freiberuflich tätige Personenvereinigung mit berufsfremden Mitgliedern

In Zweifel gezogen wird in neuerer Zeit[165] ebenfalls die Rechtsprechung zur Einkünftequalifikation von Freiberufler-Personengesellschaften, bei denen ein oder mehrere Gesellschafter nicht die berufsqualifizierenden Voraussetzungen für die Annahme freiberuflicher Einkünfte erfüllen. Bereits der RFH hat entschieden, daß die gemeinschaftliche Ausübung einer freiberuflichen Tätigkeit an deren innerer Wesensart nichts ändere.[166] Liegen dagegen in der Person eines Gesellschafters nicht die Voraussetzungen für die Annahme freiberuflicher Einkünfte vor, so sind – nach ständiger Rechtsprechung des BFH – insgesamt gewerbliche Einkünfte gegeben, d.h. die Einkünfte auch der übrigen Gesellschafter werden auf diese Weise infiziert und in gewerbliche Einkünfte umqualifiziert.[167]

Begründet wird dies zum einen unter Berufung auf § 2 Abs. 2 Nr. 1 GewStG,[168] zum anderen widerspreche es auch dem Wesen des freien Berufes, bei dem nicht das Gewinnstreben, sondern Berufsethos und Standesrecht im Vordergrund stünden, wenn ein Berufsangehöriger mit Berufsfremden eine Gesellschaft eingehe, da es leicht zu einem Interessenkonflikt zwischen dem Verhalten, das von ihm als Berufsangehörigen erwartet werde und seinen Pflichten, die er als Gesellschafter gegenüber seinen Mitgesellschaftern habe, kommen könne.[169] Berufsfremder Mitunternehmer oder „Mitberufler"[170] im Sinne dieser Rechtsprechung ist auch die Witwe eines Gesellschafters oder ein Freiberufler, der zwar am Erfolg der Gesellschaft beteiligt, aber nicht selbst freiberuflich tätig wird, sondern zum Beispiel nur Aufträge beschafft.[171] Berufsfremdheit nimmt die Rechtsprechung auch an bei einer juristischen Person, die Gesellschafter ist, selbst dann, wenn deren Gesellschafter und Vertretungsorgane wiederum ausschließlich Berufsangehörige sind.[172]

---

165 Vgl. die Nachweise unten in Fn. 180 und 181.

166 RFH, Urt. v. 26.1.1938, RStBl., 733 – ergangen zur Gewerbesteuer; RFH, Urt. v. 26.2.1941, RStBl., 300 – ergangen zur Gewerbesteuer und seitdem ständige Rechtsprechung; vgl. nur BFH, Urt. v. 13.5.1966, BStBl. III, 489 – ergangen zur Gewerbesteuer. Diese Rechtsprechung wird indirekt bestätigt durch Anfügung des § 18 Abs. 5 EStG (vgl. ÄndG v. 20.8.1980, BGBl. I, 1545), der die entsprechende Anwendung des für gewerbliche Mitunternehmerschaften geltenden § 15 Abs. 1 Nr. 2 EStG auf die Einkünfte aus selbständiger Arbeit anordnet.

167 BFH, Urt. v. 14.2.1956, BStBl. III, 103 – ergangen zur Gewerbesteuer; BFH, Urt. v. 21.11.1970, BStBl. II 1971, 249, 251 – ergangen zur Gewerbesteuer. Vgl. dazu auch Schick, Die freien Berufe im Steuerrecht, S. 93ff.; Greif DStR 1977 (I.) 560, (II.) 597, 601; Löhr / Richter BB 1980, 673.

168 Z. B. RFH, Urt. v. 21.4.1941, RStBl., 300 – ergangen zur Gewerbesteuer.

169 Z. B. BFH, Urt. v. 14.2.1956, BStBl. III, 103 – ergangen zur Gewerbesteuer.

170 Zu diesem Begriff Felix DStR 1985, 363, 365.

171 OFD Hamburg, Erlaß v. 14.3.1974, StEK EStG § 18 Nr. 64.

172 BFH, Urt. v. 17.1.1980, BStBl. II, 336 – ergangen zur Gewerbesteuer.

Billigkeitslösungen erwägt der RFH insbesondere bei Erbfällen, wenn nach dem Tode eines Gesellschafters die Gesellschaft mit der Witwe oder den Kindern des Verstorbenen fortgeführt wird.[173] Handelt es sich hierbei nur um eine kurze Übergangszeit[174] oder ist die Gesellschafterstellung der Erben im Vergleich zu anderen Gesellschaftern erheblich eingeschränkt,[175] so werden die Erben steuerlich nicht als Mitunternehmer angesehen.

Das Bekenntnis des Großen Senats im sog. „Gepräge-Rechtsprechungs-beschluß"[176] zur Personengesellschaft als Steuerrechtssubjekt in Sachen Einkunftsart und Einkunftsermittlung hat in der Literatur auch eine Diskussion über die Folgen für dieses nach dem Zeugnis von Felix[177] praxisrelevante Problem ausgelöst. Eine Auffassung will an der bisherigen Rechtsprechung – totale Gewerblichkeit der Gesellschaft – festhalten,[178] da die Einkunftsart der freiberuflichen Tätigkeit eine persönliche, besonders qualifizierte geistige Leistung voraussetzt und auch aus Gründen der Gleichstellung mit einem Einzelfreiberufler jeder Gesellschafter Berufsträger sein müsse.[179] Andere differenzieren: Grundsätzlich sei die zweistufige Vorgehensweise (Gesellschaftsebene – Gesellschafterebene) bei der Prüfung des Einkunftsartentatbestandes strikt zu beachten; handelt es sich bei dem „Berufsfremden" um eine GmbH (z.B. Freiberuflerschaft in der Rechtsform der GmbH & Co. KG), so erziele das „Steuerrechtssubjekt" Personengesellschaft qua freiberuflicher Tätigkeit auch freiberufliche Einkünfte. Der Ergebnisanteil der GmbH gehöre bei dieser wegen § 8 Abs. 2 KStG zu den gewerblichen Einkünften, die Einkunftsart der übrigen Gesellschafter ändere sich hierdurch jedoch nicht.[180] Nehme hingegen der berufsfremde Gesellschafter an der freiberuflichen Tätigkeit mangels entsprechender Qualifikation nicht aktiv teil (Beispiel: bloße kapitalistische Beteiligung der Witwe eines Gesellschafters), so sei er auch mangels „Mitberufler-" Initiative nicht am Leistungserstellungsprozeß der Gesellschaft beteiligt, so daß

---

173 Vgl. dazu Löhr / Richter BB 1980, 673 und Herrmann / Heuer / Raupach, Einkommensteuergesetz, Anm. 194 zu § 18 EStG.

174 BFH, Urt. v. 14.2.1956, BStBl. III, 103 – ergangen zur Gewerbesteuer.

175 BFH, Urt. v. 8.2.1966, BStBl. III, 246 – ergangen zur Gewerbesteuer, dazu Anm. von Grieger BB 1966, 485; BFH, Urt. v. 3.9.1957, BStBl. III, 375 – ergangen zur Gewerbesteuer.

176 BFH, Beschl. v. 25.6.1984, BStBl. II, 751.

177 Felix DStR 1985, 363.

178 Groh, in: IDW (Hrsg.), Neuorientierung bei der Besteuerung der Personengesellschaften, S. 115; Jurkat GmbHR 1985 (I.) 62ff., (II.) 86, 88; so wohl auch Erdweg FR 1985, 602f.

179 Jurkat, a.a.O.

180 Herzig / Kessler DB 1985, (II.) 2528f.; Felix DStR 1985, 363, 365; Bordewin, in: IDW (Hrsg.), Neuorientierung bei der Besteuerung der Personengesellschaften, S. 116f.; sowohl auch Stehle, in: IDW (Hrsg.), Neuorientierung bei der Besteuerung der Personengesellschaften, S. 116 und ders., a.a.O., S. 39; Jakob, StRK-Anmerkungen, R. 5 zu § 15 Abs. 2 EStG 1975, S. 11.

er überhaupt nicht als Mitberufler angesehen werden könne.[181] Eine gemeinsame wirtschaftliche Betätigung mit dem Berufsfremden liegt also nach dieser Auffassung nicht vor.

Der BFH hält in einer jüngst veröffentlichten Entscheidung[182] seine bisherige Auffassung aufrecht. Zwar würden Einkünfte der Gesellschafter einer Personengesellschaft „in erster Linie" durch die Tätigkeit der Gesellschaft bestimmt; eine Ausnahme sei jedoch bei der Einkunftsart „Einkünfte aus freiberuflicher Tätigkeit" im Sinne § 18 Abs. 1 Nr. 1 EStG geboten, zu deren gesetzlichem Tatbestand persönliche Eigenschaften (hier: wissenschaftliche Vorbildung) gehörten, die nur eine natürliche Person haben könne. Eine Personengesellschaft als solche könne daher Einkünfte aus freiberuflicher Tätigkeit in Übereinstimmung mit der bisherigen Rechtsprechung nur dann erzielen, wenn das Handeln der Gesellschaft kein Element einer nicht freiberuflichen Tätigkeit enthalte.[183]

e) Einfluß der neuen Erkenntnisse auf die Betriebsaufspaltung

Ebenfalls lebhaft diskutiert wird die Frage, ob die Aufgabe der Gepräge-Rechtsprechung mögliche Konsequenzen auch für das „Rechtsinstitut"[184] der Betriebsaufspaltung hat. Grundgedanke dieser Gestaltung ist die Aufspaltung eines wirtschaftlich einheitlichen Unternehmens in eine Besitzgesellschaft (meist GbR), die betriebsnotwendige Wirtschaftsgüter (besonders Grundstücke und Gebäude) an eine Betriebsgesellschaft (meist Kapitalgesellschaft) vermietet oder verpachtet.

Der RFH befaßte sich erstmals im Jahre 1924 mit diesem in den zwanziger Jahren kreierten „Steuersparmodell"[185] und beurteilte die Besitzgesellschaft – ganz im Sinne ihrer Erfinder – als private Vermögensverwaltung mit Einkünften aus Vermietung und Verpachtung.[186] Bereits 1942 legte der

---

[181] Herzig / Kessler DB 1985, (II.) 2528f. m.w.N.; Felix DStR 1985, 363, 365. Ebenso behandeln Herzig / Kessler, a.a.O. den Fall des Freiberufler-Gesellschafters, der nicht selbst mitarbeitet, sondern nur Aufträge beschafft. Dagegen Korn, in: Arbeitskreis für Steuerrecht GmbH (Hrsg.), Nichtgewerbliche Gesellschaften und Gemeinschaften, S. 102, Tz. 63.

[182] BFH, Urt. v. 11.6.1985, BStBl. II, 584 = DStR 1985, 638 mit zustimmender Anm. – LS –, ergangen zur Gewerbesteuer.

[183] BFH, a.a.O., 585. Der Gesetzgeber hält dieses Problem angesichts der Kontinuität der Rechtsprechung (vgl. neuestens BFH, Urt. v. 9.10.1986, BB 1986, 2391, ergangen zur Einkommensteuer) offenbar auch nicht als einer „vordringlichen Regelung" bedürftig.

[184] Gegen diese in der Rechtsprechung übliche (vgl. z. B. BFH, Beschl. v. 8.11.1971, BStBl. II 1972, 63f.) Bezeichnung als „Rechtsinstitut" Knobbe-Keuk StbJb. 1980/81, 335ff.

[185] Zu den mittels Betriebsaufspaltung erzielbaren Steuervorteilen s. im einzelnen Walz, Steuergerechtigkeit und Rechtsanwendung, S. 337f. m.w.N.

RFH jedoch den Grundstein für die bis heute im Ergebnis unverändert gebliebene Rechtsprechung:[187] Vermietung und Verpachtung wachse dann über den Rahmen einer Vermögensverwaltung – mit der Folge der Umqualifizierung der Einkünfte in gewerbliche – hinaus, wenn sich der Verpächter über die von ihm beherrschte Betriebsgesellschaft am wirtschaftlichen Verkehr beteilige. Dies sei der Fall, wenn die verpachteten Wirtschaftsgüter einen wesentlichen Teil des Fabrikationsbetriebes der Betriebsgesellschaft darstellen.[188] Der BFH führte diese Rechtsprechung fort und nahm wegen der „engen wirtschaftlichen Verflechtung“ zwischen Besitz- und Betriebsunternehmen ein wirtschaftlich einheitliches Unternehmen an, das auch steuerlich für die Frage der Art der Einkünfte der Personengesellschaft einheitlich beurteilt werden müsse.[189]

Unterschiedliche Grundauffassungen einzelner Senate des BFH, die den vagen Begriff der „engen wirtschaftlichen Verflechtung“ konstituieren sollten, führten schließlich zum Beschluß des Großen Senats,[190] der die sachlichen und persönlichen Voraussetzungen für die Annahme der Gewerblichkeit des Besitzunternehmens in bis heute gültiger Weise festschrieb: In sachlicher Hinsicht sei erforderlich, daß die verpachteten Wirtschaftsgüter zu den wesentlichen Grundlagen des Unternehmens gehörten, in personeller Hinsicht, daß die hinter den beiden Unternehmen stehenden Personen einen „einheitlichen geschäftlichen Betätigungswillen“ hätten; dieses Merkmal setze nicht Beteiligungsidentität voraus, es genüge, daß die das Besitzunternehmen beherrschenden Personen in der Lage seien, auch in der Betriebsgesellschaft ihren Willen durchzusetzen. Der nachfolgenden umfangreichen Rechtsprechung blieb es vorbehalten, in dem Umfang, in dem sich die Steuerpflichtigen ihrerseits bemühten, dem Damoklesschwert der gewerblichen Qualifizierung der Besitzgesellschaft zu entrinnen, kasuistisch immer neue Zahlenverhältnisse für eine Beherrschungsidentität als ausreichend zu werten.[191]

---

[186] RFH, Urt. v. 3.2.1924, RStBl. 1925, 152, jedoch bereits auf einen „ungesunden Zustand“ hinweisend. Zur Betriebsaufspaltung in der Rechtsprechung des RFH vgl. die instruktive Darstellung bei Jurkat JbFfSt. 1972/73, 253 ff.

[187] Vgl. RFH, Urt. v. 1.7.1942, RStBl., 1081 – ergangen zur Gewerbesteuer.

[188] Auf die dieser Rechtsprechung zugrunde liegende nationalsozialistische Weltanschauung weist Woerner (BB 1985, 1609, 1610) unter Bezugnahme auf den Aufsatz „Beurteilung von Tatbeständen nach nationalsozialistischer Weltanschauung“ des damaligen Staatssekretärs im Reichsfinanzministerium Fritz Reinhard zutreffend hin.

[189] BFH, Urt. v. 3.11.1959, BStBl. III 1960, 50; BFH, Urt. v. 10.6.1966, BStBl. III, 598.

[190] BFH, Beschl. v. 8.11.1971, BStBl. II 1972, 63.

[191] Vgl. dazu die Übersicht nebst Rechtsprechungnachweisen bei Schmidt, Einkommensteuergesetz, Anm. 144 zu § 15 EStG.

Stichworte wie faktische Beherrschung[192] und Zusammenrechnung von Ehegattenanteilen[193] markieren Brennpunkte der Auseinandersetzung. In der Literatur ist die Rechtsprechung zur Betriebsaufspaltung nicht erst seit dem Bekanntwerden des Beschlusses des Großen Senats zur Gepräge-Rechtsprechung der Kritik ausgesetzt.[194] Bemängelt wird insbesondere, der „einheitliche geschäftliche Betätigungswille" habe nur den Charakter einer konturlosen Floskel, die es dem Richter erlaube, im Einzelfall in die eine oder andere Richtung zu qualifizieren;[195] die Rechtsprechung entbehre außerdem der gesetzlichen Grundlage;[196] schließlich sei die Aufrechterhaltung der Betriebsaufspaltung oft von reinen Zufälligkeiten abhängig (Erbfall!).

Nach Aufgabe der Gepräge-Rechtsprechung wird diskutiert, ob es sich mit der neuen Auffassung von der Handlungs- und Wirkungseinheit Personengesellschaft sowie mit der Annahme der partiellen Steuerrechtsfähigkeit der Personengesellschaft für die Art der Einkünfteerzielung und -ermittlung noch vereinbaren läßt, von der Maßgeblichkeit der hinter Betriebs- und Besitzgesellschaft stehenden Personen hinsichtlich des notwendigen einheitlichen geschäftlichen Betätigungswillens auszugehen.[197] Angesichts der anhaltenden kritischen Äußerungen des Schrifttums zur Betriebsaufspaltung blieb der Gesetzgeber auch hier nicht untätig und legte auch diesbezüglich einen Gesetzentwurf vor, um „klarstellend" die bisherige Rechtsprechung zur Betriebsaufspaltung „aus Gründen der Rechtssicherheit und zur Vermeidung unabsehbar hoher Steuerausfälle im Falle einer Rechtsprechungsänderung"[198] gesetzlich festzuschreiben.[199] Der Entwurf wurde jedoch nicht Gesetz.[200]

---

192 Vgl. z. B. BFH, Urt. v. 11.11.1982, BStBl. II 1983, 299; BFH, Urt. v. 14.1.1982, BStBl. II, 476; BFH, Urt. v. 26.7.1984, BStBl. II, 714.

193 Die vom BFH in den letzten Jahren in ständiger Rechtsprechung praktizierte Zusammenrechnung der Anteile von Ehegatten und minderjährigen Kindern (vgl. dazu die Zusammenstellung der Rechtsprechung bei Schmidt, Einkommensteuergesetz, Anm. 145 zu § 15 EStG) wurde vom Bundesverfassungsgericht mit Beschl. v. 12.3.1985 (BStBl. II, 475) für mit Art. 3 Abs. 1 i.V.m. Art. 6 Abs. 1 GG unvereinbar erklärt.

194 Kritik im grundsätzlichen üben Knobbe-Keuk StbJb. 1980/81, 335ff.; dies., Bilanz- und Unternehmenssteuerrecht, S. 601ff.; Vogel JbFfSt. 1978/79, 34, 43f.; Meilicke, in: Festschrift für von Wallis, 167, 179; Crezelius, Steuerliche Rechtsanwendung und allgemeine Rechtsordnung, S. 403ff.; eingehend Walz, Steuergerechtigkeit und Rechtsanwendung, S. 336ff.

195 Knobbe-Keuk, a.a.O.

196 Vogel, a.a.O.; Meilicke, a.a.O.

197 Für eine jeweils isoliert vorzunehmende Artenqualifikation für Besitz- und Betriebsgesellschaft sprechen sich aus: Jurkat GmbHR 1985, (II.) 86, 87; Felix DStZ/A 1984, 575, 577; Knobbe-Keuk, in: IDW (Hrsg.), Neuorientierung bei der Besteuerung der Personengesellschaften, S. 121f.; Raupach, ebenda, S. 121; Crezelius SteuerStud 1985, 85; Flume DB 1985, 1152, 1154; so wohl auch Jakob, StRK-Anmerkungen, R. 5 zu § 15 Abs. 2 EStG 1975, S. 10. Eine Gesamtbetrachtung beider Unternehmen halten für richtig: Bordewin FR 1985, 98; Uelner, in: IDW (Hrsg.), Neuorientierung bei Besteuerung von Personengesellschaften, S. 72f.; Döllerer GmbHR 1986, 165, 170.

Der Achte Senat des BFH hält in einem neuen Urteil[201] an seiner bisherigen Rechtsprechung zur Betriebsaufspaltung fest. Den Kritikern im Gefolge des Beschlusses des Großen Senats hält er entgegen, daß bei der Betriebsaufspaltung nicht die gewerbliche Tätigkeit der Betriebsgesellschaft der Besitzgesellschaft *zugerechnet* werde, vielmehr die Vermietung und Verpachtung der Besitzgesellschaft *selbst* wegen deren sachlicher und personeller Verflechtung mit der Betriebsgesellschaft nicht mehr als Vermögensverwaltung, sondern als gewerbliche Tätigkeit anzusehen sei.[202]

f) Qualifikation der Leistungsbeziehungen zwischen der Personenvereinigung und ihren Mitgliedern

Der grundsätzliche Wandel der Rechtsprechung bei der Einkommensbesteuerung der Personengesellschaften führte auch zu einer geänderten Beurteilung der Leistungsbeziehungen zwischen Gesellschaft und Gesellschafter. Die ebenso fundierte wie vernichtende Kritik an dem bis dahin wohl als herrschend[203] anzusehenden, als Bilanzbündeltheorie bezeichneten Gesetzesverständnis durch Meßmer[204] gab den Anstoß für eine breite Auseinandersetzung im Schrifttum. Den zivilrechtlichen Auffassungen vom „Wesen der Personengesellschaft" wurden auch im Einkommensteuerrecht – wenn auch nicht expressis verbis – wieder stärkere Beachtung geschenkt.

Gemeint ist der in der Zivilrechtsdogmatik geführte Streit, ob man sich die Personengesellschaft als einheitliches Zurechnungssubjekt vorstellen darf oder ob die Vermögensrechte vielmehr den beteiligten Personen einzeln

---

198 So die Amtliche Begründung des „Entwurfs eines Gesetzes zur vordringlichen Regelung von Fragen der Besteuerung von Personengesellschaften", BR-Drucks. 165/85, v. 12.4.1985, S. 7.

199 Vgl. Gesetzentwurf BR-Drucks. 165/85 (Fn. 198) sowie BT-Drucks. 10/3663 v. 19.7.1985; § 15 Abs. 2 Satz 4 EStG sollte lauten: „Keine Vermögensverwaltung, sondern Beteiligung am allgemeinen wirtschaftlichen Verkehr im Sinne des Satzes 1 ist die Vermietung, Verpachtung und sonstige Überlassung von Wirtschaftsgütern zur Nutzung im Rahmen einer Betriebsaufspaltung". Den Gesetzentwurf verteidigt Bordewin BB 1985, 1548, 1555 f.; Schmidt, Einkommensteuergesetz, „Aktueller Nachtrag zu § 15 EStG", RdNr. 10. Kritisch hingegen Knobbe-Keuk BB 1985, 941, 945 ff.

200 Es darf vermutet werden, daß der Gesetzgeber erkannt hat, daß eine Festschreibung keinen Schutz vor Rechtsprechungsänderungen bietet, da der Inhalt des Begriffes Betriebsaufspaltung nach wie vor von der Rechtsprechung bestimmt wird. Im übrigen tendiert die Rechtsprechung dahin, den Anwendungsbereich der Betriebsaufspaltung immer weiter einzuschränken (vgl. dazu neuestens zum Vorrang des § 15 Abs. 1 Nr. 2 Hs. 2 EStG vor der sog. mitunternehmerischen Betriebsaufspaltung BFH, Urt. v. 25.4.1985, BStBl. II, 622 ff.). Man stelle sich nur vor, die Rechtsprechung gäbe diesen Begriff ganz auf!

201 BFH, Urt. v. 12.11.1985, DB 1986, 837.

202 BFH, a.a.O., 838.

203 Unter den ersten ablehnenden Stellungnahmen zur Bilanzbündeltheorie ist vor allem die umfassende Arbeit von Fink StbJb. 1955/56, 525 ff. zu nennen, der diese gedankliche Konstruktion wegen fehlender gesetzlicher Grundlage verwirft.

204 Meßmer StbJb. 1972/73, 127 ff.

zuzurechnen sind. Folgt man dem auf die Verwandtschaft zur juristischen Person abhebenden Einheitsgedanken,[205] so ist die Gesellschaft der eigentliche Rechtsträger, sie selbst besitzt unmittelbare Handlungs- und Rechtszuständigkeit. Der mit dem Bruchteilseigentum Gemeinsamkeiten teilende Vielheitsgedanke[206] nimmt hingegen an, daß eine Zuordnung oder Zurechnung zur Gesamthand in den Rechtsfolgen stets an die der Gesellschaft angehörenden Personen weitergeleitet wird. Nach der „geschickten Ausweichformel“[207] der Zivilrechtsprechung hat man sich die Gesellschaft als „die Gesellschafter in ihrer gesamthänderischen Verbundenheit“ vorzustellen.[208]

In Anlehnung an den vor allem von Flume vehement vertretenen Einheitsgedanken, der die Gesellschaft als Gruppe, die als solche Rechtssubjekt sei,[209] versteht, ging der BFH, den überwiegenden Stimmen im Schrifttum[210] – maßgeblich auch aus der Richterschaft des BFH selbst[211] – folgend, zunehmend davon aus, daß das EStG die zivilrechtliche und wirtschaftliche Existenz der Personengesellschaft, ihre „Einheit“ berücksichtigt und sie zum Ausgangspunkt der Einkommensbesteuerung der Mitunternehmer nimmt. In einem ersten Schritt verlor die Bilanzbündeltheorie ihre Bedeutung als Theorie des materiellen Rechts; fortan wurde sie lediglich als methodisches Hilfsmittel zur Auslegung des § 15 EStG begriffen.[212]

In einem zweiten Schritt wurde sie schließlich gänzlich verworfen: Rechtsbeziehungen zwischen Gesellschaft und Gesellschaftern – handelsrechtlich unproblematisch anerkannt – waren nicht mehr aufzuspalten in

---

205 Flume, Die Personengesellschaft, S. 54ff., 60ff., 68; ders., in: FS Raiser, S. 27, 32ff.

206 Vgl. Buchner AcP 169 (1969), 483 m.w.N.

207 Wiedemann, Gesellschaftsrecht I, S. 247.

208 Vgl. z. B. RG, Urt. v. 23.6.1933, RGZ 141, 277, 280: „... die Gesellschafter sind in ihrer Zusammenfassung zur Gesellschaft ...“; BGH, Urt. v. 16.2.1961, BGHZ 34, 293, 296: „... die Gesellschafter selbst, allerdings in ihrer Verbundenheit als Gesellschafter ...“.

209 Vgl. den Nachweis oben in Fn. 205.

210 Ausführliche Schrifttumsnachweise bei Herrmann / Heuer / Raupach, Einkommensteuergesetz, Anm. 27 e (4) zu § 15 EStG.

211 Vor allem Döllerer DStZ/A 1974, 211ff.; ders. DStZ/A 1976, 435ff.; ders. DStZ/A 1980, 259ff.; ders. DStZ/A 1982, 267 und Woerner BB 1974, 592ff.; ders. BB 1975, 645ff.

212 Vgl. dazu Streck FR 1973, 297, 306 und Raupach, Der Durchgriff im Steuerrecht, S. 81. Bezeichnend auch Herrmann / Heuer, Einkommensteuergesetz (Stand: Februar 1974), Anm. 27 e (5) zu § 15 EStG: „Von Fall zu Fall ist jeweils zu prüfen, ob sie (die Bilanzbündeltheorie, d. Verf.) der Auffindung der zutreffenden Rechtsfolge dient“ (!); auch der BFH, Urt. v. 29.9.1971, BStBl. II 1972, 118 spricht von der „begrifflich verdeutlichenden Bilanzbündeltheorie“, die „nicht geeignet ist, das Verhältnis der Personengesellschaft zu ihren Gesellschaftern in allen auftauchenden Fragen zufriedenstellend zu klären“. Anders noch BFH, Urt. v. 29.11.1960, BStBl. III 1961, 183, wo gesagt wird, diese Theorie sei „vom Gesetzgeber in § 15 Nr. 2 EStG zugrunde gelegt“ worden.

eine solche des Gesellschafters mit sich selbst und mit den übrigen Gesellschaftern,[213] und auch insoweit wurde die handelsrechtliche Selbständigkeit der Gesellschaft einkommensteuerrechtlich beachtet, als man Rechtsbeziehungen zwischen Gesellschaft und Gesellschafter nur mehr dann als von § 15 Nr. 2 Hs. 2 EStG erfaßt ansah, wenn sie ihre Ursache im Gesellschaftsverhältnis hatten.[214] Die Einkunftsermittlung vollzieht sich nach Aufgabe der Bilanzbündeltheorie folgerichtig in zwei Stufen: Auf einer ersten Stufe ist der in § 15 Abs. 1 Nr. 2 EStG an erster Stelle genannte Gewinn der Gesellschaft zu ermitteln (die Personengesellschaft ist „Subjekt der Gewinnerzielung“[215]) und dem Gesellschafter anteilig zuzurechnen. Auf einer zweiten Stufe erfolgt eine Gewinnermittlung für den einzelnen Gesellschafter, dessen Sonderbetriebsvermögen und Sondervergütungen i.S. § 15 Abs. 1 Nr. 2 Hs. 2 EStG hier zu berücksichtigen sind. Beides zusammen bildet die komplexe Größe „gewerbliche Einkünfte des Mitunternehmers“.[216]

g) Ermittlung der Einkunftsart bei nichtgewerblich tätigen Personenvereinigungen

Die Einkünftequalifikation der nichtgewerblich tätigen Gesellschaften und Gemeinschaften bewältigte man dem jeweils herrschenden Zeitgeist entsprechend. Unter der Herrschaft der Bilanzbündeltheorie strebte man für diese Gesellschaften wie selbstverständlich – trotz Fehlens einer § 15 Abs. 1 Nr. 2 EStG vergleichbaren Regelung[217] – eine dieser Theorie vergleichbare Lösung an und judizierte, das Ergebnis aus Überschußeinkünften bei einem Zusammenschluß mehrerer Personen sei in der Person des Einzelnen zu ermitteln;[218] die gesetzliche Grundlage für diese Auffassung sah

---

[213] BFH, Urt. v. 28.1.1976, BStBl. II, 744; Urt. v. 21.10.1976, BStBl. II 1977, 145; Urt. v. 31.1.1977, BStBl. II, 415; vgl. auch Döllerer, FS Flume, Bd. 2, S. 43.

[214] BFH, Urt. v. 8.1.1975, BStBl. II, 437, 439. Vgl. jedoch zu den unterschiedlichen Auffassungen des Ersten und des Vierten Senats des BFH hinsichtlich des Merkmals der gesellschaftlichen Veranlassung der Leistung Schmidt, Einkommensteuergesetz, Anm. 85 zu § 15 EStG.

[215] So Döllerer DStZ/A 1982, 267, 271; vgl. dazu BFH, Urt. v. 10.7.1980, BStBl. II 1981, 84 und Urt. v. 24.3.1983, BStBl. II, 598; kritisch Walz JZ 1985, 194.

[216] Zur komplizierten Ermittlung der gewerblichen Einkünfte des einzelnen Mitunternehmers vgl. im einzelnen Schmidt, Einkommensteuergesetz, Anm. 65ff. zu § 15 EStG.

[217] Durch Steueränderungsgesetz vom 20.8.1980 (BGBl. I, 1545) wurde jedoch die entsprechende Anwendung von § 15 Abs. 1 Nr. 2 EStG für Einkünfte aus §§ 13 und 18 EStG angeordnet (vgl. §§ 13 Abs. 5 und 18 Abs. 5 EStG). Zur (umstrittenen) lediglich bestätigenden und klarstellenden Funktion dieser Gesetzesänderung vgl. BFH, Urt. v. 2.12.1982, BStBl. II 1983, 215 m.w.N. Für Überschußgesellschaften gilt § 15 Abs. 1 Nr. 2 Hs. 2 EStG hingegen nicht entsprechend (BFH, Urt. v. 18.11.1980, BStBl. II 1981, 510; Groh JbFfSt. 1979/80, 209, 240). Eine Einbeziehung von Sondervergütungen oder Sondervermögen eines Gesellschafters in die Einkünfteermittlung findet daher nicht statt.

[218] RFH, Urt. v. 8.1.1936, RStBl., 135.

man in § 11 Nr. 5 StAnpG.[219] Nach Aufgabe der Bilanzbündeltheorie hat sich die Auffassung durchgesetzt, daß das für die gewerbliche Personengesellschaft entwickelte, von der Einheit der Personengesellschaft ausgehende Modell zur Einkünftequalifikation und -ermittlung unabhängig von der Natur der ausgeübten Tätigkeit gelte,[220] denn die Frage, wie eine bestimmte Tätigkeit einkommensteuerrechtlich zu qualifizieren sei, lasse sich nur für dasselbe Handlungssubjekt – die Personengesellschaft – beurteilen.[221] Nach deren Verhältnissen sei die Einkunftsart zu bestimmen, sie sei es, die den Tatbestand einer Einkunftsart verwirkliche. So wird bspw. die einkünftequalifizierende Zahl der Vieheinheiten nach den Verhältnissen der landwirtschaftlichen Personengesellschaft selbst, nicht nach denen ihrer Gesellschafter ermittelt.[222] Bei freiberuflich tätigen Gesellschaften ist es die Gesellschaft selbst, die die Leistung erbringt.[223] Nichts anderes gilt bei Vermögensverwaltungsgesellschaften. Bei Spekulationsgeschäften vermögensverwaltender Personengesellschaften ist die Spekulationsfrist daher allein nach Anschaffung und Veräußerung durch die Personengesellschaft zu ermitteln.[224]

7. Beurteilung der bisherigen Lösungsansätze

Die bisherigen Versuche zur Bewältigung des Problems der Einkünftequalifikation bei gemeinsamer wirtschaftlicher Betätigung im Einkommensteuerrecht sind determiniert durch ein jeweils spezifisches Verständnis des Steuergegenstandes der Einkommensteuer als Objekt der Einkünftequalifikation und dessen Verhältnis zum Steuersubjekt. Das Thema berührt also Grundfragen des Allgemeinen Steuerschuldrechts und des Einkommensteuerrechts.

Die überwiegende Auffassung, die als Steuergegenstand das Vorhandensein von Einkunftsquellen – verstanden als sachlich-dingliche Substrate (z. B. Gewerbebetrieb, Grundbesitz, Kapitalvermögen) – begreift, ordnet die Einkunftsquellen grundsätzlich einer Einkunftsart ohne Rücksicht darauf zu, ob es sich bei dem Inhaber der Einkunftsquelle (natürliche Person,

---

[219] Vom 16.10.1934, RGBl. I, 925; dem entspricht heute § 39 Abs. 2 Nr. 2 AO („Wirtschaftsgüter, die mehreren zur gesamten Hand zustehen, werden den Beteiligten anteilig zugerechnet, soweit eine getrennte Zurechnung für die Besteuerung erforderlich ist“).

[220] Groh JbFfSt. 1979/80, 209, 224; Schulte FR 1980, 341, 342; Schellenberger StbJb. 1983/84, 121, 125f.

[221] So Groh, a.a.O.

[222] Vgl. § 13 Abs. 1 Nr. 1 Satz 5 EStG.

[223] So wird die Anerkennung einer OHG oder KG als Steuerberatungs – bzw. Wirtschaftsprüfungsgesellschaft der Gesellschaft selbst verliehen, vgl. §§ 49ff. StBerG, §§ 27ff. WPO.

[224] Herrmann / Heuer / Raupach, Einkommensteuergesetz, Anm. 3 zu § 23 EStG.

Gesamthand, juristische Person) um ein Steuersubjekt handelt oder nicht. Erst im Anschluß an die Ermittlung der aus der Einkunftsquelle fließenden Einkünfte werden diese dem – je nach unterschiedlichem Standpunkt entweder nach Maßgabe des Zivilrechts oder aufgrund einer wirtschaftlichen Betrachtungsweise bestimmten – Inhaber der Einkunftsquelle „zugeordnet“. Handelt es sich bei diesem jedoch um ein Rechtsgebilde, dessen „Einkunftsartenhorizont“ aufgrund einer steuergesetzlichen Sonderregelung beschränkt ist oder das kraft zivilrechtlichem Rechtskleid zivilrechtlich auf gewisse Betätigungsarten beschränkt ist – wie etwa bei Personenhandelsgesellschaften auf das Betreiben eines Handelsgewerbes –, wird die Einkunftsquelle „umqualifiziert“.[225] Ist der ermittelte Inhaber der Einkunftsquelle selbst kein Steuersubjekt, so werden entweder die Einkunftsquelle selbst oder die daraus resultierenden Einkünfte anteilig den daran beteiligten Steuersubjekten „zugerechnet“ und bei diesen eventuell „umqualifiziert“. Die nach dem Aufbau des Tatbestandes der Besteuerung notwendige Verknüpfung zwischen Steuerobjekt und Steuersubjekt wird nach dieser Auffassung also erst künstlich durch das im Gesetz nicht genannte Merkmal der Zurechnung hergestellt.

Die damit verbundenen, im einzelnen geschilderten Friktionen[226] verdeutlichen meines Erachtens, daß Ausgangspunkt der einkommensteuerrechtlichen Bewältigung der gemeinsamen wirtschaftlichen Betätigung die zutreffende Bestimmung des Steuertatbestandes sein muß. Nach meiner Auffassung ist es aus diesem Grunde angezeigt, detaillierte Kritik an den bisherigen Lösungsvorschlägen erst im Rahmen des aufgrund der dabei gewonnenen Erkenntnisse erarbeiteten eigenen Lösungsvorschlages und dessen Anwendung und Überprüfung anhand ausgewählter Einzelfallgestaltungen zu üben.

---

[225] Im letzteren Fall freilich nur von den Vertretern der Auffassung von der Maßgeblichkeit des Zivilrechts für die steuerrechtliche Beurteilung.

[226] Vgl. dazu die oben auf S. 44ff. dargestellte einkommensteuerrechtliche Würdigung ausgewählter Einzelfallgestaltungen.

IV. Versuch einer dogmatischen Einordnung der gemeinsamen wirtschaftlichen Betätigung in das Normengefüge des Einkommensteuerschuldrechts

1. Bestimmung des Steuertatbestandes als Ausgangspunkt der Überlegungen[1]

Das Steuerrecht besteht aus einer Vielzahl von Rechtssätzen, deren gemeinsamer Zweck es ist, Einnahmen für ein öffentlich-rechtliches Gemeinwesen zu erzielen.[2] Der Zweck wird erreicht, indem das Steuerrecht allen, bei denen der Tatbestand zutrifft, an den das jeweilige Steuergesetz einen Steueranspruch knüpft, eine Geldleistungspflicht auferlegt. Dieser vom Rechtsstaatsprinzip des Art. 20 GG geforderte[3] und vom einfachen Gesetzgeber in § 3 AO normierte Grundsatz der Tatbestandsmäßigkeit der Besteuerung bewirkt, daß die Entstehung eines Steuerschuldverhältnisses als die Voraussetzung für die Entstehung einer Steuerschuld von der Verwirklichung eines Steuertatbestandes abhängt.[4]

Der Entstehungstatbestand der Steuerschuld oder kurz der Steuertatbestand läßt sich in drei Elemente zerlegen: Das Gesetz bestimmt zunächst, *wer* überhaupt Beteiligter eines Steuerschuldverhältnisses sein kann, wer durch sein Handeln einen Steueranspruch begründen und wer Gläubiger des Anspruchs sein kann (Steuerschuldner und Steuergläubiger).[5] Sodann wird bestimmt, *was* zu besteuern ist, d. h. der Gegenstand der Besteuerung festgelegt.[6] Schließlich muß der Steuergegenstand quantifiziert, als zahlen-

---

[1] Zur Bedeutung der zutreffenden Bestimmung des Steuertatbestandes für die materielle Rechtsfindung vgl. bereits die grundlegenden Arbeiten von Merk, Steuerschuldrecht, S. 35ff. (dazu Mirbt, Finanzarchiv 1927, 1ff.) und Hensel, Steuerrecht, S. 32ff.

[2] Vgl. § 3 AO.

[3] Nach BVerfG, Beschl. v. 10.10.1961, BVerfGE 13, 153, 160 fordert das Rechtsstaatsprinzip, „daß die Norm, die eine Steuerpflicht begründet, nach Inhalt, Gegenstand, Zweck und Ausmaß hinreichend bestimmt und begrenzt ist, so daß eine Steuerlast meßbar und in gewissem Umfang für den Staatsbürger voraussehbar und überschaubar wird." So auch BVerfG, Urt. v. 14.12.1965, BVerfGE 19, 253, 267 und BVerfG, Beschl. v. 28.2.1973, BVerfGE 34, 348, 365.

[4] Ähnlich Lang, Systematisierung der Steuervergünstigungen, S. 30; ebenso bereits Merk, Steuerschuldrecht, S. 36ff.

[5] Vgl. z.B. § 1 EStG, § 1 KStG; Lang, a.a.O. nennt dies in Anlehnung an Hensel, Steuerrecht, S. 32ff. die „persönliche Seite des Steuertatbestandes".

[6] Auch als „sachliche Seite des Steuertatbestandes" oder kurz „Steuergegenstand" bezeichnet.

mäßige Größe ausgedrückt und in bezug zu einem bestimmten Steuersatz gesetzt werden, damit die Steuerschuld in einer bestimmten Höhe entsteht.[7]

Steuerschuldner eines Einkommensteuerschuldverhältnisses kann nur eine natürliche Person sein (§ 1 EStG), nur gegen diese kann sich ein Anspruch auf Zahlung von Einkommensteuer richten. In sachlicher Hinsicht knüpft die Einkommensbesteuerung an das Erzielen von Vermögenszugängen an.[8] Dieser besteuerungswürdige Sachverhalt (Besteuerungsgut) wird von der Einkommensteuer jedoch nicht vollständig erfaßt, steuerbar ist vielmehr nur die auf sieben Einkunftsarten (§ 2 Abs. 1 EStG) beschränkte Erzielung von „Einkommen".

2. Die verschiedenen Auffassungen vom Steuerobjekt der Einkommensteuer

a) Das Einkommen als solches

Nach einer Auffassung in der Steuerrechtslehre soll das Einkommen als solches Steuerobjekt der Einkommensteuer sein.[9] Den Vertretern dieser Auffassung ist jedoch entgegenzuhalten, daß sie meist nicht herausarbeiten, welcher der verschiedenen Einkommensbegriffe mit ihren jeweils unterschiedlichen Inhalten maßgeblich sein soll.

So wird etwa von Tiedtke[10] in diesem Zusammenhang die Quellen- und Reinvermögenszugangstheorie nebst Einfluß der Theorien auf die Einkommensteuergesetze erörtert, ohne deutlich zu machen, welcher Einkommensbegriff denn nun relevant sein soll. Biergans / Wasmer[11] verwenden die Begriffe „Einkommen" und „Einkünfte" gar synonym.[12] Legt man jedoch die Begriffsdefinition in § 2 Abs. 4 EStG zugrunde („der Gesamtbetrag der Einkünfte, vermindert um die Sonderausgaben und die außergewöhnlichen Belastungen, ist das Einkommen"), wird die Ungeeignetheit des so verstan-

---

[7] Diese „rechnerische Seite des Steuertatbestandes" wird teilweise zerlegt in die Merkmale „Steuermaßstab" („Steuerbemessungsgrundlage") und „Steuersatz"; so z. B. Tipke, Steuerrecht, S. 135f. Zum Begriff des Steuertatbestandes ausführlich Bayer, Grundbegriffe des Steuerrechts, S. 3ff. und ders. FR 1983, 105.

[8] Vgl. § 2 Abs. 1 Satz 1 EStG: „Der Einkommensteuer unterliegen ... Einkünfte, die der Steuerpflichtige ... erzielt".

[9] Vertreten z. B. von Tiedtke, Einkommensteuer- und Bilanzsteuerrecht, S. 17; Tipke, Steuerrecht, S. 133; ders. StuW 1971, 2, 8; Lang, Systematisierung der Steuervergünstigungen, S. 35, 38; Herrmann / Heuer / Raupach, Einkommensteuergesetz, Anm. 1, 2 zu § 2 EStG; Biergans / Stockinger FR 1982, 1 m.w.N.

[10] Tiedtke, Einkommensteuer- und Bilanzsteuerrecht, S. 17ff.

[11] Biergans / Wasmer FR 1985, 57.

[12] Zur Abgrenzung der Begriffe vgl. Eisenmann, Die Grundbegriffe Einnahmen – Einkünfte – Einkommen im Einkommensteuerrecht, S. 40ff. und Giloy, Vieldeutige Einkommensbegriffe, S. 32ff.

denen Einkommensbegriffes sofort offensichtlich: zur Ermittlung des Steuerobjektes „Einkommen" wird auf Merkmale abgestellt, die sämtlich unbekannt sind; das so verstandene Steuerobjekt steht bereits am Ende der Einkünfteermittlung, die relevanten Vermögenszugänge sind bereits qualifiziert und quantifiziert; allein in der konkreten Situation des Steuerpflichtigen begründete subjektive Abzüge sind berücksichtigt.

Einkommen in diesem Sinne ist lediglich ein Berechnungsfaktor. § 2 Abs. 4 EStG hat die Bedeutung, diejenigen gedanklichen Operationen darzulegen, die zur Ermittlung der Steuerbemessungsgrundlage führen. Gegen eine Heranziehung dieses gesetzestechnischen Einkommensbegriffs spricht auch, daß nach § 38 AO die Steuerschuld durch Tatbestandsverwirklichung entsteht, ein „Einkommen" aber nicht verwirklicht werden kann.[13]

Eine Inkonsequenz dieser Auffassung besteht im übrigen darin, daß deren Vertreter die Notwendigkeit sehen, den Steuergegenstand „Einkommen" nach dessen Ermittlung bestimmten Steuersubjekten „zuzurechnen". Durch das von ihnen postulierte Tatbestandsmerkmal der „Zurechnung" soll die für die Erfüllung des Steuertatbestandes notwendige Beziehung zwischen Steuersubjekt und Steuerobjekt hergestellt werden.

Dies ist jedoch, wie soeben gezeigt, bereits dadurch geschehen, daß das Einkommen i.S. § 2 Abs. 4 EStG nach dieser Meinung zum Steuerobjekt erklärt wird, das Steuerobjekt also bereits sämtliche personenbezogenen Elemente enthält.

b) Die einzelne Einkunftsquelle

Verschiedentlich wird auch vertreten, Steuerobjekt der Einkommensteuer seien einzelne „Einkunftsquellen".[14] Das Einkommensteuergesetz verwendet diesen Begriff jedoch nicht, es handelt sich hierbei vielmehr um eine Wortschöpfung von Schrifttum und Rechtsprechung. Eine einheitliche Auffassung über den Einkunftsquellenbegriff fehlt. Häufig wird er bild- und schlagwortartig verwendet, auf ihm aufbauend werden weitreichende Folgerungen gezogen, ohne sich zuvor mit seinem Inhalt auseinandergesetzt zu haben.[15] Sofern der Begriff erläutert wird, werden die unterschiedlichsten Vorstellungen mit ihm verbunden. Teils werden darunter die einzelnen

---

[13] Ebenso Hahn, Die Grundsätze der Gesetzmäßigkeit der Besteuerung und der Tatbestandsmäßigkeit der Besteuerung in rechtsvergleichender Sicht, S. 186.

[14] So wohl Ruppe, in: Tipke (Hrsg.), Übertragung von Einkunftsquellen im Steuerrecht, S. 7, 9; BFH, Urt. v. 1.2.1972, BStBl. II, 347; BFH, Urt. v. 11.3.1976, BStBl. II, 421, 422.

[15] Meincke, in: Tipke (Hrsg.), Übertragung von Einkunftsquellen im Steuerrecht, S. 69; Söffing, ebenda, S. 125 („Ich gehe von der Prämisse aus, daß steuerpflichtige Einkünfte, die aus einer bestimmten Quelle fließen, von demjenigen zu versteuern sind, dem die betreffende Quelle *zuzurechnen* ist."), Stadie, Die persönliche Zurechnung von Einkünften, S. 20 Fn. 5.

Einkunftsarten, teils sachlich-dingliche Substrate wie Grundstücke, Wertpapiere oder Betriebe, teils die Teilnahme am Marktgeschehen verstanden.[16] Ein Bezug zum Gesetz, zum Tatbestand der Einkünfteerzielung wird meist nicht hergestellt.[17] Die personengelöste Auffassung vom Steuerobjekt, die insbesondere zutage tritt, wenn man als Einkunftsquelle bestimmte Wirtschaftsgüter ansieht, macht es notwendig, eine irgendwie geartete Verbindung zwischen Steuerobjekt und -subjekt herzustellen. Das Verhältnis zwischen diesen zwei Steuertatbestandsmerkmalen ist bisher dogmatisch kaum untersucht worden.[18] Die herrschende Steuerrechtslehre versucht das Problem der Zuordnung einer einzelnen Einkunftsquelle zu einem bestimmten Steuerpflichtigen durch die Einführung des Merkmals der (persönlichen) Zurechnung zu lösen.[19] Allgemein geltende Aussagen des Einkommensteuergesetzes dazu, unter welchen Voraussetzungen einer Person Einkünfte bzw. Einkunftsquellen persönlich „zuzurechnen" sind, fehlen.[20] §§ 20 Abs. 3 und 21 Abs. 3 EStG betreffen lediglich die sachliche Zurechnung von Einkünften, also die Frage, „zu welcher Einkunftsart die Einkünfte im einzelnen Fall gehören" (§ 2 Abs. 1 Satz 2 EStG). Nach der Auffassung, die die einzelne Einkunftsquelle als Steuerobjekt betrachtet, sind die daraus bezogenen Einkünfte dem jeweiligen Inhaber der Einkunftsquelle „zuzurechnen".[21]

---

[16] Vgl. hierzu im einzelnen die Nachweise bei Biergans / Stockinger FR 1982 (I.) 1, (II.) 25, 30.

[17] Ausnahmen bilden Ruppe (S. 76 Fn. 2), der – gestützt auf § 2 Abs. 1 EStG – die entgeltliche Verwertung von Leistungen (Wirtschaftsgüter und Dienstleistungen) am Markt als Einkunftsquelle ansieht, und Groh, in: Tipke, Übertragung von Einkunftsquellen, S. 101, der seine These, was Einkunftsquelle ist und wie weit sie reicht, könne nur dem gesetzlichen Tatbestand entnommen werden, für eine „heute gesicherte Anschauung" hält.

[18] Bezeichnend Tipke, Steuerrecht, S. 134: „Durch sie (die Zurechnung, d. Verf.) wird festgelegt, welchem Steuerschuldner das Steuerobjekt zuzurechnen (zuzuordnen) ist. Durchweg ergibt sich die Zurechnung aus dem oder im Zusammenhang mit der Bestimmung des Steuerschuldners selbst; die Bestimmung des Steuerschuldners wiederum orientiert sich in der Regel am Steuerobjekt."

[19] Tipke, a.a.O., S. 134; Tiedtke, Einkommensteuer- und Bilanzsteuerrecht, S. 139f.; Stadie, Die persönliche Zurechnung von Einkünften, S. 13ff.; Ruppe, in: Tipke (Hrsg.), Übertragung von Einkunftsquellen im Steuerrecht, S. 7ff. Anders Kruse, Steuerrecht I, S. 108, für den Gegenstand steuerrechtlicher Zurechnung nicht Einkünfte, sondern lediglich Wirtschaftsgüter sind; anders auch Jakob, Steuern vom Einkommen I, S. 103ff., der zwar noch von „Zurechnung von Einkünften" spricht, in der Sache aber klarstellt, daß das „Erbringen der steuerbaren Leistung" gemeint ist. S. 105: „Dagegen ist es undenkbar, daß *ein* Stpfl die steuerbare Leistung tätigt, während *ein anderer* als Zurechnungssubjekt dadurch veranlaßter Einkünfte in Erscheinung treten kann." Anders schon im Ansatz auch Hensel, Steuerrecht, S. 88 („Die Zurechnung einer Steuertatbestandsverwirklichung zu einer bestimmten Person ergibt sich in der Regel ohne weiteres: steuerpflichtig ist, wer Einkommen *bezogen* . . . hat").

[20] Spezielle Zurechnungsnormen sind etwa § 20 Abs. 2 Nr. 2 Sätze 2 und 3 und § 22 Nr. 1 Satz 2 EStG.

[21] BFH, Urt. v. 15.11.1957, BStBl. III 1958, 103; Urt. v. 1.2.1972, BStBl. II, 347; Urt. v. 11.3.1976, BStBl. II, 421; Tiedtke, Einkommensteuer- und Bilanzsteuerrecht,

Diese Auffassung ist auch deshalb unbefriedigend, weil die „Zurechnungslehre“ dem Charakter der Einkommensteuer als Subjektsteuer und dem Grundsatz der Besteuerung nach der subjektiven Leistungsfähigkeit – also unter Berücksichtigung der steuerlich relevanten Verhältnisse in der Person des Steuerpflichtigen – widerspricht. Bei wem diese Leistungsfähigkeit vorliegt, kann nicht etwa aufgrund eines Zuordnungsmerkmals entschieden werden, sondern muß sich aus der Gestaltung des – richtig verstandenen – Steuergegenstandes selbst ergeben.[22]

In Verbindung mit der grundsätzlichen Anerkennung der Familiengesellschaft durch den Bundesfinanzhof seit 1951,[23] der Nießbrauchseinkünfte von Kindern als deren Einkünfte durch dieses Gericht seit 1966[24] und der Feststellung der Verfassungswidrigkeit der Zusammenveranlagung von Eltern und Kindern durch das Bundesverfassungsgericht im Jahre 1964[25] führt die Auffassung von der Einkünftezurechnung an den Inhaber der Einkunftsquelle dazu, daß es sich steuerlich „lohnt“, Einkunftsquellen zu verlagern, das Ehegattensplitting nach Möglichkeit realiter zum „Familiensplitting“ zu erweitern. Der Impetus zur Steuerminimierung beflügelt die Phantasie von Steuerpflichtigen und Kautelarjuristen, durch vorteilhaft erscheinende Rechtsgestaltungen, durch *vertragliche* Dispositionen den „Inhaber der Einkunftsquelle“ nach eigenen Vorstellungen festzulegen. Die Übertragung oder Spaltung von „Einkunftsquellen“ beschäftigt seitdem Wissenschaft, Steuerrechtsprechung und Finanzverwaltung in einem enormen Ausmaß.[26] So wird untersucht, ob man sich bei der Zurechnung von Einkunftsquellen an den zivilrechtlichen Gegebenheiten zu orientieren habe, ob „Inhaber der Einkunftsquelle“ also deren bürgerlich-rechtlicher Eigentümer sei, oder ob diese Zurechnung nach Eigengesetzlichkeiten des Steuerrechts zu erfolgen habe („wirtschaftliche Betrachtungsweise“).[27]

S. 138ff. Im Reichseinkommensteuergesetz vom 10.8.1925 (RGBl. I, 189) wurde bei der Bestimmung des Steuergegenstandes noch keinerlei Bezug zum Steuersubjekt hergestellt; § 6 Abs. 1 lautete: „Der Besteuerung des Einkommens nach diesem Gesetz unterliegt nur: ... Nr. 2: Einkünfte aus Gewerbebetrieb ...“

22 Ähnlich Hahn, Die Grundsätze der Gesetzmäßigkeit der Besteuerung und der Tatbestandsmäßigkeit der Besteuerung in rechtsvergleichender Sicht, S. 189.

23 Urt. v. 22.8.1951, BStBl. III, 181.

24 Urt. v. 6.7.1966, 584; § 12 Nr. 2 EStG wurde hier erstmals nicht mehr angewandt; anders noch BFH, Urt. v. 8.2.1957, BStBl. III, 207. Zur Rechtsentwicklung vgl. Schmidt StbJb. 1980/81, 115ff.

25 Beschl. v. 30.6.1964, BStBl. II, 488.

26 Vgl. dazu nur die Schrifttumsnachweise bei Schmidt, Einkommensteuergesetz, Vor Anm. 119 zu § 15 und bei Anm. 4 zu § 21 EStG sowie den Aufriß der Problematik bei Tipke StuW 1977, 293.

27 Vgl. dazu Meincke, in: Tipke (Hrsg.), Übertragung von Einkunftsquellen im Steuerrecht, S. 69 und Crezelius, Steuerrechtliche Rechtsanwendung und allgemeine Rechtsordnung, S. 330ff.; nach Crezelius hat das Steuerrecht keine eigene Teleologie, es ist vielmehr Annexrecht des Zivilrechts; kritisch dazu die Rezension von Tipke NJW 1984, 2081.

Die unfruchtbar kasuistische Beschäftigung mit der Übertragungsproblematik von Einkunftsquellen ist jedoch obsolet, wenn man sich auf den gesetzlich normierten Tatbestand der Einkünfteerzielung besinnt und das Gesetz selbst als Ausgangspunkt für die Bestimmung des Steuerobjekts heranzieht.

c) Die „steuerbare Leistung"

Nach § 2 Abs. 1 EStG unterliegen der Einkommensteuer Einkünfte aus bestimmten Einkunftsarten, die der Steuerpflichtige erzielt. Gegenstand der Besteuerung ist daher die *Erzielung* bestimmter Vermögenszugänge.[28] Wenn Einkünfte durch Erwirtschaftung erzielt werden und die erwirtschaftende Tätigkeit durch Beteiligung am wirtschaftlichen Verkehr vollzogen wird, so kann damit nur ein Verhalten gemeint sein, das ein Steuersubjekt im einzelnen Fall an den Tag legen muß, um den Tatbestand, an den das Gesetz die Leistungspflicht knüpft zu verwirklichen.[29] Besteuert wird nach dem Einkommensteuergesetz nicht etwa ein Vorkommnis, ein Zustand oder eine Sache, also nicht etwa der Gewerbebetrieb als solcher, vielmehr das „Betreiben" des Gewerbes, nicht das Grundstück, sondern die Vermietungstätigkeit. Entscheidend ist also die auf eine Vermögensmehrung im Rahmen einer Einkunftsart gerichtete Handlung des Steuerpflichtigen, seine *„steuerbare Leistung"*.[30]

Ein spezieller (persönlicher) Zurechnungstatbestand ist bei Zugrundelegung dieser zutreffenden Auffassung entbehrlich: Begreift man die Erfüllung des Einkünftetatbestandes als Erbringung der in einer Einkunftsart jeweils speziell vertypten „steuerbaren Leistung", so kann nur derjenige Steuerschuldner sein, der diese Leistung tatsächlich erbringt.[31] Die durch die Leistung bewirkte Tatbestandsverwirklichung schafft die notwendige Beziehung zwischen Steuergegenstand und Steuerschuldner. Der Prüfung bedarf weiter, wer Leistender i.S. dieses juristischen Tatbestandes ist.[32]

---

[28] Siehe dazu oben S. 16.

[29] Biergans / Wasmer FR 1985, 57; Bayer, Grundbegriffe des Steuerrechts, S. 7; Hahn, Die Grundsätze der Gesetzmäßigkeit der Besteuerung und der Tatbestandsmäßigkeit der Besteuerung in rechtsvergleichender Sicht, S. 190; ähnlich bereits Merk, Steuerschuldrecht, S. 36f.

[30] Zu diesem Begriff vgl. Jakob, Steuern vom Einkommen I, S. 58.

[31] Diese Erkenntnis hat auch Eingang in die Rechtsprechung des BFH gefunden, vgl. z. B. Urt. v. 13.5.1980, BStBl. II 1981, 295; Urt. v. 13.5.1980, BStBl. II 1981, 299; Urt. v. 9.3.1982, BStBl. II, 540. Der BFH spricht allerdings weiterhin von der „Zurechnung von Einkünften" an denjenigen, der den Tatbestand der Einkunftserzielung erfüllt, sieht jedoch in der Zurechnung kein eigenes Steuertatbestandsmerkmal mehr. Ähnlich sind nach Biergans (FR 1984, 297, 304) gemäß § 2 Abs. 1 EStG Einkünfte demjenigen Steuerpflichtigen „zuzurechnen", der sie erzielt hat.

[32] Dies übersehen Hahn, Die Grundsätze der Gesetzmäßigkeit der Besteuerung und der Tatbestandsmäßigkeit der Besteuerung in rechtsvergleichender Sicht, S. 190 und Bayer, Grundbegriffe des Steuerrechts, S. 12, die von „steuerbarer Handlung" sprechen, aber nicht untersuchen, wer als „Handelnder" im steuerrechtlichen Sinne anzusehen ist.

Derjenige, der die auf einen Einkommensbezug gerichtete Handlung als Realakt vornimmt, kann dies jedenfalls nicht sein: Wird der Umsatz von Leistungen am Markt durch Hilfspersonen erbracht (Stellvertreter, Arbeitnehmer), so wird man nicht diese, sondern den jeweiligen „Geschäftsherrn" als Leistenden ansehen müssen, also denjenigen, der Güter und Dienstleistungen kraft seiner tatsächlichen Herrschaft über die jeweils zugrunde liegenden „Wirtschaftsgüter" entgeltlich verwerten kann; er ist „Herr der einkünftebringenden Leistungsbeziehung".[33]

3. Bestimmung der zu qualifizierenden Leistung bei gemeinsamer wirtschaftlicher Betätigung

Regeln über die Qualifizierung von Vermögenszugängen, die eine Mehrheit von Steuerpflichtigen erzielen, fehlen im Einkommensteuergesetz. § 15 Abs. 1 Nr. 2 EStG[34] ist insoweit unergiebig. Zwar setzt diese Vorschrift das Vorhandensein eines gewerblichen Unternehmens voraus,[35] nach welchen Kriterien jedoch die Gewerblichkeit des Unternehmens bei gemeinsamer wirtschaftlicher Betätigung bestimmt wird, bleibt offen.

Für die Auffassung, die die Einkunftsquelle i.S. eines sachlich-dinglichen Substrats als Steuerobjekt der Einkommensteuer ansieht, ergeben sich im grundsätzlichen keine Probleme: Qualifiziert wird hiernach das Unternehmen als solches, unabhängig von der Zahl seiner Inhaber. Freilich bleiben nach dieser Auffassung im Detail Umqualifizierungen aufgrund besonderer Verhältnisse der „Inhaber der Einkunftsquelle" mit meist fragwürdigen Begründungen nicht aus.[36]

Ausgehend von der soeben erarbeiteten eigenen Auffassung, die als Steuergegenstand die „steuerbare Leistung" ansieht, stellt sich bei gemeinsamer wirtschaftlicher Betätigung mehrerer Subjekte der Einkommensteuer vielmehr die Frage, welche Leistung zur Bestimmung des Steuergegenstandes „steuerbare Leistung" heranzuziehen ist, wer sie erbringt, worin sie besteht und wieweit sie reicht.

Wenn Einkünfte konstitutiert werden durch eine auf den Bezug von Einnahmen gerichteten *Handlung*[37] des „Herrn der relevanten Leistungsbezie-

---

33 So Ruppe, in: Tipke (Hrsg.), Übertragung von Einkunftsquellen im Steuerrecht, S. 19.

34 Gleiches gilt für die Verweisungsnormen §§ 18 Abs. 5 und 13 Abs. 5 EStG.

35 Schmidt, Einkommensteuergesetz, Anm. 41 zu § 15 EStG; Kruse, in: Kruse (Hrsg.), Die Grundprobleme der Personengesellschaft im Steuerrecht, S. 37, 41; BFH, Urt. v. 9.7.1964, BStBl. III, 530; BFH, Urt. v. 17.1.1973, BStBl. II, 260.

36 Siehe die ausführliche Darstellung der einzelnen abweichenden Fallgestaltungen auf S. 42ff.

37 Jakob, Steuern vom Einkommen I, S. 58. Ähnlich im Ansatz Bayer, Grundbegriffe des Steuerrechts, S. 12 und Hahn, Die Grundsätze der Gesetzmäßigkeit der

hung“, so muß zunächst Klarheit über diese steuerlich relevante Handlung geschaffen werden. Auf den ersten Bick ergeben sich folgende Möglichkeiten:

1. Die steuerbare Leistung erbringt der einzelne beteiligte Steuerpflichtige. Sie besteht in seiner Beitragsleistung an die Personenvereinigung. Diese Beitragsleistung ist zu qualifizieren.
2. Die Leistung erbringt die Personenvereinigung. Sie selbst ist es, die am Marktgeschehen, am Leistungsaustausch teilnimmt; daher sind es ihre Handlungen (z. B. Betrieb eines gewerblichen Unternehmens, Vermietung), die unter eine Einkunftsart subsumiert werden müssen.

Eine Auswertung des steuerrechtlichen Schrifttums und der Rechtsprechung des BFH zu dieser Frage erweist sich als wenig ergiebig, da offenbar deren Bedeutung für die Einkünftequalifikation bisher nicht hinreichend erkannt worden ist.

a) Die Beitragsleistung des Gesellschafters der Gesellschaft gegenüber

Ruppe sieht als Einkunftsquelle, die er als entgeltliche Verwertung von Leistungen durch Teilnahme am Marktgeschehen definiert,[38] bei Personengesellschaften den vom Gesellschafter der Gesellschaft gegenüber erbrachten Beitrag (Kapital oder Arbeitskraft) an.[39] Bei gemeinsamer wirtschaftlicher Betätigung seien die Dispositionsbefugnisse über die Einkunftsquelle „vertikal geteilt“. Zuzustimmen vermag ich dem Ausgangspunkt Ruppes, daß eines der verbindenden Elemente der meisten Einkunftsarten des Einkommensteuergesetzes die Teilnahme am Marktgeschehen ist. Bei gemeinsamer wirtschaftlicher Betätigung jedoch die bloße Beitragsleistung als „Einkunftsquelle“ (steuerbare Leistung) anzusehen ist widersprüchlich: eine Teilnahme am Marktgeschehen, am Güter- und Dienstleistungsaustausch, liegt hier gerade nicht vor. Auch eine „vertikale Teilung“ der Einkunftsquelle anzunehmen, ist aus der Sicht Ruppes inkonsequent: Einkunftsquelle ist nach seiner Auffassung ja gerade nicht die Leistungserbringung der Gesellschaft Dritten gegenüber; nur diese aber könnte entsprechend „gespalten“ werden. Wenn man lediglich die Beiträge der einzelnen Gesellschafter zur Erreichung des gemeinsamen Zwecks daraufhin untersucht, ob sie gesetzlich vertypte Leistungen darstellen, so wird dadurch eine *gemeinsame* wirtschaftliche Betätigung im steuerrechtlichen Sinn ausge-

---

Besteuerung und der Tatbestandsmäßigkeit der Besteuerung in rechtsvergleichender Sicht, S. 190, 192.

[38] Ruppe, in: Tipke (Hrsg.), Übertragung von Einkunftsquellen im Steuerrecht, S. 7, 16; so wohl auch Groh, a.a.O., S. 97, 101 ff.

[39] Ruppe, a.a.O., S. 22; ähnlich Groh, a.a.O., S. 97, 113; Hennerkes / Binz, Die GmbH & Co., S. 283.

schlossen, weil im Verhältnis Gesellschafter – Gesellschaft mehrere voneinander unabhängige Leistungsstränge vorliegen.

Die Leistungsbeziehung Gesellschaft – Gesellschafter wäre dann gerade nicht durch Leistungsvereinigung, sondern durch Leistungsaustausch gekennzeichnet, was dem Wesen gemeinsamer Betätigung[40] völlig widerspricht. Die Leistungen der Gesellschafter wären auch unterschiedlich zu qualifizieren, je nachdem, worin die jeweilige Beitragsleistung besteht: der nicht tätige Gesellschafter, der nur eine Kapitaleinlage erbracht hat, erzielte Einkünfte aus Kapitalvermögen. Ein tätiger Gesellschafter, dessen Einlagepflicht in der Zurverfügungstellung seiner Arbeitskraft (z. B. Ingenieur einer Baufirma) besteht, bezöge, den Beitragsgedanken konsequent zu Ende gedacht, dann wohl Einkünfte aus selbständiger Arbeit; ein Gesellschafter schließlich, der als Einlage ein Grundstück in die Gesellschaft einbringt, erzielte Einkünfte aus Vermietung und Verpachtung.

b) Die Leistung der Gesellschaft einem Dritten gegenüber

Der BFH vertritt in seiner neueren Rechtsprechung[41] die gegenteilige Auffassung: Den Tatbestand einer Einkunftsart erfüllt hiernach eine Personengesellschaft als solche durch ihre eigene Tätigkeit; sie ist Subjekt der Einkünftequalifikation, da Einkünfte von ihr erwirtschaftet werden.[42] Für die Auffassung, die Personengesellschaft sei hinsichtlich der Merkmale der Verwirklichung oder Nicht-Verwirklichung des Tatbestandes einer bestimmten Einkunftsart Steuerrechtssubjekt, könnte sprechen, daß insbesondere Personenhandelsgesellschaften unter ihrer Firma Rechte erwerben und Verpflichtungen eingehen können (§§ 124, 161 HGB) und es deshalb sie selbst sind, die am Rechts- und Wirtschaftsverkehr teilnehmen, d. h. steuerbare Leistungen gegenüber Dritten selbst erbringen. Die Auffassung von der Personengesellschaft selbst als „partielles Steuerrechtssubjekt" in Anlehnung an handelsrechtliche Wertungen begegnet jedoch schon deshalb Bedenken, weil gemeinsame wirtschaftliche Betätigungen nicht nur von Personenhandelsgesellschaften, sondern auch von anderen Personenvereinigungen, die selbst keine Rechtssubjekte sind, erbracht werden.

Zivilrechtlich entsteht bei den Personenvereinigungen ohne Rechtsfähigkeit kein neues Rechtssubjekt i.S. eines von den Mitgliedern unabhängigen

[40] Vgl. dazu oben 20ff.

[41] Vgl. zur Entwicklung der neueren Rechtsprechung oben S. 41ff.

[42] BFH, Beschl. v. 5.5.1981, BStBl. II, 574; zum folgenden vgl. BFH, Beschl. v. 25.6.1984, BStBl. II, 751, 760ff. Ebenso schon vor dem Beurteilungswandel der Rechtsprechung Jakob, Steuern vom Einkommen I, S. 105f. („In der maßgeblichen Sicht des Einkünftetatbestandes (§ 15 Abs. 1 Nr. 2) verkörpert sich in diesen Beiträgen nur der subjektiv zuzurechnende Anteil eines jeden Gesellschafters an der nach außen durch die Gesellschaft vollzogenen steuerbaren Leistung").

Rechtsträgers, vielmehr sind Inhaber der Rechte und Pflichten die Mitglieder „in ihrer Gesamtheit“.[43] Der Grad der Selbständigkeit der Vereinigung ist dabei bei den einzelnen Gesellschaftsformen durchaus unterschiedlich; die eheliche Gütergemeinschaft kommt als Gesamthand ohne gedankliches Rechtsubjekt aus: Das Gesamtgut gehört „den Ehegatten“, nicht „dem Ehepaar“ (§ 1416 Abs. 1 BGB). Die Verselbständigung der Vermögensorganisation greift dann bei der Erbengemeinschaft, der BGB-Gesellschaft und schließlich der Handelsgesellschaft in der genannten Reihenfolge zunehmend Platz. Die Handelsgesellschafter erhalten demnach bei ihrem Ausscheiden aus der Gesellschaft ihre Einlage nicht in Natur zurück, sie sind vielmehr auf Abfindungsansprüche angewiesen (§ 155 Abs. 1 HGB).[44] Die sogenannten „Personenvereinigungen ohne Rechtsfähigkeit“ entbehren zwar nicht jeglichen juristischen Verhaltensvermögens: Wie bei juristischen Personen, so werden auch hier einzelne im Gesetz genannte Rechte und Pflichten der Gemeinschaft als solcher und nicht den einzelnen Mitgliedern der Gemeinschaft zugeordnet (§ 124 HGB). Alle Rechte und Pflichten, deren Träger die Personenvereinigung ist, werden jedoch in ihren Rechtsfolgen an die Gesellschafter weitergegeben, es sind somit letztlich zugleich Rechte und Pflichten der Gesellschafter.[45]

Für das Einkommensteuerrecht kann diese zivilrechtliche Sicht jedoch nicht maßgeblich sein, da es hier bereits an einer Zuordnung von steuerschuldrechtlichen Rechten und Pflichten an die Personengesellschaft selbst fehlt: Beteiligte am Steuerschuldverhältnis sind auf Seiten des Steuerschuldners ausschließlich natürliche Personen (§ 1 EStG), eine dem § 124 HGB vergleichbare Vorschrift in bezug auf bestimmte Besteuerungsmerkmale fehlt im Einkommensteuergesetz. Zur Begründung der Lehre von der (angeblichen) partiellen Steuerrechtsfähigkeit von Personengesellschaften im Einkommensteuerrecht handelsrechtliche Wertungen heranzuziehen, geht aber schon deshalb fehl, weil § 124 HGB nach herrschender Auffassung nur den Sinn hat, die OHG für den Rechtsverkehr beweglicher zu machen;[46] das Einkommensteuerrecht befaßt sich jedoch nicht mit der Zuordnung von Rechten und Pflichten im Vermögensverkehr, sondern mit der zutreffenden steuerlichen Erfassung von Vermögenszugängen natürlicher Personen und

---

[43] Buchner, AcP 169 (1969), 483 ff. m. w. N.

[44] Wiedemann, Gesellschaftsrecht, Bd. I, S. 250.

[45] So zutreffend Buchner, AcP 169 (1969), 483, 485. Die gegenteilige Auffassung, wonach die Rechte und Pflichten der Personenmehrheit bei dieser enden, vertritt u. a. Flume, Allgemeiner Teil des Bürgerlichen Rechts, Bd. I/1, S. 54 ff., 60 ff., 68. Für eine Teilrechtsfähigkeit der „Rechtsgemeinschaften“, worunter er die Gesellschaft bürgerlichen Rechts, die Personenhandelsgesellschaften, die allgemeine Gütergemeinschaft, die Erbengemeinschaft, sowie die schlichte Rechtsgemeinschaft versteht, spricht sich Fabricius, Relativität der Rechtsfähigkeit, S. 117 ff. aus.

[46] Fischer, in: Großkommentar HGB, Anm. 2 zu § 124 HGB; Flechtheim, in: Düringer / Hachenburg, Anm. 1 zu § 124 HGB.

deren Besteuerung. Beide Teilrechtsordnungen weisen also eine völlig unterschiedliche ratio auf.[47]

Die sogenannte „Einheitslösung" des BFH führt die Gesellschaft als Beteiligte in das Steuerschuldverhältnis ein: Die steuerbare Tätigkeit (Steuergegenstand) erbringt allein die Gesellschaft, deren funktionelle Tätigkeit ist zu qualifizieren (gewerbliche Tätigkeit, Vermietung und Verpachtung); das so gewonnene Ergebnis wird dem Steuersubjekt kraft Innehabung einer Gesellschafterstellung lediglich *vermittelt;* causa der Einkünfte des Gesellschafters ist allein die bloße Teilhabe am Gewerbebetrieb der Gesellschaft.[48]

Dieser Auffassung ist entgegenzuhalten, daß das Einkommensteuergesetz keine achte Einkunftsart „Einkünfte aus Beteiligungen" kennt, deren steuerbare Leistung in einer bloßen Beteiligung bestünde. Entscheidend für die Einkünftequalifikation ist vielmehr auch bei gemeinsamer wirtschaftlicher Betätigung die durch den potentiellen Steuerschuldner selbst erbrachte steuerbare Leistung, das Handeln des Steuerpflichtigen ist in den Rahmen einer Einkunftsart einzuordnen. Im System des BFH ähnelt die Besteuerung bei gemeinsamer wirtschaftlicher Betätigung der, wie sie sich bei der Beteiligung an einer Kapitalgesellschaft ergeben würde – das Anrechnungsverfahren ausgeblendet;[49] gerade hier liegt aber keine gemeinsame Betätigung vor, es handelt sich um eine bloße Kapitalüberlassung zur Nutzung (vgl. § 20 Abs. 1 Nr. 1 EStG).

Die Auffassung des BFH ist auch sonst nicht frei von Widersprüchen: Wenn die Personengesellschaft Steuerrechtssubjekt bei der Feststellung der Einkunftsart ist, so fragt sich, warum diese nur „in erster Linie" durch die Tätigkeit der Gesellschaft bestimmt werden soll, warum also bei einem Gesellschafter einer vermögensverwaltenden Personengesellschaft, dessen Gesellschaftsanteil zu seinem Betriebsvermögen gehört, weil seine Einkünfte als gewerblich zu „behandeln" (§ 8 Abs. 2 KStG) oder weil seine Einkünfte gewerblichen Einkünften „zuzurechnen" (§§ 20 Abs. 3, 21 Abs. 3 EStG) sind, diese Einkünfte entsprechend umqualifiziert werden sollen.

---

[47] Steuerrecht und Gesellschaftsrecht müssen zur jeweiligen juristischen Entfaltung der ihnen innewohnenden ratio und Gerechtigkeit eine „relative Autonomie" (Walz) voneinander beanspruchen; vgl. dazu näher Walz, Steuergerechtigkeit und Rechtsanwendung, S. 353ff., sowie ders., ZHR 147 (1983), 281ff. Für eine Maßgeblichkeit der zivilrechtlichen Gestaltung für die steuerrechtliche Rechtsanwendung hingegen Crezelius, Steuerrechtliche Rechtsanwendung und allgemeine Rechtsordnung, S. 358ff. und Ruppel DStZ/A 1982, 465. Dagegen ist einzuwenden, daß die unmittelbare Anknüpfung an zivilrechtliche Gestaltungen zu einer ungleichmäßigen Besteuerung gleicher wirtschaftlicher Sachverhalte führt und damit den Gleichheitssatz des Art. 3 Abs. 1 GG verletzt. Das Steuerrecht will nicht die zivilrechtliche Gestaltung, sondern deren wirtschaftlichen Gehalt erfassen; so zutreffend Tipke JuS 1970, 149, 154.

[48] Zum Vorstehenden vgl. BFH, Beschl. v. 25.6.1984, BStBl. II 751, 762.

[49] Jakob, StRK-Anmerkungen, R. 5 zu § 15 Abs. 2 EStG 1975, S. 7.

Der Hinweis des BFH, daß eine sachgerechte Versteuerung von Veräußerungsgewinnen andernfalls nicht mehr möglich sei,[50] vermag zwar den Impetus der Rechtsprechung offenzulegen, jedoch keinerlei dogmatische Einsichten zu vermitteln. Der BFH mußte meines Erachtens Zuflucht zu diesem „Kunstgriff" nehmen, da die Einkünftequalifikation nicht ausschließlich tätigkeitsbezogen, sondern immer nur bezogen auf ein bestimmtes Steuersubjekt vorgenommen werden kann: Vermietet eine GmbH Wohnungen, so erzielt sie nach § 8 Abs. 2 KStG eben unabhängig von der Qualifikation ihrer Tätigkeit und auch unabhängig davon, ob sie allein oder gemeinsam mit anderen im Rahmen einer Personengesellschaft vermietet, immer gewerbliche Einkünfte. Ebenso erzielt ein Bauunternehmer, der sich an einer Vermietungsgesellschaft zur Verstärkung seines Betriebskapitals beteiligt, ohne Rücksicht auf die Tätigkeit der Gesellschaft stets gewerbliche Einkünfte.

In der Konsequenz der Auffassung des BFH läge es darüber hinaus, die Personengesellschaft auch als Subjekt in bezug auf die durch ihre steuerbare Leistung erzielten Vermögenszugänge anzusehen, mit der Folge, daß der Vermögenszugang beim Gesellschafter von einem tatsächlichen Zufluß bei diesem abhinge, letztlich also eine Steigerung der Leistungsfähigkeit des Gesellschafters nur bei einer tatsächlichen Gewinnausschüttung vorläge. Dieses Ergebnis ist jedoch mit dem geltenden Einkommensteuerrecht, das als alleinigen Träger von Leistungsfähigkeit die natürliche Person ansieht,[51] nicht zu vereinbaren. Es entstünde eine Besteuerungslücke, weil die einbehaltenen Gewinne nicht zu persönlichem Einkommen und so von der Einkommensteuer bis zur Ausschüttung nicht erfaßt würden.[52]

c) Eigene Auffassung: Die Leistung des Gesellschafters einem Dritten gegenüber

Ausgangspunkt der Bestimmung der steuerbaren Leistung bei gemeinsamer wirtschaftlicher Betätigung kann daher meines Erachtens nur die natürliche Person sein. Nur Leistungen, die sie selbst erbringt, Einkünfte, die sie selbst erzielt, unterliegen nach § 2 Abs. 1 EStG der Einkommensteuer. Bei dieser Leistung kann es sich weiter nur um die Beitragsleistung handeln, die der Gesellschafter zur Erreichung des gemeinsamen wirt-

---

[50] BFH, Beschl. v. 25. 6. 1984, BStBl. II, 751, 763.

[51] Tipke, Steuerrecht, S. 149.

[52] Die Gesellschafter nichtrechtsfähiger Personenvereinigungen würden dann – das Nichtvorhandensein einer eigenen Körperschaftsteuer unterstellt – ähnlich den Anteilseignern von Kapitalgesellschaften besteuert. Zur Bedeutung der Rechtsform im Verhältnis der Körperschaftsteuer zur Einkommensteuer vgl. das Gutachten von Walz, in: Verhandlungen des 53. DJT 1980, Bd. I, Teil F, F 17ff. und allgemein Rasenack, Die Theorie der Körperschaftsteuer.

schaftlichen Erfolges erbringt. Die „Reichweite" der Beitragsleistung des Gesellschafters jedoch bereits bei der Gesellschaft enden zu lassen, wie Ruppe dies tut,[53] und unabhängig davon eine für die Einkünftequalifikation relevante Leistungsbeziehung zwischen der Gesellschaft und dem Dritten anzunehmen, kann nicht zutreffend sein. Es ist gerade das Merkmal der *Leistungsvereinigung* bei einer wirtschaftlichen Betätigung mehrerer, die diese Betätigung zur gemeinsamen macht.[54] Nur dann, wenn die steuerbare Leistung vom Gesellschafter dem Dritten gegenüber erbracht wird, wenn jener also selbst am Leistungsaustausch, am Marktgeschehen teilnimmt, kann überhaupt von einer gemeinsamen wirtschaftlichen Betätigung gesprochen werden.

4. Konsequenz: Keine Einheitsbetrachtung der Gesellschaft in Sachen Einkunftsart

Die Lehre von der partiellen Steuerrechtssubjektivität von Personengesellschaften in Sachen Einkunftsart, die der BFH neuerdings begründet und seither konsequent weiterentwickelt hat, ist meines Erachtens nicht überzeugend. Sie stellt sich als Ausdruck eines Bemühens dar, die Personengesellschaft steuerrechtlich in die Nähe der Körperschaftsteuersubjekte zu rücken, nachdem die Annäherung auf der Ebene der Einkünftequalifikation (vgl. § 8 Abs. 2 KStG) in Teilbereichen (Gepräge-Rechtsprechung) aufgegeben worden ist. Diese Verbindungslinie ist irreführend, weil sie den steuersubjektbezogenen Ausgangspunkt (§ 1 EStG) vernachlässigt.

Zwar erfordert eine gemeinsam ausgeübte wirtschaftliche Betätigung sicherlich Abweichungen bei der Einkünfteermittlung[55] und im Veranlagungsverfahren,[56] da durch die Einkommensteuer die Leistungsfähigkeit der einzelnen natürlichen Personen erfaßt werden soll und sie dementsprechend auf die Betätigung einzelner abstellt; insoweit kann eine Einheitsbetrachtung geboten sein. Diese kann jedoch nicht auf eine die Unterschiede zwischen Zivil- und Steuerrecht verkennende partielle Steuerrechtssubjektivität, sondern nur auf den Grundsatz der Praktikabilität steuerrechtlicher Rechtsanwendung gestützt werden.[57] Dieser zu den Fundamentalprinzipien des Steuerrechts gehörende, vom Bundesverfassungsgericht[58] und der steuerrechtlichen Rechtsprechung[59] häufig bemühte Auslegungsgrundsatz

[53] Vgl. oben S. 69.
[54] Zu den Merkmalen gemeinsamer wirtschaftlicher Betätigung vgl. oben S. 20ff.
[55] Vgl. dazu S. 88ff.
[56] Vgl. dazu S. 95ff.
[57] So auch zutreffend Walz, StRK-Anmerkungen, EStG (bis 1974) § 15 Ziff. 2 R 222.
[58] BVerfG, Beschl. v. 14.3.1967, BVerfGE 21, 209, 217f.; einschränkend jedoch BVerfG, Beschl. v. 15.1.1969, HFR 1969, 245, 247.

besagt, daß die Normen des Steuerrechts so auszulegen sind, daß eine Überkompliziertheit oder praktische Undurchführbarkeit des Gesetzes ausgeschlossen wird.[60] Dieses Auslegungskriterium hat jedoch als primär technisches Prinzip nicht die gleiche Bedeutung wie die übrigen Auslegungsmethoden, ihm kommt im Verfahren der Rechtsanwendung lediglich eine Hilfsfunktion zu.[61]

Die Einheitsbetrachtung bei gemeinsamer wirtschaftlicher Betätigung im Einkommensteuerrecht ist meines Erachtens daher nur geboten, wenn andernfalls ein Verstoß gegen vorrangige verfassungsrechtliche Wertungen, etwa den Gleichheitssatz, vorläge.

---

[59] RFH, Urt. v. 6.6.1928, RFHE 23, 309, 326; BFH, Urt. v. 19.7.1957, BStBl. III, 329; BFH, Urt. v. 28.2.1958, BStBl. III, 196; BFH, Urt. v. 19.12.1963, BStBl. III 1964, 110.

[60] Tipke, Steuerrecht, S. 57; Walz, Steuergerechtigkeit und Rechtsanwendung, S. 170ff.

[61] So zutreffend BFH, Urt. v. 20.5.1969, BStBl. II, 550, 552; BVerfG, Beschl. v. 15.1.1969, HFR 1969, 245, 247.

V. Grundsätze der Zuordnung der steuerbaren Leistung zur „richtigen" Einkunftsart

1. Die Abgrenzung der verschiedenen Einkunftssphären im Prinzip

Die Bestimmung der vom Steuerpflichtigen jeweils konkret verwirklichten steuerbaren Leistung setzt eine Bestimmung des für die Subsumtion heranzuziehenden Sachverhaltes voraus. Im Einkommensteuergesetz ist die Frage, welcher Sachverhalt für eine zutreffende Einkünftequalifikation maßgeblich sein soll, nicht ausdrücklich geregelt. Die Rechtsprechung ist hier zum Teil einen eigentümlichen Weg gegangen: Sie nimmt nicht etwa die Subsumtion eines wie auch immer abgegrenzten Sachverhaltes unter den Tatbestand einer Einkunftsart zum Ausgangspunkt der Überlegungen, sondern qualifiziert die Einkünfte aufgrund der vorherigen Zuordnung von *Wirtschaftsgütern* zum Betriebs- oder Privatvermögen,[1] vertauscht also logisch vorrangige Prüfungsstufen.[2] Meines Erachtens muß ausgehend von der Gesetzessystematik zunächst bestimmt werden, ob der Einteilung in Einkunftsarten eine bestimmte Ordnungsstruktur zugrunde liegt, insbesondere ob eine Rangordnung der Einkunftsarten untereinander besteht.

a) Grundlegung einer Ordnungsstruktur der Einkunftsarten

In der Rechtsprechungspraxis bis etwa Anfang 1970 scheinen die Einkünfte aus Gewerbebetrieb (§ 15 EStG) den Vorrang vor allen übrigen Einkunftsarten zu haben, ohne daß diese Erkenntnis auf eine Gesetzesnorm gestützt worden wäre.[3]

Die unterschiedslose Aneinanderreihung der sieben Einkunftsarten in § 2 Abs. 1 EStG zeigt meines Erachtens, daß diese gleichberechtigt nebeneinan-

---

[1] Besonders deutlich wird dies in der Rechtsprechung zum sog. gewillkürten Betriebsvermögen: Der Steuerpflichtige kann hier durch bloßen Widmungsakt ein Wirtschaftsgut, das objektiv zur Förderung des Betriebes geeignet ist, zum „Betriebsvermögen" bestimmen und damit über die diesbezügliche Einkunftsart selbst disponieren. Kritisch zum Begriff des gewillkürten Betriebsvermögens zurecht Wassermeyer, in: Söhn (Hrsg.), Die Abgrenzung der Betriebs- oder Berufssphäre von der Privatsphäre im Einkommensteuerrecht, S. 315 ff. mit umfangreichen Rechtsprechungsnachweisen.

[2] Nach § 2 Abs. 2 EStG bestimmt sich die Art der Einkünfteermittlung (nur bei Gewinneinkünften gibt es Betriebsvermögen, § 4 Abs. 1 Satz 1 EStG) nach der zuvor festgestellten Einkunftsart.

[3] Siehe dazu oben S. 35; exemplarisch dafür auch die sog. Vervielfältigungstheorie; vgl. dazu etwa BFH, Urt. v. 2.6.1959, BStBl. III, 334.

derstehen. Insbesondere gibt es keine Vermutung für das Vorliegen von Einkünften einer bestimmten Einkunftsart, etwa solchen aus Gewerbebetrieb.[4] Dieser Grundsatz erfährt jedoch Einschränkungen. Das Gesetz bestimmt für die Einkunftsarten Kapitalvermögen (§ 20 Abs. 3 EStG), Vermietung und Verpachtung (§ 21 Abs. 3 EStG) und die sonstigen Einkünfte (§ 22 Nr. 1 Satz 1 EStG; § 22 Nr. 3 Satz 1 EStG; § 23 Abs. 3 EStG) eine bei isolierter Betrachtung des zugrunde liegenden Lebenssachverhaltes abweichende Erfassung bei einer anderen Einkunftsart, wenn sie im Rahmen einer zu dieser gehörenden Tätigkeit erzielt worden sind, oder – so die Formulierung des Gesetzes – „soweit sie zu diesen gehören".[5] Das Gesetz begnügt sich hierbei nicht mit der Anordnung einer generellen „Subsidiarität" einzelner Einkunftsarten, es legt vielmehr ein bestimmtes Ordnungssystem zugrunde: Einkünfte aus sonstigen Leistungen i. S. § 22 Nr. 3 EStG sind sowohl allen anderen Einkunftsarten als auch den übrigen Alternativen der sonstigen Einkünfte (§22 Nrn. 1, 1 a, 2, 4 EStG) nachrangig. Einkünfte aus wiederkehrenden Bezügen sowie Spekulationsgeschäfte sind allen übrigen Einkunftsarten, Einkünfte aus Vermietung und Verpachtung den Einkunftsarten § 2 Abs. 1 Nrn. 1-5 EStG, Einkünfte aus Kapitalvermögen den Einkünften aus Land- und Forstwirtschaft, aus Gewerbebetrieb, aus selbständiger Arbeit und aus Vermietung und Verpachtung nachrangig.

In § 15 Abs. 2 EStG[6] ist der Gewerbebetriebsbegriff so weit gefaßt, daß die Land- und Forstwirtschaft (§ 13 EStG) sowie die selbständige Tätigkeit (§ 18 EStG) ausgegrenzt werden mußten; deren Nichtvorliegen ist negatives Tatbestandsmerkmal des Gewerbebetriebsbegriffs: Eine selbständige, nachhaltige und von Gewinnabsicht getragene Teilnahme am allgemeinen wirtschaftlichen Verkehr ist dann kein gewerbliches Unternehmen, wenn und soweit ein Betrieb der Land- und Forstwirtschaft oder eine selbständige Tätigkeit vorliegt. Ein weiteres, jedoch in § 15 Abs. 2 EStG wie in § 1 GewStDV nicht erwähntes negatives Tatbestandsmerkmal ist das Nichtvor-

---

[4] So zutreffend die neuere Rechtsprechung des BFH, etwa im Urt. v. 21.12.1976, BStBl. II 1977, 244; Schmidt, Einkommensteuergesetz, Anm. 10 b zu § 2 EStG; Tipke FR 1983, 580; Herrmann / Heuer / Raupach, Anm. 25 zu § 2 EStG. Diese Meinung vertraten bereits früher Littmann DStR 1962, 94, 96 und Parczyk StuW 1967, Sp. 723, 727.

[5] So der Wortlaut der §§ 21 Abs. 3 und 20 Abs. 3 EStG.

[6] § 15 Abs. 2 EStG wurde erst durch das Steuerentlastungsgesetz 1984 (BGBl. I 1983, S. 1583) „aus Gründen der Rechtssystematik und -sicherheit" – so die Amtliche Begründung (BT-Drucks. 10/396) – in das Einkommensteuergesetz eingefügt (vgl. dazu Zacharias / Rinnewitz DStR 1984, 193ff.). Die bisher ausschließlich in § 1 GewStDV enthaltene Begriffsdefinition des Gewerbebetriebs sah die Rechtsprechung zuvor wegen der Verweisungsnorm des § 2 Abs. 1 Satz 2 GewStG auch für das Einkommensteuergesetz als maßgeblich an (z.B. BFH, Urt. v. 2.11.1971, BStBl. II 1972, 460), ohne sich mit dieser Norm auseinanderzusetzen, die ja gerade im Gegenteil die Maßgeblichkeit des einkommensteuerrechtlichen Gewerbebetriebsbegriffes für das Gewerbesteuerrecht anordnet.

liegen einer privaten Vermögensverwaltung.[7] Eine solche liegt nach § 14 Satz 3 AO in der Regel vor, wenn Vermögen genutzt, z. B. Kapitalvermögen verzinslich angelegt oder unbewegliches Vermögen vermietet oder verpachtet wird. Aus diesem – ungeschriebenen – Tatbestandsmerkmal könnte der Schluß gezogen werden, die private Vermögensverwaltung ginge – im Gegensatz zu den gesetzlichen Anordnungen der §§ 20 Abs. 3 und 21 Abs. 3 EStG – den Einkünften aus Gewerbebetrieb vor. Das Gegenteil ist jedoch der Fall: Die Abgrenzung der privaten Vermögensverwaltung vom Gewerbebetrieb wird allein nach der Art eines verwirklichten Lebenssachverhaltes vorgenommen. Der Anwendungsbereich der §§ 20 Abs. 3 und 21 Abs. 3 EStG ist hingegen dann eröffnet, wenn ein Lebenssachverhalt bei isolierter Betrachtungsweise seiner Art nach zwar zu den genannten Einkunftsarten gehört, sich bei Einbeziehung eines weiteren Lebenssachverhaltes jedoch ergibt, daß der isoliert betrachtete Sachverhalt unselbständiger Bestandteil einer umfassenderen Leistung des Steuerpflichtigen ist. Die Ausgrenzung der Land- und Forstwirtschaft, der selbständigen Arbeit und der privaten Vermögensverwaltung aus dem Gewerbebetriebsbegriff betrifft also die Frage nach dem *Inhalt* einer steuerbaren Leistung,[8] wohingegen die genannten „Subsidiaritätsklauseln" die *Reichweite* einzelner Einkunftsarten gesetzlich bestimmen.

Als Ergebnis vorstehender Überlegungen bleibt festzuhalten, daß eine Rangordnung der Einkunftsarten untereinander nicht besteht. Sie stehen dennoch nicht etwa beziehungslos nebeneinander, es läßt sich folgende Ordnungsstruktur erkennen: ergibt die Qualifikation der Leistung eines Steuerpflichten, daß ihrer Art nach eine Gewinneinkunftsart (§ 2 Abs. 1 Nrn. 1-3 EStG) vorliegt, so ist die Einkünftequalifikation damit beendet; wird hingegen eine Überschußeinkunftsart (§ 2 Abs. 1 Nrn. 4-7 EStG) festgestellt, so ist nach der zur jeweiligen Einkunftsart gehörigen Subsidiaritätsklausel[9] zu prüfen, ob die Leistung von einer dort aufgeführten, vorrangigen Einkunftsart mit umfaßt wird.

Eine Antwort auf die Frage, unter welchen Voraussetzungen dies der Fall sein soll, gibt das Einkommensteuergesetz jedoch nicht. Die Feststellung, daß Einkünfte aus bestimmten Einkunftsarten Einkünften aus bestimmten

---

[7] Ständige Rechtsprechung; vgl. nur BFH, Urt. v. 4.3.1980, BStBl. II, 389, 391; BFH, Urt. v. 25.2.1982, BStBl. II, 461, 462; BFH, Urt. v. 6.10.1982, BStBl. II 1983, 80, 81; BFH, Beschl. v. 25.6.1984, BStBl. II, 751, 763. Nach der immer wiederkehrenden Formel der Rechtsprechung ist die Vermögensverwaltung durch Fruchtziehung aus zu erhaltendem Substanzwert, gewerbliche Betätigung hingegen durch Ausnutzung substantieller Vermögenswerte durch Umschichtung gekennzeichnet.

[8] Es ist daher unzutreffend, wenn Tipke, Steuerrecht, S. 189 schreibt, die §§ 13 und 18 EStG gingen der Einkunftsart Gewerbebetrieb vor; es besteht insoweit lediglich ein Ausschlußtatbestand.

[9] Dazu oben S. 77.

anderen Einkunftsarten zuzurechnen sind, „soweit sie zu diesen gehören“[10] ist eine Tautologie.

b) Die Bedeutung des Veranlassungsprinzips für die Sphärenabgrenzung

Wie im folgenden zu zeigen sein wird, ist meines Erachtens innerhalb des durch die aufgezeigte Ordnungsstruktur der Einkunftsarten gesetzlich vorgegebenen „Kausalitätsrahmens“[11] das im Einkommensteuerrecht verwurzelte *Veranlassungsprinzip* entscheidend für die Abgrenzung der verschiedenen Einkunftssphären. Bisher ist dieses Prinzip in erster Linie zur Abgrenzung zwischen der steuerbaren Einkünfteerzielung und der einkommensteuerrechtlich irrelevanten Einkommensverwendung herangezogen worden.

Die Rechtsprechung des Bundesfinanzhofes hat die vom Einkommensteuergesetz zur Entcheidung dieser Frage zur Verfügung gestellten Vorschriften (§§ 4 Abs. 4, 9 Abs. 1 EStG einerseits, § 12 Nr. 1 EStG andererseits) auf den gemeinsamen Nenner der Veranlassung gebracht: Entscheidend für die Zuordnung von Wertzugängen/-abgängen soll sein, wodurch sie veranlaßt worden sind;[12] eine betriebliche/berufliche Veranlassung liegt danach vor, wenn die Wertveränderungen objektiv mit der steuerbaren Tätigkeit zusammenhängen und ihr subjektiv zu dienen bestimmt sind.[13]

Ähnlich nimmt die Rechtsprechung die Abgrenzung der Einkunftssphären untereinander vor. Einkünfte, die präexistent mit einer bestimmten steuerbaren Tätigkeit verknüpft sind – Zinsen aus Darlehen führen generell zu

---

[10] So die Formulierungen in §§ 21 Abs. 3, 20 Abs. 3, 22 Nr. 1 Satz 1, 22 Nr. 3 Satz 1 EStG.

[11] Anders Jakob, StRK-Anmerkungen, R. 8 zu § 21 WK EStG 1975, S. 4ff. und Jakob / Jüptner, Steuerfragen der mittelbaren Parteienfinanzierung über Organisationen, S. 80, die eine im EStG vorgegebene Ordnungsstruktur (wohl) nicht annehmen, daher den Umqualifizierungsvorschriften nur deklaratorische Bedeutung beimessen und *allein* das Veranlassungsprinzip entscheidend für die Abgrenzung der Einkunftsarten sein lassen: „Da der Veranlassungszusammenhang mit der *konkreten* steuerbaren Tätigkeit herzustellen ist, wird mit der Veranlassung zugleich über die Frage der Subsidiarität einzelner Einkunftsarten mitentschieden“ (Jakob / Jüptner, a.a.O., S. 80).

[12] St.Rspr.: BFH, Urt. v. 2.3.1962, BStBl. III, 192; BFH, Urt. v. 25.7.1972, BStBl. II, 880; BFH, Urt. v. 11.3.1976, BStBl. II, 380; BFH, Urt. v. 17.4.1980, BStBl. II, 639.

[13] Für die berufliche Veranlassung von Werbungskosten vgl. BFH, Urt. v. 19.2.1982, BStBl. II, 467, 468. Für die betriebliche Veranlassung von Betriebsausgaben BFH, Beschl. v. 21.11.1983, BStBl. II 1984, 160, 163. Für Werbungskosten und Betriebsausgaben gelten also die gleichen Grundsätze. „Eine berufliche bzw. betriebliche Veranlassung ist bei Werbungskosten ... bzw. bei Betriebsausgaben stets dann anzunehmen, wenn objektiv ein Zusammenhang mit dem Betrieb besteht und subjektiv die Aufwendungen zur Förderung des Berufs bzw. des Betriebs gemacht werden.“ (BFH, Urt. v. 28.11.1980, BStBl. II 1981, 368, 369).

Einkünften aus Kapitalvermögen –, sind als einer vorrangigen Einkunftsart zugehörig zu qualifizieren, wenn sie mit dieser in „wirtschaftlichem Zusammenhang“ stehen. Als maßgebliches Kriterium hierfür wird der objektiv erkennbare wirtschaftliche Zweck einer Handlung genannt.[14]

Im Schrifttum finden sich die unterschiedlichsten Auffassungen darüber, was unter dem Rechtsbegriff der Veranlassung in diesem Zusammenhang zu verstehen ist.[15] Weitgehende Übereinstimmung besteht darin, daß jedenfalls nicht-äquivalente Ursachen keinen Veranlassungszusammenhang zwischen Wertveränderungen und einer Einkunftsart begründen können;[16] es scheiden alle Ursachen im Sinne von Ereignissen oder Verhalten eines Steuerpflichtigen als potentiell veranlassungsbegründend aus, die hinweggedacht werden können, ohne daß die beim Steuerpflichtigen eingetretene Wertveränderung entfiele. Die konkrete steuerbare Leistung muß also zumindest einen logisch-naturwissenschaftlichen Zusammenhang zu einer Wertveränderung aufweisen, denn „was schon nicht durch eine Einkunftsart verursacht im naturwissenschaftlich-philosophischen Sinne ist, kann auch rechtlich nicht für eine Steuer relevant sein, die eben wegen dieser Einkunftsart erhoben wird.“[17]

Diese Äquivalenzbetrachtung allein bietet jedoch noch keinen hinreichenden Anhalt für die Zuordnung von Aufwendungen. Fliegt ein Unternehmer zu einem Geschäftsfreund, um mit diesem einen Vertragsabschluß zu tätigen, so können äquivalente Ursachen für den Anfall der Flugkosten nicht nur betriebliche, sondern auch gänzlich private sein; den Entschluß, den Geschäftspartner persönlich aufzusuchen, könnte auch die Freude am Fliegen oder an dem angenehmen Aufenthalt, der ihm anläßlich des Besuches bereitet wird, bewirkt haben.

---

[14] Vgl. z.B. BFH, Urt. v. 9.11.1982, BStBl. II 1983, 172 zur Erfassung von Guthabenzinsen aus Bausparverträgen bei den Einkünften aus Vermietung und Verpachtung und dazu die Anmerkung von Jakob, StRK-Anmerkungen R. 8 zu § 21 WK EStG 1975; BFH, Urt. v. 29.3.1979, BStBl. II, 512 spricht von einem „objektiven, wirtschaftlichen oder tatsächlichen Zusammenhang“.

[15] Vgl. die Darstellung der unterschiedlichen Auffassungen bei Jakob / Jüptner, Steuerfragen der mittelbaren Parteienfinanzierung über Organisationen, S. 84ff., bei Söhn, in: Söhn (Hrsg.), Die Abgrenzung der Betriebs- oder Berufssphäre von der Privatsphäre im Einkommensteuerrecht, S. 13, 21ff. und bei Wanner, in: Jakob (Hrsg.), Die Förderung politischer Parteien über Spendensammelvereine, S. 94, 111ff.

[16] Die Äquivalenztheorie als Ausgangspunkt verwirft Ruppe, in: Söhn (Hrsg.), Die Abgrenzung der Betriebs- oder Berufssphäre von der Privatsphäre im Einkommensteuerrecht, S. 103, 129ff. Dagegen überzeugend Jakob / Jüptner, Steuerfragen der mittelbaren Parteienfinanzierung über Organisationen, S. 104f.m.w.N.: „Wenn und weil der Steuerpflichtige eine steuerbare Tätigkeit ausübt oder ausüben will, sind Aufwendungen, die ohne diese Tätigkeit oder Tätigkeitsabsicht nicht angefallen wären, durch die jeweilige steuerbare Tätigkeit verursacht – ob sie veranlaßt sind, entscheidet sich bei der weiteren Frage privater Mitverursachung“ (S. 107).

[17] Jakob / Jüptner, Steuerfragen der mittelbaren Parteienfinanzierung über Organisationen, S. 103.

Aus dem Kreise der so gewonnenen, oft vielschichtigen Ursachen im Sinne der conditio sine qua non muß aufgrund einer wertenden Beurteilung vielmehr die steuerlich maßgebliche herausgefiltert werden. Dazu wäre eine Kausaltheorie erforderlich, nach der sich die Ursachenketten auffinden ließen, die für die Wertveränderungen im Hinblick auf ihre Steuerbarkeit erheblich sind. Einer grundsätzlichen Betrachtung ist dieses Problem bisher noch kaum unterzogen worden.[18] Dies kann im Rahmen der thematischen Abgrenzung der vorliegenden Untersuchung auch nicht geleistet werden. Sicher erscheint, daß jedenfalls die Kausalitätstheorien des Zivil- oder Strafrechts nicht unbesehen auf das Steuerrecht übertragen werden können,[19] da diese Rechtsgebiete eine völlig unterschiedliche ratio aufweisen. Die Adäquanztheorie im Zivilrecht will den Umfang von Schadensersatzverpflichtungen auf Schäden begrenzen, die für den Schädiger aufgrund der allgemeinen Lebenserfahrung als typische Folgen der schädigenden Handlung voraussehbar waren.[20] Die Äquivalenztheorie im Strafrecht, deren Korrektiv dort das subjektive Moment des Verschuldens ist, untersucht die Ursächlichkeit einer Handlung für einen bestimmten strafbewehrten Erfolg. Im Steuerrecht hingegen entscheidet das Merkmal der Veranlassung über die Zuordnung einer Wertänderung zu einer bestimmten Einkunftsart und damit über deren Steuerbarkeit. Das Auswahlprinzip, nach dem jede juristische Kausalitätstheorie eine Selektion der Kausalfaktoren des letztlich unendlich weiten logisch-naturwissenschaftlichen Kausalitätsbegriffes vornimmt, richtet sich nach dem Zweck, der mit dieser Theorie verfolgt werden soll.[21] Wenn nach dem geltenden Einkommensteuerrecht jeder einzelne nach Maßgabe seiner *Leistungsfähigkeit* Steuern entrichten soll, so muß eine steuerrechtliche Kausaltheorie diesem Leistungsfähigkeitsprinzip Rechnung tragen.[22]

Wie weit das Ursachenfeld ausgehend von einer eingetretenen Wertveränderung zurückzuverfolgen ist, um die *maßgebliche* Ursache (im Sinne eines Ereignisses oder eines Verhaltens des Steuerpflichtigen) bestimmen und sie als einer bestimmten Einkunftsart zugehörig qualifizieren zu können, muß aus dem Einkommensteuergesetz selbst ermittelt werden. Grundsätzlich die

---

[18] Vgl. jetzt aber Jakob / Jüptner, Steuerfragen der mittelbaren Parteienfinanzierung über Organisationen, insbes. S. 82ff. („Veranlassung und Einkommensteuersystem").

[19] Ebenso Jakob / Jüptner StuW 1983, 206, 210 und Jakob, Steuern vom Einkommen I, S. 128; so nunmehr auch BFH GrS, Beschl. v. 28.11.1977, BStBl. II 1978, 105, 108.

[20] Kröger StuW 1978, 289; MüKo-Grunsky, RdNr. 40ff. Vor § 249 BGB; Grunsky vertritt im übrigen die Auffassung, daß diese Theorie entgegen ihrer Bezeichnung als Kausalitätstheorie über die Kausalität nichts besage.

[21] Söhn, in: Söhn (Hrsg.), Die Abgrenzung der Betriebs- oder Berufssphäre von der Privatsphäre im Einkommensteuerrecht, S. 13, 71.

[22] Ebenso Jakob / Jüptner, Steuerfragen der mittelbaren Parteienfinanzierung über Organisationen, S. 107.

letzte Ursache („causa proxima") entscheiden zu lassen, das die Wertveränderung unmittelbar auslösende Verhalten isoliert zu betrachten, kann nicht zutreffend sein: Die sog. Subsidiaritätsklauseln bestimmen bei isolierter Betrachtung des zugrunde liegenden Lebenssachverhaltes (= isolierter Berücksichtigung der „letzten" Ursache) eine abweichende Erfassung der Einkünfte (Wertveränderungen) bei einer anderen Einkunftsart, wenn sich die Leistung des Steuerpflichtigen in der Tatbestandsverwirklichung der jeweiligen Einkunftsart nicht erschöpft, sondern Ausfluß eines Handelns ist, das andere Wesenszüge trägt.

Ein Beispiel: Erzielt ein Steuerpflichtiger Zinsen aus einer Kapitaleinlage bei einem Kreditinstitut, so besteht seine steuerbare Leistung bei isolierter Betrachtung der „letzten" Ursache in der Nutzungsüberlassung von Kapital gegen Entgelt. Aus § 20 Abs. 3 EStG ist jedoch zu folgern, daß die Feststellung der Einkunftsart „Einkünfte aus Kapitalvermögen" nur dann Bestand hat, wenn sich bei einer Zurückverfolgung der Kausalkette nicht ergibt, daß die Nutzungsüberlassung in den „Rahmen" einer anderen in § 20 Abs. 3 EStG aufgeführten Einkunftsart fällt. Ist der Steuerpflichtige Vermieter und handelt es sich bei dem fraglichen Geldbetrag um eine Mietkaution, die der Vermieter zinsbringend anlegt, so ist die Geldanlage Ausfluß der Vermieterleistung, die Zinsen sind wegen § 20 Abs. 3 EStG Einkünfte aus Vermietung und Verpachtung.[23] Bei einem gewerbetreibenden Steuerpflichtigen, dessen Betriebseinnahmen einem Bankkonto zufließen, sind die Zinsen aus diesen Einlagen Einkünfte aus Gewerbebetrieb.

Die aus den vorstehend genannten Vorschriften ableitbare Ordnungsstruktur ist letztlich eine Richtschnur dafür, wie weit die Kausalkette zurückzuverfolgen ist, sie ist meines Erachtens eine Konkretisierung des Veranlassungsprinzips, die die Bedeutung hat zu bestimmen, welche Ursachen in die Kausalitätsbetrachtung mit einbezogen werden dürfen und welche nicht. Das damit verfolgte Ziel ist eine möglichst vollständige Erfassung der objektiven Leistungsfähigkeit des Steuerpflichtigen. Führt die Qualifikation der letzten Ursache einer Wertänderung etwa zur Einkunftsart Gewerbebetrieb, so kommt eine Einbeziehung weiterer Ursachen und eine Bewertung dieser nicht in Betracht: Erzielt ein Steuerpflichtiger mit umfangreichem Wohnungsbestand Einkünfte aus Vermietung und Verpachtung und beteiligt er sich als Kommanditist mit einer Einlage an einem als Kommanditgesellschaft geführten Baugeschäft, so ist letzte Ursache für die Wertzuflüsse aus dem Baugeschäft seine diesbezügliche, als gewerblich zu qualifizierende Beteiligung. Daß die Beteiligung ausschließlich dadurch veranlaßt ist, um auf diese Weise Renovierungen und Reparaturen an den

---

[23] Vorausgesetzt, der Vermieter behält die Zinsen für sich ein. Dies hat zur Folge, daß der Sparerfreibetrag (§ 20 Abs. 4 EStG) sowie der Werbungskosten-Pauschbetrag (§ 9 a Satz 1 Nr. 2 EStG) nicht in Ansatz gebracht werden können.

eigenen Wohnungen schneller und sorgfältiger ausgeführt zu erhalten, ist – wie der Umkehrschluß aus § 21 Abs. 3 EStG beweist – für die Einkünftequalifikation unerheblich.

c) Die Ordnungsstruktur der Einkunftsarten als normative Konkretisierung des Veranlassungsprinzips

Die Frage, ob weitere äquivalente Ursachen einer Ursachenkette bei der Einkünftequalifikation mit einzubeziehen sind, hängt also unmittelbar von der Qualifikation der äquivalenten Letztursache einer Wertveränderung (im Sinne eines Ereignisses oder eines Verhaltens des Steuerpflichtigen) ab. Sie ist zu bejahen, wenn die Subsumtion der Letztursache einer eingetretenen Wertänderung zu einer subsidiären Einkunftsart führt.

Sowohl die Letztursache wie die in der Kausalkette vorhergehenden Ursachen lassen sich jedoch nicht immer eindeutig als allein die Wertveränderung bedingend ausmachen. Haben mehrere Umstände die Wertveränderung verursacht, so ist jede von ihnen (Mit-)Ursache im Rechtssinne. Hier verbleibt allein, in diesem Ursachenfeld den entscheidenden, gewichtigsten oder auslösenden Umstand zu finden.[24] Hierfür ein „subsumtionsfestes Abgrenzungskriterium“[25] zu schaffen, ist bisher nicht gelungen.

Einen Anhalt können zwar die von Jakob / Jüptner[26] angestellten Überlegungen zur Gewichtungsproblematik bei der Frage der Abgrenzung der Einkünfteerzielungs- von der Einkünfteverwendungssphäre bieten. Sie differenzieren nach Wertveränderungen im „Kern“ der Tätigkeitsstruktur einer steuerbaren Tätigkeit (die betriebliche/berufliche Ursachen zu wesentlichen determinieren) und nach solchen in deren „Hof“ (Zunahme der Gewichtigkeit privater Ursachen). Diese Wertungen können meines Erachtens jedoch nicht unbesehen auf die Problematik der Abgrenzung verschiedener Einkunftssphären übertragen werden, da das Veranlassungsprinzip in diesem Bereich von der normativ vorgegebenen Ordnungsstruktur der Einkunftsarten gesteuert wird: Das Vermieten von Wohnungen gehört sicher zum „Kernbereich“ des § 21 EStG, kann jedoch auch zum „Hof“ des § 15 EStG gehören und wird in diesem Fall (§ 21 Abs. 3 EStG) dem „Induktionsbereich“ (Jakob / Jüptner) des § 21 EStG entzogen.

---

[24] So zutreffend Jakob / Jüptner StuW 1983, 206, 212, die hier die Theorie von der wesentlichen Bedingung im Sozialversicherungs- und Beamtenrecht für eine steuerrechtliche Kausalitätstheorie fruchtbar machen wollen. Dagegen bereits früher Tiedtke FR 1978, 493ff., Kröger StuW 1978, 289, 290 und Söhn, in: Söhn (Hrsg.), Die Abgrenzung der Betriebs- oder Berufssphäre von der Privatsphäre im Einkommensteuerrecht, S. 13, 71.

[25] Jakob, Steuern vom Einkommen I, S. 128.

[26] Jakob / Jüptner, Steuerfragen der mittelbaren Parteienfinanzierung über Organisationen, S. 122ff.

Als Ergebnis kann somit festgehalten werden, daß das durch gesetzliche Normierungen konkretisierte Veranlassungsprinzip ein geeignetes Abgrenzungskriterium für die Frage bildet, ob eine Leistung des Steuerpflichtigen einer isolierten Einkünftequalifikation zugänglich oder ob sie selbst wiederum nicht trennbarer Bestandteil einer umfassenderen Leistung ist.

2. Konsequenzen für die Einkünftequalifikation bei gemeinsamer wirtschaftlicher Betätigung

Wird ein potentieller Steuerschuldner in der Absicht der Erzielung einer Vermögensmehrung wirtschaftlich tätig, so muß auf einer ersten Prüfungsstufe festgestellt werden, wer Partner der fraglichen Leistungsbeziehung ist, wem gegenüber die zu qualifizierende Leistung erbracht wird. Sodann ist zu unterscheiden, ob diese Leistung eine Förderungspflicht im Rahmen der Verfolgung eines gemeinsamen Zweckes darstellt,[27] ob mithin eine *gemeinsame* wirtschaftliche Betätigung vorliegt. Ist dies nicht der Fall, handelt es sich also um kein Gesellschafts-, sondern ein Austauschverhältnis, erfolgt die Einkünftequalifikation nach den allgemeinen Kriterien.[28] Wird hingegen eine gemeinsame wirtschaftliche Betätigung festgestellt, ist Gegenstand der Einkünftequalifikation die dem Dritten gegenüber erbrachte Leistung des einzelnen an der gemeinsamen Leistungserstellung Beteiligten.

a) Die isoliert betrachtete Gesellschafterleistung als Teil der Leistungsbeziehung Gesellschaft – Dritter

Ist dieser Beteiligte eine natürliche Person oder ein nicht von § 8 Abs. 2 KStG erfaßtes Körperschaftsteuersubjekt,[29] so ist die isoliert betrachtete Beitragsleistung – unabhängig von einer internen Arbeitsteilung mit den übrigen an der Leistungserstellung Beteiligten – ihrer Art nach mit der gemeinsam erbrachten Leistung identisch: Wenn Voraussetzung gemeinsamer wirtschaftlicher Betätigung ist, daß jeder Beteiligte im zugrunde liegenden gegenseitigen Vertrag den ganzen Zweck der Betätigung – unabhängig von eigenen Motiven – zu seinem eigenen erklärt,[30] so kann die isoliert betrachtete Beitragsleistung nur in einem quantitativen Ausschnitt der Beziehung Personenvereinigung – Dritter bestehen. Oder anders formuliert: Stellt man sich die Leistungsbeziehung als ein Seil vor, daß vom Dritten zur Vereinigung reicht, so endet dieses Seil nicht etwa bei der Vereinigung, son-

[27] Siehe dazu oben S. 20ff.
[28] Vgl. dazu oben S. 76ff.
[29] Zum Fall der Beteiligung einer Personengesellschaft an einer anderen Personengesellschaft siehe sogleich.
[30] Vgl. dazu oben S. 22f.

dern wird zu den einzelnen Beteiligten hin vielmehr aufgedröselt; zwischen dem einzelnen Beteiligten und dem Dritten besteht eine unmittelbare Leistungsbeziehung als quantitativer Ausschnitt der Beziehung Vereinigung – Dritter. Ist der einzelne Beteiligte wiederum selbst kein potentieller Steuerschuldner (z. B. Offene Handelsgesellschaft), so ist der zu diesem Beteiligten führenden Leistungsstrang erneut aufzudröseln, bis jedes Strangende zu einem potentiellen Steuerschuldner führt.

Bildlich läßt sich dieser Sachverhalt wie folgt darstellen:

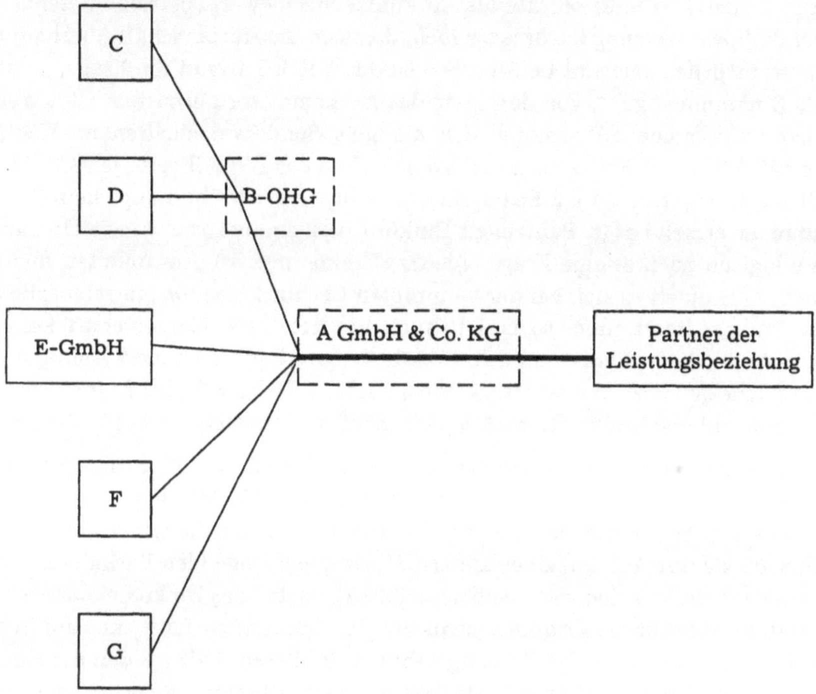

Die Verwirklichung oder Nichtverwirklichung des Tatbestandes einer bestimmten Einkunftsart durch einen potentiellen Steuerschuldner bestimmt sich daher bei isolierter Betrachtung der Beitragsleistung nach den gleichen Kriterien, die Einkünftequalifikation der vereinigten Leistung entspricht der Qualifikation der Beitragsleistung.

Es bestehen daher meines Erachtens keine Bedenken, aus *Praktikabilitätsgründen* die Einkünftequalifikation auf einer ersten Ermittlungsstufe auf der Ebene der vereinigten Leistung vorzunehmen. Insoweit besteht *im Ergebnis* Übereinstimmung mit der Rechtsprechung des Bundesfinanzhofes. Die vorliegende Auffassung vermeidet jedoch die im Einkommensteuergesetz keine Stütze findende These des BFH, die Personengesellschaft sei partielles Steuerrechtssubjekt bei der Feststellung der Einkunftsart.[31]

b) *Die Bedeutung gesellschafterbezogener Qualifikationskriterien*

Diese aufgrund einer isolierenden Betrachtungsweise gefundene Artenqualifikation berücksichtigt jedoch noch nicht die in der Person oder in der (übrigen) wirtschaftlichen Betätigung des einzelnen Beteiligten begründeten Qualifikationskriterien.

Handelt es sich bei dem Beteiligten um ein nach den Vorschriften des HGB buchführungspflichtiges Körperschaftsteuersubjekt,[32] sind gemäß § 8 Abs. 2 KStG „alle Einkünfte als Einkünfte aus Gewerbebetrieb zu behandeln". Voraussetzung dafür ist jedoch, daß sich die Körperschaft überhaupt steuerrechtlich relevant betätigt:[33] § 8 Abs. 1 KStG trennt die Frage, „was als Einkommen gilt", von der, „wie das Einkommen zu ermitteln ist". Was also Einkommen gilt, richtet sich mangels Sondervorschriften im KStG gemäß § 8 Abs. 1 KStG nach den Vorschriften des EStG. Ergibt jedoch eine Überprüfung anhand § 2 EStG, daß die Körperschaft überhaupt kein Einkommen erzielt hat (z. B. mangels Einkünfteerzielungsabsicht), so stellt sich die logisch nachrangige Frage, wie das Einkommen zu ermitteln ist, nicht mehr.[34] Handelt es sich bei der vereinigten Leistung also um eine steuerlich irrelevante Betätigung, so erzielt auch die beteiligte Körperschaft keine Einkünfte. Andernfalls sind ihre Einkünfte, gleichgültig ob die Vereinigung als solche gewerblich tätig ist, gemäß § 8 Abs. 2 KStG, § 2 Abs. 2 Nr. 1 EStG als gewerbliche Einkünfte nach §§ 4ff. EStG zu ermitteln.

Bei einer beteiligten natürlichen Person muß im Anschluß an die Qualifikation der vereinigten Leistung festgestellt werden, ob sich die Tatbestandsverwirklichung des Steuerpflichtigen in dieser Leistung erschöpft oder ob sie nur Ausfluß eines andere Wesenszüge tragenden Verhaltens ist, dem nach der aus den sog. „Subsidiaritätsklauseln" des Einkommensteuergesetzes ableitbaren Ordnungsstruktur der Einkunftsarten[35] im Hinblick auf die Qualifikation der Vorrang gebührt. In diesem Fall werden die Einkünfte aus der gemeinsamen Betätigung „umqualifiziert". So erbringt etwa der Gesellschafter einer Grundbesitz vermietenden Personengesellschaft, dessen Beteiligung eigenbetriebliche Gründe hat, eine gewerbliche Leistung.[36]

---

[31] Zur Auffassung des BFH und den Schrifttumsmeinungen siehe oben S. 41ff., zur Kritik daran S. 72f.

[32] Im wesentlichen Kapitalgesellschaften; so die Aktiengesellschaft (§ 3 AktG, § 6 HGB), die Kommanditgesellschaft auf Aktien (§§ 278, 3 AktG, § 6 HGB) und die GmbH (§ 13 GmbHG, § 6 HGB).

[33] Eine GmbH kann bspw. gemäß § 1 GmbHG „zu jedem gesetzlich zulässigen Zweck", also auch zu steuerrechtlich irrelevanten Zwecken (keine Gewinnerzielungsabsicht) gegründet werden. Vgl. dazu Loidl, Die GmbH ohne erwerbswirtschaftliche Zielsetzung.

[34] Ähnlich BFH, Urt. v. 4.3.1970, BStBl. II, 471, 472.

[35] Dazu oben S. 78.

3. Zusammenfassende Darstellung des eigenen Einkünftequalifikationsmodells bei gemeinsamer wirtschaftlicher Betätigung

Wird eine gemeinsame wirtschaftliche Betätigung festgestellt,[37] so sind zunächst die einzelnen an der gemeinsamen Leistungserstellung beteiligten Steuerrechtssubjekte zu ermitteln. Subjekt der Einkünftequalifikation kann nur ein einzelnes Steuerrechtssubjekt sein. Gegenstand der Einkünftequalifikation ist die vom einzelnen Steuerrechtssubjekt einem Dritten gegenüber erbrachte steuerbare Leistung.

Die Zuordnung dieser Leistung zur „richtigen" Einkunftsart setzt eine Bestimmung der für die Wertveränderung maßgeblichen Ursache voraus. Diese kann ausgehend von der äquivalenten Letztursache einer Wertveränderung mit Hilfe des durch die Ordnungsstruktur der Einkunftsarten gesetzlich konkretisierten Veranlassungsprinzips ermittelt werden.

Letztursache einer Wertveränderung bei gemeinsamer wirtschaftlicher Betätigung ist die Beitragsleistung des Gesellschafters als quantitativer Ausschnitt der „Leistungsbeziehung" Personenvereinigung – Dritter. Gesellschafterbezogene Qualifikationskriterien sind maßgeblich, wenn dies im Einzelfall gesetzlich angeordnet (§ 8 Abs. 2 KStG) oder die isoliert betrachtete Beitragsleistung lediglich Teil einer umfassenderen Leistung des Steuerrechtssubjekts ist, deren Qualifikation zu einer nach der Ordnungsstruktur der Einkunftsarten vorrangigen Einkunftsart führt.

---

[36] Es ist meines Erachtens irreführend, wenn in diesen Fällen von einem „Halten der Beteiligung in einem Betriebsvermögen" gesprochen wird; der betrieblich beteiligte Gesellschafter erbringt vielmehr eine gewerbliche Leistung und nur aufgrund dessen handelt es sich bei den dafür eingesetzten Wirtschaftsgütern – anteilig – um Betriebsvermögen.

[37] Zu den für deren Annahme erforderlichen Kriterien vgl. oben S. 20ff.; unterstellt wird, daß die tätig werdende Personenvereinigung nicht selbst körperschaftsteuerrechtsfähig ist.

VI. Folgerungen für die Einkünfteermittlung und das Besteuerungsverfahren

Sind die Leistungen sämtlicher Gesellschafter derselben Einkunftsart zuzuordnen, ergeben sich für die Einkünfteermittlung und das Besteuerungsverfahren keine Probleme, da die steuerbare Leistung des Gesellschafters und die „Leistung" der Gesellschaft qualitativ identisch sind. Die Einkünfteermittlung kann daher aus Praktikabilitätserwägungen auf der Ebene der Gesellschaft vorgenommen und jedem Gesellschafter ein seiner Beteiligungsquote entsprechender Ergebnisanteil „zugerechnet" werden.

1. Die Einkünfteermittlung bei unterschiedlicher Qualifikation der Gesellschafterleistungen

Wie die Einkünfteermittlung hingegen bei einer unterschiedlichen Qualifikation der einzelnen steuerbaren Leistungen der Gesellschafter im einzelnen vorzunehmen ist, ist – insbesondere in der Folge des „Gepräge-Rechtsprechungsbeschlusses" des Großen Senats – äußerst umstritten.[1]

Diese Meinungsvielfalt überrascht: In der Konsequenz der Auffassung der Rechtsprechung und der herrschenden Meinung von der Einheit der Personengesellschaft, ihrer einkommensteuerrechtlichen Qualität als partielles Steuerrechtssubjekt in Sachen Einkunftsart und Einkunftsermittlung, als Subjekt der Einkünfteerzielung liegt es doch, daß die Gesellschaft als solche die steuerbare Leistung erbringt.[2] Der Gesellschafter erzielt nicht selbst Einkünfte, ihm werden Einkünfte der Gesellschaft *vermittelt*. Wenn also der Prozeß der Einkünfteermittlung auf Gesellschaftsebene abgeschlossen ist, so erhält der Gesellschafter lediglich einen rechnerischen Einkünfteanteil zugewiesen, der bei ihm – rechnerisch unverändert – in der Einkunftsart Gewerbebetrieb erfaßt wird. Da bei der Veräußerung von Wirtschaftsgütern des Gesellschaftsvermögens einer vermögensverwaltenden Gesellschaft kein steuerbarer Überschuß anfällt,[3] kann daher dem betrieblich beteiligten Gesellschafter auch kein steuerbarer Überschußanteil vermittelt werden.[4]

---

[1] Vgl. die Darstellung der verschiedenen Auffassungen oben auf S. 44ff.

[2] Vgl. dazu oben S. 70.

[3] Soweit die Voraussetzungen eines Spekulationsgeschäftes nicht vorliegen, §§ 22 Nr. 2, 23 EStG.

[4] Diese Konsequenz sehen auch Jakob, in: StRK-Anmerkungen R. 5 zu § 15 Abs. 2 EStG 1975, S. 8f., Jurkat GmbHR 1985, (I.) 62, 69 und Söffing FR 1985, 359.

Da offenbar nicht sein kann, was nicht sein darf, wird diese den aufgestellten Prämissen allein gerecht werdende Einkünfteermittlungsmethode nicht ernsthaft erwogen.

a) Der Gesellschaftsanteil als Wirtschaftsgut des betrieblich beteiligten Gesellschafters

Nach einer Auffassung im Schrifttum[5] hat der betrieblich beteiligte Gesellschafter in seiner Steuerbilanz wie bei der Beteiligung an einer Kapitalgesellschaft nur den Gesellschaftsanteil als Wirtschaftsgut anzusetzen und zu bewerten und versteuert ausschließlich „Ausschüttungen“ sowie einen Gewinn aus der Beteiligungsveräußerung.

Dies kann schon deshalb nicht zutreffend sein, weil die Qualifizierung der Einkünfte aus einer Überschußgesellschaft als Einkünfte aus Gewerbebetrieb nicht etwa darauf beruht, daß ein wie immer geartetes Wirtschaftsgut „Beteiligung“ bei dem Gesellschafter Betriebsvermögen ist, sondern allein darauf, daß sich der Gesellschafter gewerblich betätigt: er allein ist Einkünfteerzieler im Sinne § 2 Abs. 1 EStG. Der Personengesellschafter unterscheidet sich vom Kapitalgesellschafter gerade dadurch, daß jener eine eigene unternehmerische Tätigkeit entfaltet, während dieser nur ein Entgelt für die Nutzungsüberlassung von Kapital an die Gesellschaft erhält.

Im übrigen führt die Betrachtung des Wirtschaftsgutes „Beteiligung“ als Betriebsvermögen auch dazu, daß es der Personengesellschaft ermöglicht wird, Gewinne, die sie durch die Veräußerung von Vermögensgegenständen ihres Vermögens erzielt und nicht ausschüttet, zu thesaurieren.[6] Übte der betrieblich beteiligte Gesellschafter seine Tätigkeit als Einzelgewerbetreibender aus, wäre dies unstreitig ebensowenig möglich wie bei einer gewerblich tätigen Personengesellschaft oder einer Körperschaft. Bei einer gewerblich tätigen Personengesellschaft wird der Gewinn oder Verlust der Gesellschaft dem Gesellschafter nach herrschender Auffassung „unmittelbar und anteilig zugerechnet“, unabhängig davon, ob der Gewinnanteil entnahmefähig ist, insbesondere ob die Gesellschaft eine Gewinnausschüttung beschließt und der Gewinnteil dem einzelnen Gesellschafter zufließt.[7] Körperschaften entrichten eine eigene „Einkommensteuer der juristischen Person“. Dieser Wertungswiderspruch macht die Unhaltbarkeit der These von der einkommensteuerrechtlichen Selbständigkeit der Personengesellschaft gegenüber ihren Gesellschaftern offensichtlich.

---

[5] Knobbe-Keuk, Bilanz- und Unternehmenssteuerrecht, S. 391ff.; dies. BB 1985, 473ff.; Mellwig DB 1985, 2066, 2071.

[6] So ausdrücklich Knobbe-Keuk BB 1985, 473, 476.

[7] Ständige Rechtsprechung, vgl. BFH, Beschl. v. 10.11.1980, BStBl. II 1981, 164, 167; BFH, Urt. v. 29.9. 1981, BStBl. II 1982, 113, 115.

b) Die rechnerische Ergänzung des Überschußanteils durch Veräußerungsgewinne

Auch die Auffassung, den betrieblich beteiligten Gesellschaftern zwar einen als gewerbliche Einkünfte qualifizierten, aber rechnerisch grundsätzlich unveränderten Anteil an den Überschußeinkünften „zuzurechnen", lediglich rechnerisch ergänzt um die bei der Ermittlung der Überschußeinkünfte außer Ansatz gebliebenen Gewinne oder Verluste aus der Veräußerung von Wirtschaftsgütern des Gesellschaftsvermögens,[8] begegnet Bedenken. Wie diese Veräußerungsgewinne ermittelt werden sollen, wird nicht deutlich gemacht. Offenbar soll auf der Ebene der Gesellschaft zunächst eine zweite „Einnahmenüberschußrechnung" stattfinden, bei der als Einnahmen/Werbungskosten alle Güter in Geld oder Geldeswert, die bei der Gesellschaft zufließen/abfließen, zu erfassen sind und die nicht schon bei der Ermittlung der aufgrund §§ 8ff. EStG durchgeführten Überschußrechnung erfaßt worden sind. Das rechnerische Ergebnis dieser „Zweitrechnung" wird beim Gesellschafter als gewerbliche Einkunft erfaßt.[9]

Die zeitliche Zurechnung (Realisierung) von Einkünften richtet sich bei diesem Modell daher auch beim gewerblich beteiligten Gesellschafter nach § 11 Abs. 1 EStG. Diese Auffassung führt im Vergleich mit dem Einzelgewerbetreibenden zu völlig abweichenden Ergebnissen: Die steuerliche Irrelevanz von Forderungen und Schulden führt nicht nur zu Verschiebungen des Besteuerungszeitpunktes, sondern wirkt sich vor allem beim Ausfall einer Forderung aus. Veräußert etwa eine Vermietungsgesellschaft ein Mietshaus und ist die Kaufpreisforderung uneinbringlich, so ist dies für den betrieblich beteiligten Gesellschafter ohne jede Auswirkung auf seine Besteuerung; beim Einzelgewerbetreibenden hingegen ist der Forderungsausfall zweifelsohne gewinnwirksam: Die Forderung wird abgeschrieben. Auch die Veräußerung des Gesellschaftsanteils eines betrieblich beteiligten Gesellschafters ist steuerlich irrelevant, weil damit auf der nach diesem Lösungsmodell allein entscheidenden Ebene der Gesellschaft keinerlei Geldzu- oder -abflüsse verbunden sind. Schon diese Beispiele zeigen, daß die Ergebnisse dieses Modells unter Leistungsfähigkeitsgesichtspunkten unhaltbar sind. Aber auch Praktikabilitätsüberlegungen sprechen gegen diesen Vorschlag: Sind Gesellschafter einer vermögensverwaltenden Personengesellschaft ausschließlich Kapitalgesellschaften und/oder betrieblich beteiligte Personen, so bleibt hiervon, da die Personengesellschaft partielles

---

[8] So Erdweg FR 1984, 601, 603; Jurkat GmbHR 1985, 62, 69; Wollny DStZ/A 1985, 107, 109 und wohl auch BFH, Beschl. v. 25.6.1984, BStBl. II, 751, 763.

[9] Einen Anhalt für diese Interpretation könnte man in einer Äußerung Wollny's (DStZ/A 1985, 107, 109 a.E.) sehen: „Forderungen dürfen nicht erfaßt oder abgeschrieben werden, denn das würde – da diese Methode nicht auf Forderungen beschränkbar wäre – zu einer Beseitigung des Zu- und Abflußprinzips führen."

Steuerrechtssubjekt in Sachen Einkunftsart und Einkunftsermittlung ist,[10] die Einkünftequalifikation unberührt. Für Besteuerungszwecke der Gesellschafter ist eine Überschußrechnung auf der Ebene der Gesellschaft jedoch völlig überflüssig.

c) Die Gewinnermittlung aufgrund einer „Als-Ob-Steuerbilanz"

Die überwiegende Meinung im Schrifttum will nach einer von Groh entwickelten Methode[11] dadurch zu einer zutreffenden Besteuerung des betrieblich beteiligten Gesellschafters gelangen, daß die Gesellschaft neben der Überschußermittlung eine Gewinnermittlung aufgrund einer aus der regelmäßig zu erstellenden Handelsbilanz abgeleiteten sog. „Als-Ob-Steuerbilanz"[12] vornehmen muß und ein rechnerischer Anteil des so ermittelten Gewinns der Gesellschaft dem betrieblich beteiligten Gesellschafter zugerechnet wird. Der Vierte Senat des BFH, dem Groh angehört, tendiert offenbar in den zwei bisher in der Folge des „Gepräge-Rechtsprechungsbeschlusses" ergangenen Urteilen[13] zu dieser Lösung; zwar äußert er sich hier – wie schon der Große Senat – nicht ausdrücklich, doch läßt die jeweilige Verweisung auf den Aufsatz von Groh[14] dies vermuten.

Zuzustimmen vermag ich nur dem Ausgangspunkt dieses Lösungsansatzes, daß eine sog. „Umqualifikation"[15] notwendig auch die Anpassung der Art der Einkunftsermittlung nach sich zieht; eine Feststellung, die angesichts der eindeutigen gesetzlichen Anordnung in § 2 Abs. 2 EStG selbstverständlich sein sollte.[16] Die mehrfach erwähnten Subsidiaritätsklauseln[17] wären ohne gleichzeitige Änderung der Art der Einkünfteermittlung ihres Sinnes beraubt.[18].

---

[10] So für den Fall der ausschließlichen Beteiligung von Kapitalgesellschaften bereits BFH, Urt. v. 22.11.1972, BStBl. II 1973, 405, 406, das allerdings zur Gewerbesteuer ergangen ist.

[11] Groh DB 1984, 2373, 2375; ihm zustimmend Herzig / Kessler DB 1985, 2476, 2480; Schulze-Osterloh DStZ/A 1985, 315, 319; Woerner BB 1985, 1053; Coen WPg. 1985, 380; Herrmann / Heuer / Raupach, Einkommensteuergesetz, RdNr. 836 zu § 6 EStG; Schmidt, Einkommensteuergesetz, Anm. 45 zu § 15 EStG.

[12] Betriebsvermögensvergleich nach §§ 5, 4 Abs. 1 EStG.

[13] BFH, Urt. v. 17.1.1985, BStBl. II, 291, 292; BFH, Urt. v. 7.2.1985, BStBl. II, 372, 373.

[14] DB 1984, 2373 ff.

[15] Nach meiner Auffassung (vgl. oben S. 81 ff.) handelt es sich hierbei allein um einen Anwendungsfall des Veranlassungsprinzips, der Ausdruck „Umqualifikation" ist daher irreführend.

[16] Anders jedoch Schellenberger StbJb. 1983/84, S. 121, 135 ff.

[17] Siehe oben S. 78 f.

[18] In diesen Fällen geht man daher wie selbstverständlich von der zur „richtigen" Einkunftsart gehörenden Einkünfteermittlungsart aus, vgl. Schmidt, Einkommensteuergesetz, Anm. 50 zu § 20 und Anm. 18 zu § 21 EStG, jeweils m. w. N.

Einzuwenden ist jedoch, daß das regelmäßige Vorliegen einer Handelsbilanz zu Unrecht unterstellt wird. Wirtschaftlich tätige Gesellschaften bürgerlichen Rechts sind keine Handelsgesellschaften und haben daher auch keine Handelsbilanz aufzustellen. Daß eine „vermögensverwaltende" OHG oder KG wegen ihrer Kaufmannseigenschaft immer eine solche aufzustellen habe, ist eine häufig vorgetragene,[19] meist jedoch nicht näher begründete[20] Hypothese, die einer kritischen Überprüfung nicht standhält.

Gemäß § 238 Abs. 1 Satz 1 HGB ist jeder *Kaufmann* verpflichtet, Bücher zu führen. Kaufmann im Sinne des HGB ist, wer ein Handelsgewerbe betreibt (§ 1 Abs. 1 HGB). Eine bloße Vermögensnutzung, etwa die verzinsliche Anlage von Kapitalvermögen oder die Vermietung oder Verpachtung unbeweglichen Vermögens, gilt nicht als Handelsgewerbe im Sinne § 1 Abs. 2 Nrn. 1-9 HGB. Die Gesellschaft erwirbt die Kaufmannseigenschaft unabhängig von ihrer Handelsregistereintragung und von Art und Umfang ihres Geschäftsbetriebes auch nicht nach § 2 HGB, da die Tätigkeit auch bei dieser Norm die allgemeinen Anforderungen an den Gewerbebegriff erfüllen muß.[21] Was den Bedeutungsgehalt von „Gewerbe" ausmacht, sagt daß Gesetz nicht; es setzt ihn voraus.[22] Meines Erachtens wird eine private Vermögensverwaltung, die durch bloße Fruchtziehung aus zu erhaltendem Substanzwert gekennzeichnet ist, selbst dann nicht zum Gewerbe, wenn etwa bei einer vermietenden Tätigkeit der vermietete Grundbesitz sehr umfangreich ist und der Verkehr mit vielen Mietern erhebliche Verwaltungstätigkeit mit sich bringt: Nicht Quantität, sondern Qualität des Handelns macht den Gewerbebegriff aus. Die OHG/KG ist auch nicht Kaufmann kraft Eintragung im Sinne § 5 HGB; diese Norm sperrt lediglich den Einwand, daß das „unter der Firma betriebene *Gewerbe*" kein Handelsgewerbe oder ein minderkaufmännisches sei. Über fehlende Merkmale eines Gewerbes als

---

[19] Schellenberger, StbJb. 1983/84, S. 121, 122ff.; Schulze-Osterloh, in: Kruse (Hrsg.), Die Grundprobleme der Personengesellschaft im Steuerrecht, S. 131, 136ff. m.w.N.

[20] Zur handelsrechtlichen Einordnung der Immobilien-KG meint Schellenberger (StbJb. 1983/84, S. 121, 122): „Mitunter muß man auch zu Banalitäten ein Wort verlieren. Wir alle wissen, daß die Immobilien-KG keine Gesellschaft minderen Ranges ist und daß dies auch für den Gesellschafter gilt. Was soll man aber davon halten, wenn ‚vermögensverwaltenden Kommanditgesellschaften' die Kaufmannseigenschaft abgesprochen wird . . . "

[21] „Ein handwerkliches oder sonstiges gewerbliches Unternehmen, dessen *Gewerbebetrieb* . . . " (§ 2 Satz 1 HGB); ebenso § 1 Abs. 2 HGB: „Als Handelsgewerbe gilt jeder *Gewerbebetrieb*, . . . "; dies wird häufig nicht gesehen und der in kaufmännischer Weise eingerichtete Geschäftsbetrieb wird selbst der Qualifikation als Gewerbe unterzogen. Diesem Irrtum dürften Schellenberger, StbJb. 1983/84, S. 121, 122 und Schulze-Osterloh, in: Kruse (Hrsg.), Die Grundprobleme der Personengesellschaft im Steuerrecht, S. 131, 137 unterlegen sein.

[22] Auf eine ausführliche Darstellung der Elemente des handelsrechtlichen Gewerbebetriebsbegriffs kann hier verzichtet werden; vgl. dazu die Darstellung bei Staub-Brüggemann, Großkommentar zum HGB, RdNr. 5ff. zu § 1 HGB m.w.N.

solches hilft auch § 5 HGB nicht hinweg.[23] Eine Handelsgesellschaft im Sinne § 6 HGB liegt daher bei der sog. „vermögensverwaltenden OHG/KG" nicht vor, da diese Gesellschaften gemäß § 105 Abs. 1 HGB bzw. § 161 Abs. 1 HGB („eine Gesellschaft deren Zweck auf den *Betrieb eines Handelsgewerbes* gerichtet ist, . . .") ausschließlich zufolge ihres Gewerbes Handelsgesellschaften sind.

Die sog. „vermögensverwaltende OHG/KG" existiert somit meines Erachtens nicht, sie ist in Wahrheit Gesellschaft bürgerlichen Rechts[24] und daher als solche nicht zur Führung von Handelsbüchern verpflichtet.[25] Der These, eine „vermögensverwaltende OHG/KG" müsse immer eine Handelsbilanz aufstellen, hätte also die Beantwortung der Frage vorangehen müssen, ob jemand, der sich nur vermögensverwaltend betätigt, Kaufmann sein kann.[26]

Die Möglichkeit, eine Steuerbilanz der Gesellschaft aufgrund einer bereits vorliegenden Handelsbilanz zu erstellen, entfällt also.[27] Darüber hinaus ist eine Rechtsgrundlage für eine zweite steuerliche Ergebnisermittlung nicht ersichtlich.[28] Der Gesellschafter hat daher wohl auch keinen Rechtsanspruch gegen die Gesellschaft auf Erstellung einer solchen „Als-Ob-Bilanz".

Dennoch ist nicht zu leugnen, daß diese Ermittlungsmethode im Ergebnis zu einer zumindest annähernd leistungsfähigkeitskonformen Besteuerung

---

[23] Ebenso Staub-Brüggemann, Großkommentar zum HGB, RdNr. 21 zu § 5 HGB.

[24] Sog. „Schein-KG"; diese Auffassung wird auch von der gesellschaftsrechtlichen (BGH, Urt. v. 13.7.1972, NJW 1972, 1660; BGH, Urt. v. 9.12.1974, WM 1975, 99; BayObLG, Beschl. v. 13.11.1984, BB 1985, 78) und steuerrechtlichen Rechtsprechung (BFH, Urt. v. 12.10.1983, BStBl. II 1984, 144, 145; BFH, Urt. v. 25.4.1985, BStBl. II, 519, 520) vertreten. Ebenso Durchlaub DStR 1975, 311, 313f.; Uelner / Dankmeyer DStZ/A 1981, 12, 22; Svoboda BB 1966, 684; *a.A.* Groh JbFfSt. 1979/80, 209, 215; Schellenberger StbJb. 1983/84, 121, 122; letztere unter meines Erachtens belanglosem Hinweis auf die Billigung der vermögensverwaltenden Handelsgesellschaft durch den Gesetzgeber in § 12 a des 2. Wohnungsbaugesetzes (vom 30.7.1980, BGBl. I, S. 1085). Die beschränkte Haftung der als Kommanditisten im Handelsregister eingetragenen Gesellschafter bleibt jedoch bestehen, da die Rechtsscheinhaftung regelmäßig nicht weiter als beim Bestehen einer Kommanditgesellschaft reicht, vgl. hierzu BGH, Urt. v. 25.6.1973, BGHZ 61, 59 und BGH, Urt. v. 26.11.1979, NJW 1980, 784.

[25] Sog. Scheinkaufleute sind nicht zur Führung von Handelsbüchern verpflichtet, vgl. Schlegelberger-Hildebrandt, RdNr. 5 zu § 38 HGB.

[26] Dieser Frage ist bisher durch die großzügig gehandhabte Eintragungspraxis der Registergerichte nicht genügend Aufmerksamkeit gewidmet worden. Anders nunmehr der Beschluß des BayObLG v. 13.11.1984, NJW 1985, 982, nach dem eine GmbH & Co. KG selbst die Kaufmannseigenschaft nach §§ 1 bis 3 HGB haben muß, es also nicht genügt, daß die Komplementär-GmbH (§ 13 Abs. 3 GmbHG) Kaufmann ist: „Die Kaufmannseigenschaft eines der Gesellschafter kann der Gesellschaft (des Bürgerlichen Rechts) nicht die fehlende Kaufmannseigenschaft vermitteln" (S. 983). Vgl. zu diesem Beschluß die zustimmenden Anmerkungen von K. Schmidt JuS 1985, 416 und George BB 1985, 544 sowie Flume DB 1985, 1152, 1153.

[27] Es sei denn, die Gesellschaft erstellt eine Handelsbilanz auf freiwilliger Basis.

[28] Darauf weisen Schellenberger StbJb. 1983/84, S. 121, 135ff. und Knobbe-Keuk BB 1985, 473, 474 zutreffend hin.

der Gesellschafter führt. Verzerrungen ergeben sich jedoch dadurch, daß die betrieblich beteiligten Gesellschafter nach der neuen steuerrechtlichen Auffassung keine Mitunternehmer der Gesellschaft sind, diese selbst keine Mitunternehmerschaft ist. So können sie etwa im Falle der Betriebsaufgabe der Gesellschaft (§§ 16 Abs. 3 Satz 1, 16 Abs. 1 Nr. 1 EStG) oder der Veräußerung des Gesellschaftsanteils (§ 16 Abs. 1 Nr. 2 EStG) die Vergünstigung des § 34 Abs. 2 EStG (halber Steuersatz) nicht in Anspruch nehmen. Nicht gerechtfertigte Abweichungen von der Behandlung der Gesellschafter einer gewerblich tätigen Personengesellschaft ergeben sich auch bei der Betrachtung von Rechtsbeziehungen zwischen der Gesellschaft und den Gesellschaftern: Überläßt der betrieblich beteiligte Gesellschafter der Gesellschaft etwa ein Grundstück zur Nutzung, findet § 15 Abs. 1 Nr. 2 EStG keine Anwendung – der Gesellschafter ist nicht Mitunternehmer. Weist das überlassene Grundstück keine Beziehungen zum Betrieb des Gesellschafters auf, bleibt es Privatvermögen, der Mietzins ist Einkunft aus Vermietung und Verpachtung (§ 21 EStG). Veräußert der Gesellschafter ein in seinem Privatvermögen befindliches Grundstück an die vermögensverwaltende Gesellschaft, an der er beteiligt ist, so soll er den ihm verbleibenden Teil am Wirtschaftsgut zugunsten seiner Beteiligung in sein Betriebsvermögen einlegen, bei Weiterveräußerung durch die Gesellschaft soll es nur zur Teilrealisierung stiller Reserven kommen. Im Ergebnis bedeutet dies nichts anderes als die Wiedereinführung alter Bilanzbündeltheorievorstellungen. Begründet wird dies mit der steuerlichen Behandlung des Gesellschaft wie eine Bruchteilsgemeinschaft.[29] Man fragt sich zurecht, was bei der Frage der technischen Umsetzung von dem vielzitierten Steuerrechtsmodell der Einheit der Personengesellschaft übrig geblieben ist. Derartige Friktionen lassen sich nach diesem Modell meines Erachtens nur vermeiden, wenn die Als-Ob-Betrachtung konsequent zu Ende geführt wird: Die Überschußgesellschaft ist als „Als-Ob-Mitunternehmerschaft", der betrieblich beteiligte Gesellschafter als „Als-Ob-Mitunternehmer" zu behandeln.

Letztlich führt dieser Weg damit zu einer reinen Betrachtung der Dinge aus der Sicht des Gesellschafters: Die Gesellschaft ist ausschließlich Medium des Gesellschafters für dessen eigene Tätigkeit, mit keinerlei eigenständigen, vom Gesellschafter unabhängigen Merkmalen mehr ausgestattet. Insbesondere die Einkünftequalifikation und die Einkünfteermittlung richten sich allein nach den Verhältnissen des Gesellschafters.

Die Bedeutung der Einheitsbetrachtung reduziert sich nach diesem (weiterentwickelten) Lösungsmodell auf der Ermittlungsebene somit darauf, auf möglichst praktikablem Weg zu einer sachlich zutreffenden Besteuerung der beteiligten Steuersubjekte zu gelangen; auf dieser Ebene wird sie als

[29] So Groh DB 1984, 2373, 2376 m.w.N.

rein technisches Prinzip verstanden, das keine Abweichungen im Besteuerungsverfahren rechtfertigt.

d) Eigene Auffassung: Die ausschließlich gesellschafterbezogene Einkünfteermittlung

Die der Einheitsbetrachtung hohen Eigenwert beimessende Rechtsprechung gelangt zu diesem – meines Erachtens unter Leistungsfähigkeitsgesichtspunkten allein vertretbaren Ergebnis – nur auf verschlungenen Pfaden, die bei dem oben aufgezeigten, die Normen des Einkommensteuergesetzes selbst als Ausgangspunkt der Überlegungen heranziehenden eigenen dogmatischen Verständnis entbehrlich sind.

Wenn die relevante steuerbare Leistung bei gemeinsamer wirtschaftlicher Betätigung die Leistung eines jeden Gesellschafters dem Dritten gegenüber ist, so erbringt der Gesellschafter einer Grundbesitz vermietenden Personengesellschaft, dessen Beteiligung betriebliche Gründe hat, eine originär gewerbliche Leistung; einer „Umqualifizierung" bedarf es hierzu nicht. Diese Leistung ist Teil des gewerblichen Unternehmens des Gesellschafters. Er hat seine Einkünfte aus der Beteiligung daher nach § 15 Abs. 1 Nr. 1 EStG zu ermitteln, seine Beitragsleistung erbringt er wie ein gewerblicher Alleinunternehmer. Mitunternehmer nach § 15 Abs. 1 Nr. 2 EStG ist ein Beteiligter bei gemeinsamer wirtschaftlicher Betätigung nur dann, wenn die isoliert betrachtete Beitragsleistung und damit die Art der Tätigkeit der Gesellschaft eine gewerbliche ist.

2. Die einheitliche und gesonderte Feststellung gemeinsam erwirtschafteter Einkünfte

Auch bei gemeinsamer wirtschaftlicher Betätigung kann den Tatbestand, an den das Gesetz die (Steuer-) Leistungspflicht knüpft, nur eine natürliche Person als alleiniges Rechtssubjekt der Einkommensteuer[30] verwirklichen, nur gegen sie kann sich der Steueranspruch als Ausfluß des Steuerschuldverhältnisses richten.[31] Abweichungen gegenüber einzeln tätig werdenden Steuerrechtssubjekten ergeben sich jedoch im Besteuerungsverfahren insoweit, als die Besteuerungsgrundlagen[32] abweichend von § 157 Abs. 2 AO[33]

---

[30] Bzw. die in § 1 Abs. 1 Nrn. 1-6 KStG aufgeführten Körperschaften, Personenvereinigungen und Vermögensmassen als alleinige Rechtssubjekte der Körperschaftsteuer.

[31] Vgl. dazu bereits oben S. 15ff.

[32] „Besteuerungsgrundlagen" sind nach zutreffender Auffassung von Tipke / Kruse, AO, RdNr. 7 zu § 157 AO die quantitativen rechtlichen Inbegriffe, an die die Besteuerung anknüpft, wie z.B. bestimmte Einkunftsarten und ihre Quantität, Gewinn, Ertrag.

gesondert (§ 180 Abs. 1 Nr. 2 a AO) und einheitlich (§ 179 Abs. 2 Satz 2 AO) festgestellt werden. Auf einzelne Aspekte des Verfahrens der gesonderten und einheitlichen Einkünftefeststellung wird hier deshalb eingegangen, weil es seit seiner Einführung im Jahre 1925[34] an der Wiege zahlreicher materieller Steuerrechtstheorien gestanden hat:[35] Genannt seien nur die Bilanzbündeltheorie,[36] die Geprägetheorie[37] oder die einheitliche Einkünftequalifikation gemischt wirtschaftlich tätiger Personenvereinigungen.[38]

a) Der Gegenstand des Feststellungsverfahrens und sein Verhältnis zum materiellen Steuerrecht

Zum Verständnis der Funktion der einheitlichen und gesonderten Feststellung ist meines Erachtens nach erforderlich, sich über den Gegenstand des Besteuerungsverfahrens und dessen Verhältnis zum materiellen Steuerrecht Klarheit zu verschaffen. Gegenstand des Besteuerungsverfahrens ist die Geltendmachung des durch Tatbestandsverwirklichung entstandenen Steueranspruchs. Die Frage, ob ein Steueranspruch entstanden ist oder nicht, gehört dagegen dem materiellen Steuerrecht an. Das Besteuerungsverfahren hat also gegenüber dem materiellen Steuerrecht nur eine dienende Funktion, die Verfahrensnormen dienen der Durchsetzung des materiellen Steuerrechts, sie haben keinerlei Selbstzweck. Es ist daher unzulässig, Verfahrensnormen zur Auslegung materiellen Steuerrechts heranzuziehen. Vielmehr sind die Verfahrensnormen nach den anerkannten, auch im Steuerrecht geltenden Auslegungsregeln[39] so auszulegen, daß eine materiell richtige Besteuerung erreicht wird. In diesem Lichte ist § 180 Abs. 1 Nr. 2 a AO,[40] wonach die einkommensteuer- und körperschaftsteuerpflichtigen Einkünfte gesondert festgestellt werden, wenn an den Einkünften mehrere Personen beteiligt sind und die Einkünfte diesen Personen steuerlich zuzurechnen sind, zu interpretieren. Gegenstand der Feststellung sind also alle

---

[33] Die Feststellung der Besteuerungsgrundlagen geschieht grundsätzlich nicht durch einen besonderen Steuerverwaltungsakt, sondern im Steuerbescheid selbst.

[34] §§ 65 ff. REStG 1925.

[35] Meist, ohne daß ihr Einfluß auf die jeweilige Rechtsfindung offengelegt worden wäre.

[36] Nachweise oben auf S. 33 f.

[37] Nachweise oben auf S. 39.

[38] Nachweise oben auf S. 39 f.

[39] Hübschmann / Hepp / Spitaler, AO, Anm. 129 zu § 4 AO. Die Bestimmung des § 1 Abs. 2 StAnpG, wonach bei der Auslegung die Volksanschauung, der Zweck und die wirtschaftliche Bedeutung der Steuergesetze sowie die Entwicklung der Verhältnisse zu berücksichtigen waren, ist aus diesem Grunde nicht in die Abgabenordnung 1977 übernommen worden.

[40] § 180 Abs. 1 Nr. 2b AO betrifft hingegen nur Fälle, bei denen an den Einkünften *nicht* mehrere Personen beteiligt sind; so zutreffend Tipke / Kruse, AO, RdNr. 39 zu § 180 AO.

Einkünfte i. S. des § 2 Abs. 1 Nrn. 1-7 EStG.[41] In welchen Fällen eine Beteiligung mehrerer an den Einkünften angenommen wird, hängt von dem jeweils zugrunde gelegten Verständnis des Gegenstandes der Einkommensteuer ab: Werden als Steuerobjekt der Einkommensteuer „Einkunftsquellen“ im Sinne sachlich-dinglicher Substrate[42] angesehen, so sind an den aus diesen Einkunftsquellen resultierenden Einkünften deren Inhaber beteiligt. Die Einkünfte sind einem Inhaber nach dieser Auffassung jedoch nur dann „zuzurechnen“, wenn die zivilrechtliche Innehabung einer Einkunftsquelle auch steuerrechtlich „anerkannt“ werden kann.[43] Begreift man jedoch den Steuergegenstand der Einkommensteuer zutreffend als die Verwirklichung des Tatbestandes einer Einkunftsart, als die Erbringung einer steuerbaren Leistung, so liegt eine gemeinsame Einkünfteerzielung vor, wenn die einzelnen steuerbaren Leistungen der gemeinsam wirtschaftlich tätig werdenden Beteiligten gebündelt erbracht werden, also Leistungsvereinigung vorliegt. Das weitere in § 180 Abs. 1 Nr. 2 a AO – anders als in § 215 Abs. 2 RAO – genannte Tatbestandsmerkmal der steuerlichen Zurechnung der Einkünfte hat bei Zugrundelegung dieser Auffassung keine konstitutive Bedeutung. Meines Erachtens ist dieses zusätzliche Erfordernis restriktiv im Sinne einer bloßen Klarstellung dahingehend auszulegen, daß der Zusammenschluß mehrerer Personen nicht seinerseits ein steuerrechtsfähiges Subjekt sein darf, dem die erzielten Einkünfte als solchem „zuzurechnen“ sind.[44]

b) Der Inhalt des Feststellungsverfahrens

Im gesonderten und einheitlichen Einkünftefeststellungsverfahren sind nach dessen Sinn und Zweck – Verfahrensökonomie, Vermeidung widersprüchlicher Feststellungen – Feststellungen über alle Umstände zu treffen, die die Besteuerung gemeinschaftlich erzielter Einkünfte beeinflussen.

Dazu gehört einmal die Feststellung, daß mehrere und welche Personen (Steuersubjekte der Einkommen- bzw. Körperschaftsteuer) gemeinschaftlich Einkünfte erzielen. Sodann ist meines Erachtens die steuerbare Lei-

---

[41] Im Gegensatz zur früheren Gesetzeslage (§ 215 Abs. 2 RAO), wonach nur Einkünfte aus Land- und Forstwirtschaft, Gewerbebetrieb, selbständiger Arbeit und Vermietung und Verpachtung unbeweglichen Vermögens gesondert festgestellt wurden.

[42] Vgl. zu dieser Auffassung oben S. 64 ff.

[43] Zur Kritik an dieser „steuerrechtlichen Zurechnungslehre“ vgl. oben S. 66.

[44] In diesem Sinne sind möglicherweise auch die Äußerungen des BFH im Beschl. v. 28. 3. 1979, BStBl. II, 607, 608 und von Hübschmann / Hepp / Spitaler, AO, RdNr. 108 zu § 180 AO zu interpretieren, nach denen dieses zusätzliche Erfordernis klarstellen soll, daß „eine bloße zivilrechtliche Beteiligung an Einkünften noch nicht zwangsläufig das Vorliegen gemeinschaftlicher Einkünfte indiziert.“ Ebenso wohl auch die Begründung zu dem § 180 AO entsprechenden § 161 des Entwurfs einer Abgabenordnung 1974 (BT-Drucks. VI/1982, S. 156), die in diesem Zusammenhang beispielhaft auf die Beteiligung an einer GmbH verweist.

stung eines jeden Beteiligten zu ermitteln, insbesondere zu prüfen, ob sich diese in der isoliert betrachteten Beitragsleistung erschöpft oder Bestandteil einer umfassenderen Leistung ist oder ob die Beitragsleistung nach der Rechtsform des Beteiligten zu qualifizieren ist. Verwirklichen sämtliche Beteiligte dieselbe oder zumindest ausschließlich zur selben „Einkünfteermittlungsgruppe" gehörende Einkunftsarten, kann die Einkünfteermittlung für alle Beteiligten nach denselben Grundsätzen vorgenommen werden. Jedoch muß die Qualifikation der Tätigkeit „der Gesellschaft" auch in diesem Fall nicht mit der Einkünftequalifikation der Gesellschafter übereinstimmen: Sind etwa an einer Vermietungsgesellschaft nur Gesellschafter, die ihre Beteiligung in einem Betriebsvermögen „halten" oder Körperschaften beteiligt, sind die Einkünfte dennoch als Gewinneinkünfte zu ermitteln. Denn die gesonderte Feststellung von Besteuerungsgrundlagen, die mehrere Beteiligte einheitlich betreffen, ist nie Selbstzweck, sondern hat immer nur eine *dienende Funktion*[45] für die Steuerfestsetzung.[46]

Erzielen die Gesellschafter Einkünfte unterschiedlicher Einkunftsarten, soll nach der Rechtsprechung[47] und einem Teil des Schrifttums[48] wegen der dann notwendigen unterschiedlichen Einkünfteermittlung keine gesonderte und einheitliche Feststellung zulässig sein. Diese Auffassung ist weder mit dem Wortlaut noch mit dem Zweck des § 180 Abs. 1 Nr. 2 a AO zu vereinbaren. Einheitliche Feststellung bedeutet nicht einheitliche Qualifizierung der Einkünfte; nach dem Zweck der Vorschrift sind lediglich die zu verteilenden Gesamteinkünfte – wenn auch unter Umständen nach verschiedenen Einkunftsermittlungsgrundsätzen – zu ermitteln.[49] Aus diesem Grunde sind auch Einkünfte aus sämtlichen Einkunftsarten einheitlich und gesondert festzustellen, wenn eine Gesellschaft aus mehreren Einkunftsarten Einkünfte bezieht.[50] Der Gesetzgeber hat meines Erachtens diese weite Ausle-

---

[45] Ebenso Hübschmann / Hepp / Spitaler, AO, RdNr. 90 zu § 180 AO.

[46] Die neue Lehre von der partiellen Steuerrechtssubjektivität von Personengesellschaften in Sachen Einkunftsart und Einkunftsermittlung müßte – konsequent umgesetzt – zunächst die Einkünfte der Gesellschaft als Vermietungseinkünfte durch Überschußrechnung ermitteln und daneben eine zweite steuerliche Ergebnisermittlung (Gewinnermittlung, „Als-Ob-Bilanz") durchführen, obwohl die Überschußermittlung für Zwecke der Besteuerung der Gesellschafter völlig überflüssig ist.

[47] RFH, Gutachten v. 6.1.1943, RStBl., 25; BFH, Urt. v. 10.7.1964, HFR 1965, 38, 39; BFH, Urt. v. 18.2.1976, BStBl. II, 480, 482.

[48] Grieger BB 1966, 396; Kühn / Kutter / Hofmann, AO, Anm. 2 b zu § 180 AO; Schellenberger StbJb. 1983/84, 121, 136.

[49] Ebenso Hübschmann / Hepp / Spitaler, AO, RdNr. 114 zu § 180 AO; Tipke / Kruse, AO, RdNr. 9 zu § 180 AO; Groh DB 1984, 2373, 2375; Reiß StuW 1986, 232, 251f. Einschränkend Schwarz, AO, RdNr. 19 zu § 180 AO. Auch der BFH, Urt. v. 5.12.1978, BStBl. II 1979, 476 hat eine einheitliche Feststellung für rechtens gehalten, wenn Einkünfte aus Vermietung und Verpachtung für einige Beteiligte durch Überschußrechnung, für andere durch Pauschalierung nach § 21 a EStG errechnet werden.

[50] Ebenso Hübschmann / Hepp / Spitaler, AO, RdNr. 110 zu § 180 AO; Tipke / Kruse, AO, Anm. 33 zu § 180 AO und Schwarz, AO, Anm. 7 zu § 180 AO; sie halten im Anschluß an das Urteil des FG Düsseldorf v. 27.5.1971, EFG 1971, 614 eine Zusam-

gung indirekt dadurch bestätigt, daß er § 180 Abs. 2 AO neu[51] gefaßt hat. Diese Norm enthält nun „zur Sicherstellung einer einheitlichen Rechtsanwendung bei gleichen Sachverhalten und zur Erleichterung des Besteuerungsverfahrens" – so der Gesetzeswortlaut – eine Verordnungsermächtigung des Inhalts, daß in anderen als den in Abs. 1 genannten Fällen im einzelnen angeführte Besteuerungsgrundlagen gesondert und einheitlich festgestellt werden können. Gesetzgeberisches Motiv war die sehr enge Auslegung des § 180 Abs. 2 AO a.F. durch den BFH.[52]

Eine weite Auslegung des § 180 Abs. 1 Nr. 2 a AO vertritt der BFH wiederum bei der Frage der Einbeziehung von Feststellungen in das einheitliche und gesonderte Feststellungsverfahren bei Besteuerungsgrundlagen, die lediglich für einzelne Beteiligte einkommen- oder körperschaftsteuerrechtlich relevant sind. Insbesondere sollen Sonderbetriebseinnahmen und -ausgaben sowie Veräußerungs- und Entnahmegewinne hinsichtlich des Sonderbetriebsvermögens einzelner Beteiligter entgegen dem Wortlaut des § 180 Abs. 1 Nr. 2 a AO einbezogen werden, da das – dann zuständige – Betriebsstättenfinanzamt das sachkundigere sei.[53] Diese Auffassung ist meines Erachtens dahingehend einzuschränken, daß einem vom Gesellschafter geltend gemachten, entgegenstehenden schutzwürdigen Geheimhaltungsinteresse der Vorrang vor einer möglichen Verfahrensvereinfachung einzuräumen ist.

---

menfassung in einem Feststellungsverfahren zwar für zulässig, über deren Zweckmäßigkeit entscheide jedoch das Finanzamt nach pflichtgemäßem Ermessen. Für unzulässig halten eine solche Zusammenfassung BFH, Urt. v. 10.1.1964, BStBl. III 1964, 144 und wohl auch Kühn / Kutter / Hofmann, AO, Anm. 2 b zu § 180 AO, wenn sie für jede „Einkunftsquelle" ein gesondertes Verfahren fordern.

[51] Durch Art. 1 Ziff. 31 des Steuerbereinigungsgesetzes 1986 vom 24.12.1985, BGBl. I, S. 2436, 2437. Nach der alten Fassung des § 180 Abs. 2 AO konnten (Ermessen) Einkünfte gemeinsam festgestellt werden, „wenn an dem Gegenstand der Einkunftserzielung mehrere Personen beteiligt" waren; diese Vorschrift beruhte nach der meines Erachtens zutreffenden Auffassung von Tipke / Kruse, AO, RdNr. 41 zu § 181 AO auf einer „dogmatischen Fehlvorstellung" des Gesetzgebers, da die sog. Bauherrengemeinschaften, auf die diese Vorschrift gemünzt war, bereits von § 180 Abs. 1 Nr. 2 a AO erfaßt wurden.

[52] BFH, Urt. v. 27.4.1982, BStBl. II, 636. Der Gesetzgeber bediente sich nach dem Zeugnis von Domann DB 1986, (I.) 611, (II.) 664, 665 und Klein / Orlopp, AO, Anm. 7 a zu § 180 AO deshalb des Instruments der Verordnungsermächtigung, weil eine gesetzliche Regelung wiederum das Risiko einer vom Willen des Gesetzgebers abweichenden Interpretation durch die Gerichte in sich getragen hätte.

[53] Vgl. die ausführlichen Rechtsprechungsnachweise bei Hübschmann / Hepp / Spitaler, AO, RdNr. 151 zu § 180 AO. Nach dem Urteil des BFH v. 29.8.1973, BStBl. II 1974, 62 gehört die Tatsache, daß dadurch alle Beteiligten Kenntnis von persönlichen Sonderbetriebsausgaben (Finanzierung der Beteiligung!) eines Gesellschafters erlangen, zum „Beteiligungsrisiko" des einzelnen. Vgl. jedoch für Unterbeteiligungen § 179 Abs. 2 Satz 3 AO.

c) *Rechtsbehelfsbefugnis gegen einheitliche Feststellungsbescheide*

Der Bescheid über die einheitliche und gesonderte Feststellung ist ein eine Gesamtentscheidung treffender Verwaltungsakt (§ 118 AO), der sich nach § 179 Abs. 2 Satz 1 AO gegen alle an der gemeinschaftlichen Einkunftserzielung beteiligten Steuerpflichtigen richtet und diesen bekanntzugeben ist. Gemäß § 182 Abs. 1 AO sind die im Feststellungsbescheid (Grundlagenbescheid) getroffenen Feststellungen für die Veranlagung der einzelnen beteiligten Gesellschafter (Steuerbescheid als Folgebescheid) bindend. Gegen diese Feststellungen kann sich der einzelne Gesellschafter nur dann wehren, wenn er zur Einlegung von Rechtsbehelfen gegen den Feststellungsbescheid befugt ist.

Sowohl im Einspruchs- (§ 352 AO) wie im Klageverfahren (§ 48 FGO)[54] ist die Rechtsbehelfsbefugnis gegen einheitliche Feststellungsbescheide über Einkünfte aus Gewerbebetrieb im Vergleich zu Bescheiden über Einkünfte aus anderen Einkunftsarten eingeschränkt. Während bei der gemeinschaftlichen Erzielung nichtgewerblicher Einkünfte jeder „Mitberechtigte" rechtsbehelfsbefugt ist,[55] ist dies bei Einkünften aus Gewerbebetrieb nur dann der Fall, wenn der Rechtsbehelf die Beteiligung des Rechtsbehelfsführers an dem festgestellten Betrag betrifft oder lediglich Fragen berührt, die ihn persönlich angehen; im übrigen sind „nur die zur Geschäftsführung berufenen Gesellschafter oder Gemeinschafter" rechtsbehelfsbefugt.[56] Diese Einschränkung wird damit begründet, daß nicht geschäftsführungsbefugte Gesellschafter über die Einlegung von Rechtsmitteln keine ihnen nach dem Gesellschaftsrecht bzw. -vertrag verwehrte Einsicht in Geschäftsbücher erlangen dürften.[57] Dem ist entgegen verschiedentlich vorgebrachter, auf Art. 19 Abs. 4 GG gestützter verfassungsrechtlicher Bedenken[58] zuzustimmen. Nur die zur Geschäftsführung berufenen Gesellschafter sind gesellschaftsrechtlich berechtigt und verpflichtet die Belange aller Gesellschafter wahrzunehmen. Insofern ist die Rechtslage dem Gesellschaftsrecht angepaßt.[59] Die damit für den einzelnen Gesellschafter verbundenen Gefahren nachlässigen oder unsachgemäßen steuerlichen Verhaltens seitens der

---

[54] Der Inhalt beider Vorschriften stimmt im Wortlaut überein.

[55] Vgl. § 352 Abs. 2 AO bzw. § 48 Abs. 2 AO.

[56] Vgl. im einzelnen die Regelungen in § 352 Abs. 1 Nrn. 1-3 AO bzw. § 48 Abs. 1 Nrn. 1-3 FGO.

[57] So bereits die Begründung zum Regierungsentwurf zu § 66 Abs. 2 EStG 1925, abgedruckt bei Strutz, EStG 1925, Bd. 2 Anm. 1 a zu § 66 EStG.

[58] Ebenso Knobbe-Keuk, Bilanz- und Unternehmenssteuerrecht, S. 386f.; Tipke / Kruse, AO, RdNr. 3 zu § 48 FGO m.w.N.

[59] Vgl. die Nachweise bei Klein / Orlopp, AO, Anm. 2 zu § 352 AO. Ebenso Knobbe-Keuk, Bilanz- und Unternehmenssteuerrecht, S. 386f.; Tipke / Kruse, AO, RdNr. 3 zu § 48 FGO m.w.N.

geschäftsführenden Gesellschafter beruhen auf seiner Mitgliedschaft in der Gesellschaft.[60]

Die uneingeschränkte Klagebefugnis jedes Mitberechtigten nach § 352 Abs. 2 AO bzw. § 48 Abs. 2 FGO wird hingegen damit erklärt, daß bei Gemeinschaftsverhältnissen die Bestellung aller oder einzelner Mitberechtigter zu Geschäftsführern nicht die Regel sei.[61] Dagegen ist einmal einzuwenden, daß die gemeinsame wirtschaftliche Betätigung zivilrechtlich regelmäßig als Gesellschaftsverhältnis zu qualifizieren ist. Zugrunde gelegter gemeinsamer Zweck ist die durch die Beitragsleistung des einzelnen Beteiligten zu fördernde Erzielung von Einnahmen.[62] Durch bloße Innehabung eines Rechts durch mehrere Rechtsträger zu ideellen Bruchteilen[63] können gemeinschaftliche Einkünfte hingegen nicht erzielt werden. Für die Sonderbehandlung von Einkünften aus Gewerbebetrieb besteht auch keine Rechtfertigung unter dem Aspekt anderweit fehlender Geschäftsführungsregelungen. Bei Gesellschaftsverhältnissen richtet sich die Geschäftsführungsbefugnis bei Fehlen abweichender gesellschaftsvertraglicher Regelungen nach § 709 Abs. 1 BGB. Für die Ausnahmefälle, in denen tatsächlich einmal nicht rechtsfähige Personenvereinigungen ohne Geschäftsführer sind, hätte eine Regelung analog § 34 Abs. 2 AO genügt. Zudem ist nicht einzusehen, warum bei einer gewerbetreibenden Gesellschaft ein Geheimhaltungsinteresse anerkannt wird, bei einer vermietenden Gesellschaft hingegen nicht.

Auch die neuere Rechtsprechung hält die nach Einkunftsarten differenzierende Regelung der Rechtsbehelfsbefugnis für sachlich nicht geboten und wendet die Regelung des § 48 Abs. 1 Nr. 3 FGO nach ihrem Sinn und Zweck etwa auch bei einer freiberuflich tätigen Gesellschaft bürgerlichen Rechts[64] oder bei einer Kommanditgesellschaft oder Schein-KG an, deren Gesellschafter Einkünfte aus Vermietung und Verpachtung[65] erzielen.

---

[60] Erfüllt der Geschäftsführer der Gesellschaft seine steuerrechtlichen Verpflichtungen gegenüber allen Gesellschaftern schlecht, indem er eine nach Sachlage gebotene Klage nach § 48 Abs. 1 Nr. 3 FGO versäumt, macht er sich schadensersatzpflichtig; vgl. dazu das Urteil des BFH v. 25.7.1972, BStBl. II, 918.

[61] Begründung zum Regierungsentwurf zu § 66 Abs. 2 EStG 1925, abgedruckt bei Strutz, EStG 1925, Bd. 2, Anm. 7 a.E. zu § 66 EStG. So auch die Begründung zu § 335 des Entwurfs einer Abgabenordnung 1974 (BT-Drucks. VII/79).

[62] Vgl. dazu im einzelnen oben S. 20ff.

[63] So die übliche Definition der Gemeinschaft; vgl. MüKo-Ulmer, RdNr. 1 zu § 741 BGB. Die Annahme einer Gemeinschaft speziell beim „Halten und Verwalten" von Vermögensgegenständen hängt möglicherweise noch mit der Vorstellung von der (einer Aufteilung nach Bruchteilen zugänglichen) Einkunftsquelle als Gegenstand der Einkommensteuer zusammen. Vgl. dazu auch Flume DB 1973, 2470.

[64] BFH, Urt. v. 2.12.1982, BStBl. II 1983, 215.

[65] Vgl. BFH, Urt. v. 26.3.1985, BStBl. II, 519, 520; anders für eine vermietende Gesellschaft bürgerlichen Rechts BFH, Urt. v. 8.11.1983, BStBl. II 1984, 317, 318; dazu Bilsdorfer, NWB Fach 2, S. 4433, 4434 und v. Wallis DStZ 1985, 240, 241f.

VII. Anwendung und Überprüfung der gefundenen Ergebnisse anhand von Einzelfallgestaltungen

1. Die Einkünftequalifikation bei gewerblich geprägten Personengesellschaften

Eine gewerblich geprägte Personengesellschaft ist nach der Legaldefinition in § 15 Abs. 3 Nr. 2 EStG[1] eine Personengesellschaft, die keine Tätigkeit i.S. des § 15 Abs. 1 Nr. 1 EStG ausübt[2] und bei der ausschließlich eine oder mehrere Kapitalgesellschaften unmittelbar oder mittelbar (§ 15 Abs. 3 Nr. 2 Satz 2 EStG)[3] persönlich haftende Gesellschafter sind und nur diese oder Personen, die nicht Gesellschafter sind, zur Geschäftsführung befugt sind.[4]

a) Eigene Auffassung

Nach dem oben entwickelten eigenen Modell der Einkünftequalifikation ist zunächst zu prüfen, ob überhaupt eine gemeinsame wirtschaftliche Betätigung vorliegt.[5] Da die isoliert betrachtete steuerbare Leistung eines jeden einzelnen an der gemeinsamen Betätigung beteiligten Steuersubjekts qualitativ mit der „Leistung" der Vereinigung identisch ist, ist aus Praktikabilitätsgründen sodann auf einer ersten Qualifikationsstufe die „Leistung" der Vereinigung zu qualifizieren. Diese ist bei der gewerblich geprägten Personengesellschaft nach deren Legaldefinition gerade *nicht* gewerblicher Natur. Deshalb – und nur deshalb – sind auf einer zweiten Qualifikationsstufe gesellschafterbezogene Qualifikationskriterien zu berücksichtigen. Die steuerbare Leistung der Kapitalgesellschaft wird als eine gewerbliche fingiert (§ 8 Abs. 2 KStG); bei einer beteiligten natürlichen Person ist zu prüfen, ob sich ihre Tatbestandsverwirklichung in der isoliert betrachteten Beitragsleistung erschöpft oder ob sie nur Ausfluß eines andere Wesenszüge tragenden Verhaltens ist, dem nach der vorgegebenen Ordnungsstruktur der Einkunftsarten im Hinblick auf die Qualifikation der Vorrang gebührt.

---

[1] Eingefügt durch Art. 7 Nr. 6 lit. b. des Steuerbereinigungsgesetzes 1986 v. 19.12.1985 (BGBl. I, S. 2436).

[2] Also kein gewerbliches Unternehmen betreibt.

[3] Sog. „doppelstöckige" GmbH & Co. KG.

[4] Die „typische" GmbH & Co. KG dürfte in der Wirtschaftspraxis den häufigsten Fall der gewerblich geprägten Personengesellschaft darstellen.

[5] Zu den hierfür maßgeblichen Kriterien vgl. oben S. 20ff.

Die steuerbaren Leistungen der Gesellschafter können also auch bei gewerblich geprägten Personengesellschaften durchaus unterschiedlich zu qualifizieren sein. Dennoch soll die Tätigkeit dieser Gesellschaften nach der neuen gesetzlichen Regelung in vollem Umfang als Gewerbebetrieb gelten, wenn sie mit Einkünfteerzielungsabsicht[6] unternommen wurde.

b) Kritik an der gesetzlichen Neuregelung

Diese gesetzliche Festschreibung der vom Bundesfinanzhof aufgegebenen Rechtsprechung könnte sowohl rechtsstaatlichen wie auch systematischen Bedenken ausgesetzt sein.[7]

aa) Rechtsstaatliche Bedenken

Dem Gesetzgeber wird vorgeworfen, er habe gesetzlich normiert, daß die Auslegung einer Norm durch den Bundesfinanzhof falsch war. Mit der verbindlichen Feststellung des relevanten Norminhalts werde aber eine genuin rechtsprechende Tätigkeit wahrgenommen, damit der Kernbereich der dritten Gewalt berührt und der Gewaltenteilungsgrundsatz unterlaufen.[8] Diese Kritik ist meines Erachtens unbegründet.[9] Dem Parlament als Legislative fällt nach unserem Grundsatz die verfassungsrechtliche Aufgabe der Normsetzung zu (Art. 70ff. GG). Stellt ein Gericht in Erfüllung seiner Aufgabe, das geltende Recht auszulegen und auf dieser Basis Einzelfälle zu entscheiden, einen bestimmten Inhalt des Rechts fest, so ist es das legitime Recht des Parlaments, das so festgelegte geltende Recht durch eine Rechtsnorm zu ändern.[10] Daß sich der Anstoß zur Normsetzung aus dem Rechtsprechungs-

---

[6] Durch dieses Tatbestandsmerkmal soll nach Auffassung des Gesetzgebers vermieden werden, daß eine steuerrechtlich irrelevante Liebhaberei mittels der besonderen Rechtsgestaltung der GmbH & Co. KG steuerlich beachtlich wird. Meines Erachtens ein überflüssiges, ja irreführendes Merkmal, da die Einkünfteerzielungsabsicht ein vor die Klammer einer jeden Einkunftsart gezogenes Steuertatbestandsmerkmal ist.

[7] Auf die Problematik der gesetzlich angeordneten Rückwirkung des Gesetzes (vgl. § 52 Abs. 20 b EStG) soll im vorliegenden Zusammenhang nicht eingegangen werden. Dem Gesetzgeber wird vorgeworfen, durch die angeordnete Rückwirkung gegen das Rechtsstaatsgebot des Art. 2 Abs. 1 GG verstoßen zu haben (so Knobbe-Keuk BB 1985, 941, 942; dies. BB 1985, 1903, 1904; dagegen Bordewin BB 1985, 1548, 1549f., Kreile DStZ/A 1986, 4, 9 und Uelner StbJb. 1985/86, S. 237, 258ff.); hierbei handelt es sich jedoch um eine bloße Übergangsproblematik, die zur Beantwortung der grundsätzlichen Frage nach der zutreffenden Einkünftequalifikation nichts beitragen kann. Der BFH (Urt. v. 10.7.1986, BB 1986, 1624) hält die rückwirkende gesetzliche Wiedereinführung der Gepräge-Rechtsprechung für verfassungskonform. Zur Rückwirkungsproblematik von Steuergesetzen allgemein vgl. Blaurock JA 1980, 142, 144.

[8] So insbes. Knobbe-Keuk BB 1985, 1548, 1549.

[9] Die Rückwirkungsproblematik ausgeblendet.

[10] So auch Kreile DStZ/A 1986, 4, 7; Bordewin BB 1985, 1548, 1549; Hennerkes / Binz BB 1985, 2161, 2163.

akt eines obersten Bundesgerichtes ergeben hat, ist weder illegitim noch ungewöhnlich.[11] Der Bundesfinanzhof selbst hat schon wiederholt ausdrücklich an den Gesetzgeber appeliert, wenn er auf der Grundlage des geltenden Rechts eine nach seiner Ansicht gebotene Entscheidung nicht treffen konnte.[12] Ein solches Gesetz als „justizfeindlichen Akt"[13] oder gar als „staatsethisch verwerflichen Vorgang"[14] zu bezeichnen, geht daher fehl.

bb) Systematische Bedenken

Ungleich schwerer wiegen die systematischen Bedenken. Bei der gewerblich geprägten Personengesellschaft wird die Einkünftequalifikation nicht etwa aufgrund der Subsumtion der vereinigten Leistung der Beteiligten unter eine Einkunftsart vorgenommen, vielmehr wird allein – im Einkommensteuergesetz bisher einmalig – nach der *Rechtsform* qualifiziert: Eine Tätigkeit wird als Gewerbebetrieb *fingiert,* wenn die tätig werdende Vereinigung eine bestimmte Haftungs- und Handlungsorganisation aufweist. Die Ebenen Steuersubjekt und Steuergegenstand werden hierbei miteinander vermengt. Allein die Struktur der Vereinigung soll deren Tätigkeit prägen. Weder ist nachzuvollziehen, warum die persönlich haftende und geschäftsführende Kapitalgesellschaft der Vereinigung ein *Gepräge* geben soll (aaa) noch, warum ein solches Gepräge gerade ein *gewerbliches* sein soll (bbb).

aaa) Ersteres zeigt ein Blick auf die in der Wirtschaftspraxis am weitaus häufigsten anzutreffende Sturktur der GmbH & Co. KG. Zum einen beträgt die Kapitaleinlage, die die GmbH geleistet hat, meist nur etwa 5 Prozent der Summe sämtlicher KG-Einlagen.[15] Zum anderen ist die Gesellschafterstel-

---

[11] Jüngstes Beispiel: die Frage der Abziehbarkeit von Geldbußen als Betriebsausgaben, die der Große Senat des BFH (Beschl. v. 21.11.1983, BStBl. II 1984, 160) bei Vorliegen bestimmter Voraussetzungen bejahte. Der Gesetzgeber reagierte prompt und ordnete durch Gesetz v. 25.7.1984 (BGBl. I, S. 1006) mittels Einfügung von § 4 Abs. 5 Nr. 8 EStG deren Nichtabziehbarkeit an.

[12] Vgl. dazu den Leserbrief des Pressesprechers des BFH Offerhaus, „Blick durch die Wirtschaft" v. 25.4.1985.

[13] Felix, „Handelsblatt" v. 22.4.1985.

[14] Felix a.a.O.; ähnlich rigide Knobbe-Keuk, „Blick durch die Wirtschaft" v. 25.4.1985 = BB 1985, 820 („Ein Tritt für die Finanzrechtsprechung") und Hildebrandt, „Blick durch die Wirtschaft" v. 17.10.1985 („Mit dem Holzhammer zurück zur Geprägetheorie").

[15] Diese geringe Beteiligungsquote ermöglicht eine Haftungsbeschränkung unter weitestgehender Vermeidung steuerlicher Nachteile. Auch nach der Beseitigung der ertragsteuerlichen Doppelbelastung durch die Körperschaftsteuerreform seit 1.1.1977 (Anrechnungsverfahren) besteht eine Doppelbesteuerung bei der Vermögensteuer, die darüber hinaus als nicht abziehbare Betriebsausgabe behandelt wird, fort; dies führt etwa dazu, daß eine Kapitalgesellschaft bei einer durchschnittlichen Ertragsteuerbelastung mit Gewerbe- und Körperschaftsteuer DM 28.500,- verdienen muß, nur um eine Vermögensteuer in Höhe von DM 10.000,- überhaupt entrichten zu können.

lung bei der Komplementär-GmbH und der (GmbH & Co.) KG in aller Regel verzahnt: Es wird sehr darauf geachtet, daß sowohl Personen- wie auch Beteiligungsidentität vorliegt. Die Wahrung dieser Identität ist aus der Sicht der Gesellschafter schon deshalb geboten, weil andernfalls die Komplementär-GmbH als Herrschaftsinstrument, beispielsweise in Fragen der „Unternehmenspolitik", der Gewinnverteilung, der Durchsetzung von Gesellschafterrechten oder zur Blockierung von Gesellschafterbeschlüssen mißbraucht werden könnte.[16]

Dies ist auch der Grund, warum der BFH die einem Kommanditisten gehörenden Anteile an der Komplementär-GmbH als notwendiges Sonderbetriebsvermögen des Kommanditisten qualifiziert.[17] Das Tätigwerden der Komplementär-GmbH bestimmt sich somit allein nach dem Willen der Kommanditisten, sie sind es, die der GmbH das „Gepräge" geben. Die Bedeutung der GmbH reduziert sich auf ein bloßes steuer- und haftungsrechtliches Gestaltungsmittel ohne von den Kommanditisten unabhängige Einflußmöglichkeit auf die Kommanditgesellschaft. Am deutlichsten wird dies bei der sog. „Einmann-GmbH & Co. KG".[18]

bbb) Warum das angebliche Gepräge gerade ein gewerbliches sein soll, hat der BFH in seiner früheren Gepräge-Rechtsprechung[19] damit begründet, daß Kapitalgesellschaften in der Regel nur gewerbliche Einkünfte haben (§ 8 Abs. 2 KStG) und ihre Tätigkeit im Gewerbesteuerrecht kraft Rechtsform stets und in vollem Umfang als Gewerbebetrieb gilt (§ 2 Abs. 2 Nr. 2 GewStG).[20]

Gegen eine Heranziehung von § 2 Abs. 2 Nr. 2 GewStG zum Zweck der Einkünftequalifikation spricht schon, daß sich diese ausschließlich nach den Normen des jeweiligen Ertragsteuergesetzes richtet. Diese Norm fingiert lediglich für Gewerbesteuerzwecke die Tätigkeit einer Kapitalgesellschaft als Gewerbebetrieb und findet für das Körperschaftsteuerrecht keine Anwendung;[21] für diese Auffassung spricht meines Erachtens, daß im Falle

---

[16] Hennerkes / Binz, Die GmbH & Co., S. 49.

[17] Vgl. zuletzt etwa BFH, Urt. v. 5.12.1979, BStBl. II 1980, 119; BFH, Urt. v. 5.6.1985, BStBl. II, 634; kritisch zu dieser Rechtsprechung Knobbe-Keuk, Bilanz- und Unternehmenssteuerrecht, S. 302.

[18] Die Geschäftsanteile an der Komplementär-GmbH und die Kommanditbeteiligung befinden sich hier in einer Hand.

[19] BFH, Urt. v. 17.3.1966, BStBl. III, 171, 173.

[20] Offenbar geht auch der „Gepräge-Gesetzgeber" von dieser Vorstellung aus, ohne daß in der Amtlichen Begründung darauf hingewiesen würde; dies läßt sich zumindest den Äußerungen Uelners, der am Gesetzgebungsverfahren maßgeblich beteiligt war, entnehmen (Uelner, StbJb. 1985/86, 237, 256).

[21] So der BFH in seiner neueren Rechtsprechung, vgl. BFH GrS, Beschl. v. 25.6.1984, BStBl. II, 751, 763, ohne sich jedoch mit seiner ständigen gegenteiligen früheren Rechtsprechung (BFH, Urt. v. 17.1.1973, BStBl. II, 260; BFH, Urt. v. 21.2.1982, BStBl. II, 465; jeweils ergangen zu § 2 Abs. 2 Nr. 1 GewStG) auseinandersetzen.

der Maßgeblichkeit der Vorschrift für das Körperschaftsteuerrecht die Qualifikationsvorschrift § 8 Abs. 2 KStG überflüssig wäre.

Die Tatsache, daß bei Körperschaften, die zur Führung von Handelsbüchern verpflichtet sind, alle Einkünfte als Einkünfte aus Gewerbebetrieb *„zu behandeln"* (§ 8 Abs. 2 KStG) sind, besagt nicht, daß diese Körperschaften auch ein gewerbliches Erscheinungsbild hätten. Dies zeigt ein kurzer Blick auf die historische Entwicklung der Körperschaftsteuer. In der Zeit vor dem Körperschaftsteuergesetz 1925 hatte man angenommen, daß Erwerbsgesellschaften, auch wenn sie zur kaufmännischen Buchführung verpflichtet waren, je nach spezieller Tätigkeit dieselben Einkunftsarten verwirklichen konnten wie natürliche Personen, also nicht auf die Erzielung gewerblicher Einkünfte beschränkt waren.[22] Grundsätzlich dieselbe Rechtslage galt bei den sog. Einheitswerten (z.B. Grundsteuer, Vermögensteuer) für die Frage der Abgrenzung Betriebsvermögen – Privatvermögen. Den mit dieser einzelfallorientierten Betrachtungsweise zunehmend verbundenen Streitigkeiten ging man schließlich in § 26 Abs. 2 RBewG 1925 dadurch aus dem Wege, daß künftig alle Gegenstände, die einer Erwerbsgesellschaft gehörten, als einem gewerblichen Betrieb zugehörig anzusehen waren. Der RFH judizierte denn auch schon bald für die Körperschaftsteuer, es müsse bei einer grundsätzlich gewerblichen Tätigkeit einer Erwerbsgesellschaft gleichgültig sein, welche verschiedenen Tätigkeiten sie im Einzelfall ausübe.[23] Man besann sich in der Folgezeit schließlich auf die handelsrechtliche Kaufmannseigenschaft der juristischen Person sowie deren handelsrechtliche Buchführungspflicht und gelangte zu dem Schluß, daß die Art der Betätigung einer solchen Gesellschaft gänzlich unerheblich sei; entscheidend war fortan allein die handelsrechtliche Gewinnermittlungsmethode, nicht die funktionale Bestimmung einer Tätigkeit.[24] Dieser Grundsatz wurde in § 19 KStDVO v. 9.2.1938[25] erstmals kodifiziert. Die angebliche gewerbliche „Prägung" empfängt die Körperschaft also nicht etwa durch ihr äußeres Erscheinungsbild, vielmehr durch die aufgrund der Gewinnermittlung vorgegebene (!) Bestimmung der Einkunftsart.

Auch die Auffassung des BFH, Kapitalgesellschaften seien bereits nach den dem KStG vorgegebenen Zivilrechtsstrukturen ihrem Wesen nach als gewerbliche Unternehmen gekennzeichnet, § 16 KStDV (jetzt: § 8 Abs. 2 KStG) habe daher nur deklaratorische Bedeutung,[26] trifft nicht zu. Zur

[22] Vgl. dazu und zum folgenden Rasenack, Die Theorie der Körperschaftsteuer, S. 38ff.

[23] Vgl. RFH, Urt. v. 12.11.1924, RFHE 15, 200ff.

[24] Vgl. Rasenack, Die Theorie der Körperschaftsteuer, S. 106ff. mit Nachweisen aus der Rechtsprechung.

[25] RGBl. I, S. 163.

[26] So BFH, Urt. v. 17.3.1966, BStBl. III, 171, 173; Urt. v. 20.10.1976, BStBl. II, 96, 97. Vgl. zum sog. „Wesensargument" im juristischen Begründen Scheuerle AcP 163

Begründung dieser These wird auf § 13 Abs. 3 GmbHG i.V.m. § 6 Abs. 1 HGB hingewiesen, woraus sich die Kaufmannseigenschaft ergebe. Der BFH unterstellt hier zu Unrecht, daß ein Kaufmann nur gewerbliche Einkünfte haben könne. Einmal kann auch ein ausschließlich land- und forstwirtschaftliches Unternehmen unter den Voraussetzungen des § 3 Abs. 2 HGB die Kaufmannseigenschaft erwerben, zum anderen kann etwa eine GmbH „zu jedem gesetzlich zulässigen Zweck“ (§ 1 GmbHG) gegründet werden, ist also nicht auf erwerbswirtschaftliche Zwecke beschränkt.[27] Die These, eine allein geschäftsführungsbefugte und allein persönlich haftende Kapitalgesellschaft verleihe einer Personengesellschaft ein „gewerbliches Gepräge“, ist damit unhaltbar. Dies entspricht im übrigen der handelsrechtlichen Auffassung, nach der eine (GmbH & Co.) KG *selbst* die Kaufmannseigenschaft besitzen muß, die Komplementär-GmbH der Personengesellschaft also nicht eine fehlende Kaufmannseigenschaft vermitteln kann.[28]

ccc) Die *inhaltliche Ausgestaltung* der gesetzlichen Festschreibung der Gepräge-Rechtsprechung stellt auch keineswegs sicher, „daß gleichartige und in gleicher Rechtsform ausgeübte Tätigkeiten steuerrechtlich nicht unterschiedlich behandelt werden“.[29]

Zum einen ist nach dem Gesetzeswortlaut die Tätigkeit der Personengesellschaft selbst relevant. Da auch eine Kommanditgesellschaft, deren persönlich haftender Gesellschaft eine Kapitalgesellschaft ist, Personengesellschaft bleibt, ist nicht einzusehen, warum eine Kommanditgesellschaft, die Grundbesitz vermietet, Einkünfte aus Vermietung und Verpachtung erzielen und nicht gewerbesteuerpflichtig, eine GmbH & Co. KG aber, die dieselbe Tätigkeit ausübt, Einkünfte aus Gewerbebetrieb erzielen und gewerbesteuerpflichtig sein soll.

Zum anderen kann davon auch deshalb keine Rede sein, weil Voraussetzungen und Inhalt der gesetzlichen Regelung den Steuerpflichtigen so viel Gestaltungsspielraum einräumen, daß man geneigt ist, von einem verkappten „Wahlrecht“ in Sachen Einkunftsart zu sprechen.[30] Um der Fiktion eines Gewerbebetriebes zu entgehen, ist es lediglich erforderlich, statt oder neben der Komplementär-GmbH einen Kommanditisten zum (weiteren)

(1963), 429ff., nach dessen Auffassung es sich dabei um ein Kryptoargument handele, das gebraucht werde, um anderes zu verbergen.

[27] Vgl. dazu Loidl, Die GmbH ohne erwerbswirtschaftliche Zielsetzung.

[28] BayObLG, Beschl. v. 13.11.1984, DB 1985, 271 und dazu Flume DB 1985, 1152, 1153.

[29] So aber die Amtliche Begründung des Gesetzesentwurfes der Bundesregierung, BT-Drucks. 10/3663 v. 19.7.1985, S. 6.

[30] Ähnlich dem „Gewerbebetrieb auf Antrag“ der im Berliner sozialen Wohnungsbau tätigen GmbH & Co. KGs nach § 52 Abs. 21 Satz 7 EStG a.F.; vgl. dazu oben S. 46. Zutreffend spricht Knobbe-Keuk StuW 1986, 106, 117 auch im vorliegenden Zusammenhang ausdrücklich vom „Gewerbebetrieb auf Antrag“; gleicher Auffassung Reiß StuW 1986, 232, 233.

Geschäftsführer zu bestellen, oder einem Geschäftsführer, der nicht Gesellschafter ist, eine kleine Gesellschaftsbeteiligung einzuräumen.[31]

Auch mit der Rechtsform der Stiftung & Co. KG[32] läßt sich Gleiches erreichen. Im übrigen war es auch schon bisher ohne weiteres möglich, das persönliche Haftungsrisiko der Gesellschafter zu begrenzen, ohne ertragsteuerlich gewerblich tätig zu sein: So reicht es aus, bei einer BGB-Gesellschaft die Vertretungsmacht des geschäftsführenden Gesellschafters, der auch eine GmbH sein kann, dahin zu beschränken, daß er die Gesellschafter nur mit ihrem Anteil am Gesellschaftsvermögen verpflichten kann.[33] Durch die gesetzliche Neuregelung sind die aufgezeigten Qualifizierungsprobleme also keinewegs obsolet geworden, vielmehr werden die Kautelarjuristen „das Steuerrecht“ wieder einmal „als unerwünschte Quelle des Gesellschaftsrechts“[34] entdecken.[35]

ddd) Die Festschreibung der Gepräge-Rechtsprechung wird darüber hinaus mit der dadurch möglichen *Vermeidung einer zweiten Ergebnisermittlung* gerechtfertigt.[36] Warum der Gesetzgeber diesem Praktikabilitätsargument gerade an dieser Stelle so große Bedeutung beimißt, ist nicht recht verständlich. Hat er doch an anderer Stelle (der sinngemäßen Anwendung des § 15 a EStG auf die Überschußeinkünfte) vergleichbare Ermittlungsprobleme durch seine Gesetzgebung erst heraufbeschworen.[37] Davon abgesehen werden durch diese Regelung nicht etwa alle Fälle einer doppelten Ergebnis-

---

[31] Die Beratungspraxis hat bereits umfangreiche „Ausweichstrategien“ bzw. „Absicherungsstrategien“ (der gewerblichen Tätigkeit) konzipiert, vgl. nur Hennerkes / Binz BB 1985, 2161, 2165 ff. und dies. BB 1986, 235, 236. Von einem „Ende der steuergestaltenden Verwendung der GmbH bei Personengesellschaften“ (so der mit Fragezeichen versehene Titel des Aufsatzes von Zeitler GmbHR 1985, 301) kann daher keine Rede sein.

[32] Vgl. dazu Hennerkes / Binz, Die GmbH & Co., S. 5 f.; Beispiel: Krups Stiftung & Co. KG; die Stiftung ist keine „Kapitalgesellschaft“ i.S. § 15 Abs. 3 Nr. 2 EStG; der Begriff entspricht dem in § 1 Abs. 1 Nr. 1 KStG, dort ist die Stiftung jedoch nicht erwähnt; ebenso Bordewin NWB Fach 3 b, S. 3281, 3284 f.

[33] OLG Hamm, Urt. v. 7.12.1984, NJW 1985, 1846.

[34] Vgl. dazu den gleichnamigen Aufsatz von Groh BB 1984, 304 ff. sowie die gleichnamige Monographie von Knobbe-Keuk, die die bisher an den Entwicklungen des Unternehmenssteuerrechts weitgehend desinteressierten Handels- und Gesellschaftsrechtler meines Erachtens zurecht dazu auffordert, sich wenigstens in Zukunft gegen unerwünschte Einflüsse des Steuerrechts zur Wehr zu setzen (a.a.O., S. 27 ff.).

[35] Dabei kommt ihnen die Systemwidrigkeit der Norm auch noch zustatten: Da es sich bei der gesetzlichen Neuregelung um eine Norm handelt, die im Widerspruch zu den Grundprinzipien des EStG steht, scheiden die Möglichkeiten systematischer Auslegung und Lückenergänzung aus; als grundsätzliche Auslegungsmaxime gilt vielmehr ein Gebot einschränkender oder wenigstens ein Verbot ausdehnender Auslegung; vgl. dazu Canaris, Systembegriff und Systemdenken in der Jurisprudenz, 1. Aufl., S. 132.

[36] So die Amtliche Begründung des Gesetzentwurfs der Bundesregierung, BT-Drucks. 10/3663 v. 19.7.1985, S. 6.

[37] Zu den Problemen der sinngemäßen Anwendung des § 15 a EStG auf die Einkünfte aus Vermietung und Verpachtung Jakob / Jüptner FR 1985, 225.

ermittlung umfaßt; man denke nur an den häufigen Fall von Gesellschaftern nichtgewerblich tätiger Personengesellschaften, deren Beteiligung eigenbetriebliche Gründe hat; hingewiesen sei insbesondere auf die zahlreichen Anteilseigner an Wertpapier- und Grundstücks-Sondervermögen nach dem Gesetz über Kapitalanlagegesellschaften.[38]

eee) Als Ergebnis vorstehender Überlegungen bleibt festzuhalten, daß – unabhängig vom jeweiligen dogmatischen Verständnis der gemeinsamen wirtschaftlichen Betätigung im Einkommensteuerrecht – ein sachlich gerechtfertigter Grund für die Festschreibung der Gepräge-Rechtsprechung nicht erkennbar ist. Motiv des Gesetzgebers war – wie der Amtlichen Begründung zu entnehmen ist – auch nicht etwa die Auffassung, man habe die juristisch „bessere" Lösung für die Besteuerung der GmbH & Co. KG, entscheidend waren vielmehr die mit der angeordneten Rückwirkung des Gesetzes erfaßbaren Fälle der Verlustzuweisungsgesellschaften. Letztlich handelt es sich also um eine bloße Übergangsproblematik, die nunmehr zur Dauerregelung gemacht wurde.[39]

Der Gesetzgeber sollte daher die dem Leistungsfähigkeitsprinzip widersprechende gesetzliche Regelung der „Einkünftequalifikation nach Rechtsformwahl" erneut überdenken.

2. Die Einkünftequalifikation bei gemischten wirtschaftlichen Betätigungen

Voraussetzung für das Vorliegen von gemischten wirtschaftlichen Betätigungen ist, daß die Aktivitäten des Steuerpflichtigen verschiedene Einkunftsarten berühren, die Aktivitäten jedoch nicht (zeitlich, räumlich, sachgegenständlich) isoliert verwirklicht werden: Besitzt ein Arbeitnehmer ein Sparbuch, so wird niemand daran zweifeln, daß er einkommensteuerrechtlich verbindungslos nebeneinanderstehend Einkünfte aus nichtselbständiger Arbeit (als Arbeitnehmer) und Einkünfte aus Kapitalvermögen (als Sparer) erzielt. Es liegen zwei voneinander unabhängige steuerbare Leistungen vor. Die Problematik gemischter wirtschaftlicher Betätigung tritt erst dann auf, wenn mehrere Aktivitäten eine Verbindung zueinander aufweisen: Ein Tierarzt gibt etwa Medikamente und Impfstoffe, ein Augenarzt Kontaktlinsen und Pflegemittel gegen Entgelt an die Tierhalter/Patienten

[38] In der Fassung vom 14.1.1970, BGBl. I, S. 127; vgl. dazu die Verfügung der OFDen Düsseldorf und Frankfurt, in: StEK AO 1977 § 180 Nr. 18, die eine Doppelermittlung der Einkünfte vorschreiben, wenn auch Anteilseigner, die ihre Anteile „im Betriebsvermögen halten", beteiligt sind.

[39] So die Amtliche Begründung, BT-Drucks. 10/3663 v. 19.7.1985, S. 6: Für die Besteuerung von Veräußerungsgewinnen einschließlich der Nachversteuerung des negativen Kapitalkontos fehle es nach der Entscheidung des Großen Senats an einer gesicherten Rechtsgrundlage.

ab. Beide Aktivitäten (Heilbehandlung, Medikamenten-/Hilfsmittelverkauf) stehen in engem Zusammenhang.

Der Frage, ob in diesen Fällen die einzelnen Einkünfte im Sinne § 2 Abs. 1 EStG getrennt zu erfassen sind oder ob die gemischte Tätigkeit einheitlich nach ihrem Gesamtbild als einer Einkunftsart zugehörig zu beurteilen ist, soll zunächst für die gemischte Tätigkeit von Einzelpersonen nachgegangen werden, um die hierfür maßgeblichen Kriterien auf ihre Anwendbarkeit bei (gemischter) gemeinsamer wirtschaftlicher Betätigung zu untersuchen.

a) Beurteilung der gemischten Tätigkeit von Einzelpersonen

Die Rechtsprechung hat hier einen bemerkenswerten Wandel vollzogen. Der RFH hielt eine gesonderte Beurteilung der unterschiedlichen Tätigkeitsarten bei Vorliegen auch nur irgendeines wirtschaftlichen Zusammenhanges generell für unzulässig.[40] Die frühe Rechtsprechung des BFH schloß sich dieser Auffassung an.[41] Die einheitliche Einkünftequalifikation wurde nach der Einzeltätigkeit mit dem größten wirtschaftlichen Gewicht vorgenommen. 1956/57 gab der BFH diese Rechtsprechung mit der Begründung auf, es führe zu „gerechteren steuerlichen Ergebnissen", wenn die gesonderte Behandlung der einzelnen Tätigkeiten soweit als möglich ausgedehnt werde;[42] das Schrifttum folgte diesem Beurteilungswandel.[43]

Diese neuere Auffassung entspricht meines Erachtens allein der Gesetzessystematik des Einkommensteuergesetzes, da das Einkommensteuerrecht als Einkunftsartenrecht ausgestaltet[44] und die unterschiedlichen Einkunftsarten prinzipiell gleichwertig sind.[45] Gemischte Tätigkeiten müssen also nach Möglichkeit so „entmischt" werden, daß die einzelne Tätigkeit der jeweils in Betracht kommenden Einkunftsart getrennt zugewiesen wird.[46]

---

[40] Vgl. Urt. v. 17.8.1938, RStBl., 915; Urt. v. 8.7.1942, RStBl., 907 – jeweils ergangen zur Gewerbesteuer. Als Kriterien, aufgrund derer man den „wirtschaftlichen Zusammenhang" prüfte, wurden diejenigen zur Abgrenzung des einheitlichen Betriebes von einer Mehrheit von Betrieben bei der Gewerbesteuer herangezogen.

[41] Urt. v. 12.9.1951, BStBl. III, 197 – ergangen zur Gewerbesteuer.

[42] Urt. v. 23.10.1956, BStBl. III 1957, 17; Urt. v. 28.3.1957, BStBl. III, 182.

[43] Felix StuW 1963, Sp. 85ff.; Withol DStZ/A 1963, 261; Littmann DStZ/A 1962, 357.

[44] Vgl. dazu oben S. 13ff.

[45] Dazu ausführlich oben S. 76ff.

[46] BFH, Urt. v. 21.12.1976, BStBl. II 1977, 244: „Berührt eine gemischte Tätigkeit mehrere Einkunftsarten, sind die Einkünfte aus jedem einzelnen Tätigkeitsbereich möglichst weitgehend getrennt zu erfassen, um der gesetzlich vorgesehenen Einordnung Rechnung zu tragen. Daß sich die Tätigkeitsbereiche sachlich berühren, steht der gesonderten Beurteilung nicht ohne weiteres entgegen, soweit eine Trennung ohne größere Schwierigkeiten möglich ist ... Die Trennungsmöglichkeit ist erst dann nicht mehr gegeben, wenn sich die beiden Tätigkeitsbereiche gegenseitig bedingen und derart miteinander verflochten sind, daß die Gesamttätigkeit nach der Verkehrsanschauung nicht als eine gemischte, sondern als eine einheitliche angesehen werden muß."

Als Beurteilungskriterien für die Möglichkeit der Entmischung können herangezogen werden:[47] Das Auftreten nach außen; geriert sich der gemischt wirtschaftlich Tätige so, daß mehrere Teilaktivitäten erkennbar werden, liegt ein starkes Anzeichen für Trennbarkeit vor.[48] Das „Produkt" der Tätigkeit; wird eine einheitliche Leistung bestehend aus mehreren wirtschaftlichen Aktivitäten geschuldet oder werden unterschiedliche Leistungen erbracht. Die buchmäßige Behandlung der Aktivitäten durch den Steuerpflichtigen selbst; hält der Steuerpflichtige Einnahmen und Ausgaben aus den verschiedenen Tätigkeitsbereichen getrennt, spricht viel für eine Trennung. Sind die Aktivitäten eines Steuerpflichtigen jedoch so eng miteinander verflochten, daß eine Trennung nicht möglich ist, so ist eine einheitliche Tätigkeit gegeben, die dann nach ihrem „Gesamtbild", als „Tätigkeit im ganzen" zu würdigen ist.[49] Abzustellen ist darauf, welche Tätigkeit „entscheidend in den Vordergrund" tritt,[50] welche Aktivität der Gesamtbetätigung als Ganzes gesehen[51] das „Gepräge" gibt.

b) Beurteilung der gemischten Tätigkeit von Personengesellschaften

aa) Eigene Auffassung

Bei Zugrundelegung der oben entwickelten Auffassung, wonach die steuerbare Leistung bei gemeinsamer wirtschaftlicher Betätigung die gegenüber einem Dritten erbrachte Leistung des einzelnen an der gemeinsamen Leistungserstellung Beteiligten ist,[52] können meines Erachtens keine anderen Grundsätze wie beim Tätigwerden von Einzelpersonen gelten: Wenn die Leistung des Gesellschafters ein lediglich quantitativer Ausschnitt der gemeinsam erbrachten „Leistung" ist, muß die gemeinsam

Ähnlich BFH, Urt. v. 16.11.1978, BStBl. II 1979, 246 („Reiterhof-Urteil") und BFH, Urt. v. 4.3.1980, BStBl. II, 389 („Aktientransaktions-Urteil"). Auch die Finanzverwaltung geht von diesem Grundsatz aus, vgl. Abschn. 136 Abs. 8 EStR 1984 zur gemischt freiberuflich/gewerblichen Tätigkeit. Eine solche „isolierende Betrachtungsweise" ordnet das Einkommensteuergesetz in anderem Zusammenhang ausdrücklich an; vgl. etwa § 49 Abs. 2 EStG (dazu Bilsdorfer RIW 1983, 850).

[47] Zum folgenden Rose DB 1980, 2464, 2467f.

[48] Abgestellt werden könnte etwa auf die anerkannten Regeln, die für die Feststellung eines Teilbetriebes i.S. von § 16 Abs. 1 Nr. 1 EStG entwickelt worden sind; hiernach genügt ein mit gewisser Selbständigkeit ausgestatteter, organisch geschlossener Teil des Gesamtbetriebes.

[49] So BFH, Urt. v. 16.11.1978, BStBl. II 1979, 246.

[50] BFH, Urt. v. 17.1.1973, BStBl. II, 160.

[51] BFH, Urt. v. 21.12.1976, BStBl. II 1977, 244. Zu vergleichen ist etwa bei einem Steuerpflichtigen, der mehrere Mietwohngrundstücke vermietet hat, seinen Bestand aber auch durch Zukäufe und Veräußerungen verändert, das Gesamtbild des reinen Wohnungsvermieters einerseits mit dem des reinen Bauträgers andererseits (BFH, Urt. v. 17.3.1981, BStBl. II, 522).

[52] Vgl. oben S. 73f.

erbrachte „Leistung" zum Zwecke der Einkünftequalifikation so betrachtet werden, als wäre sie von einer Einzelperson erbracht worden. Daher gelten meines Erachtens die soeben für die gemischte Tätigkeit von Einzelpersonen aufgestellten Grundsätze für die Gesellschafter von Personengesellschaften uneingeschränkt.

Die herrschende Meinung dagegen nimmt eine differenzierte Beurteilung nach Einkunftsarten vor. Nach weit verbreiteter Auffassung können Mitglieder einer Gesellschaft, die unterschiedlich zu qualifizierende nichtgewerbliche Tätigkeiten ausüben, Einkünfte aus mehreren Einkunftsarten nebeneinander beziehen.[53] Betätigt sich eine Personenvereinigung jedoch auch nur teilweise gewerblich, so sollen unabhängig davon, ob es sich um isoliert nebeneinander ausgeübte Tätigkeiten oder um gemischte Tätigkeiten im eigentlichen Sinne handelt, nach ständiger Rechtsprechung alle Tätigkeiten als gewerblich zu behandeln sein.[54] Diese Rechtsprechung ist nunmehr[55] in § 15 Abs. 3 Nr. 1 EStG gesetzlich verankert worden. Die in der Amtlichen Begründung hierzu vertretene Auffassung, eine materielle Rechtsänderung sei damit nicht verbunden,[56] ist, wie nachfolgend gezeigt wird, nicht zutreffend.

bb) Kritik an der gesetzlichen Neuregelung

Sinn und Zweck des § 15 Abs. 1 Nr. 2 EStG ist, Einzel- und Mitunternehmer „nach Möglichkeit" gleich zu behandeln.[57] Dieser Grundsatz gilt meines Erachtens unabhängig vom Streit um die einkommensteuerrechtlich richtige Erfassung der Personengesellschaft, denn Steuersubjekt, Träger von Leistungsfähigkeit ist nicht die Vereinigung als solche, es sind die einzelnen an ihr beteiligten natürlichen Personen.

aaa) Dieser Gedanke erfuhr durch § 2 Abs. 2 Nr. 1 GewStG,[58] auf den die bisherige Rechtsprechung ihre Auffassung von der Einheitlichkeit der Beurteilung maßgeblich stützte,[59] keinerlei Einschränkungen. Der Geltungsbe-

---

[53] Dazu oben S. 50.

[54] Vgl. die Darstellung der herrschenden Meinung und deren Begründungsansätze auf S. 48ff.

[55] Eingeführt durch Art. 7 des Steuerbereinigungsgesetzes 1986 v. 19.12.1985 (BGBl. I, S. 2436ff.).

[56] BR-Drucks. 165/85 v. 12.4.1985, S. 8.

[57] BFH, Urt. v. 19.10.1970, BStBl. II 1971, 177; BFH, Urt. v. 6.7.1978, BStBl. II, 647, 648; BFH, Urt. v. 25.1.1980, BStBl. II, 275, 276. BVerfG, Beschl. v. 15.7.1969, BStBl. II, 718, 720f. Auch die Finanzverwaltung will im Zweifel dem Ergebnis den Vorzug geben, das bei wirtschaftlich vergleichbarem Sachverhalt zu einer gleichmäßigen Besteuerung von Einzel- und Mitunternehmer führt (vgl. Abschn. 2 des „Mitunternehmer-Erlasses" v. 20.12.1977, BStBl. I 1978, 8).

[58] § 2 Abs. 2 Nr. 1 GewStG aufgehoben durch Art. 10 Nr. 1 des Steuerbereinigungsgesetzes 1986 vom 19.12.1985 (BGBl. I, S. 2436ff.).

[59] Vgl. die Nachweise auf S. 48f.

reich des § 2 Abs. 2 Nr. 1 GewStG beschränkte sich ausschließlich auf das Gewerbesteuerrecht.

Ausgangspunkt des Mißverständnisses der herrschenden Meinung war § 2 Abs. 1 Satz 2 GewStG („Unter Gewerbebetrieb ist ein gewerbliches Unternehmen im Sinne des Einkommensteuergesetzes zu verstehen"). Der Begriff des Gewerbebetriebs ist in § 15 Abs. 2 Satz 1 EStG definiert.[60] Der Gewerbebetriebsbegriff des § 2 Abs. 1 Satz 2 GewStG erfuhr jedoch in § 2 Abs. 2 Nr. 1 GewStG durch Fiktion („als Gewerbe *gilt* . . .")[61] eine Erweiterung. Hätte diese Norm auch im Einkommensteuerrecht gegolten, wäre deren Verankerung im Gewerbesteuergesetz überflüssig gewesen, da sich diese Rechtsfolge bereits unmittelbar aus § 2 Abs. 1 Satz 2 GewStG ergeben hätte.[62] Die gewerbesteuerrechtliche Fiktion des § 2 Abs. 2 Nr. 1 GewStG konnte also nicht auf das Einkommensteuerrecht durchschlagen,[63] sie bestätigte vielmehr, daß einkommensteuerrechtlich eine getrennte Beurteilung geboten ist. Die herrschende Meinung unterlag hier dem von Larenz beschriebenen Fehler, daß die juristische Fiktion vermöge der suggestiven Wirkung der Formulierung die Gefahr mit sich bringt, die tatsächlich doch bestehende Verschiedenheit zwischen den der gleichen Regel zu unterwerfenden Tatbeständen zu ignorieren und die Gleichsetzung über das sachlich vertretbare Maß auszudehnen.[64]

Gewerbesteuer und Einkommensteuer verfolgen unterschiedliche Zwecke auf unterschiedliche Art und Weise: Steuersubjekt der Einkommensteuer ist auch beim Tätigwerden von Personenvereinigungen die Einzelperson, bei der Gewerbesteuer hingegen die Personenvereinigung als solche, § 5 Abs. 1 Satz 3 GewStG. Steuerobjekt der Einkommensteuer ist die steuerbare Leistung, das Gewerbesteuergesetz hingegen erklärt nicht etwa die Erträge gewerblicher Unternehmen zum Steuerobjekt, sondern den Gewerbebetrieb

[60] Der einkommensteuerrechtliche Begriff des Gewerbebetriebs wurde im EStG erst durch das Steuerentlastungsgesetz 1984 (v. 22.12.1983, BGBl. I, S. 1583) „aus Gründen der Rechtssystematik und Rechtssicherheit" – so die Amtliche Begründung – übernommen. Vorher wurde die Definition des § 1 Abs. 1 GewStDV *entgegen* § 2 Abs. 1 Satz 2 GewStG (so zutreffend Tipke, Steuerrecht, 8. Aufl., S. 154) auch im Einkommensteuerrecht herangezogen.

[61] Wie Larenz, Methodenlehre, S. 251 prägnant ausführt, besteht die juristische Fiktion in der gewollten Gleichsetzung eines als *ungleich* Gewußten.

[62] Eine Parallelität ergibt sich im Bereich der Körperschaftsteuer: Hätte § 2 Abs. 2 Nr. 2 GewStG („als Gewerbebetrieb gilt stets und in vollem Umfang die Tätigkeit der Kapitalgesellschaften . . .") auch im Körperschaftsteuerrecht Geltung, so wäre die Umqualifizierungsvorschrift des § 8 Abs. 2 KStG entbehrlich, da die dort genannten Gesellschaften bereits qua § 2 Abs. 2 Nr. 2 GewStG nur gewerbliche Einkünfe haben könnten.

[63] Zur Aufgabe dieser Rechtsprechung vgl. oben S. 51.

[64] Larenz, Methodenlehre, S. 352; Esser, Wert und Bedeutung der Rechtsfiktionen, S. 31ff. Nach Spitaler StbJb. 1958/59, 409, 412 kann die juristische Fiktion „eine Art Hypnose auslösen", die den Rechtsanwender zu bewußt unrichtiger Subsumtion verleitet.

selbst (§ 2 Abs. 1 GewStG).[65] Der Objektsteuercharakter der Gewerbesteuer war auch gesetzgeberisches Motiv für die gesetzliche Fiktion in § 2 Abs. 2 GewStG.[66] Dieser grundsätzliche rechtliche Unterschied beider Steuerarten bedingt auch, daß die einheitliche Gewinnfeststellung für die Besteuerung nach dem Gewerbesteuergesetz nicht verbindlich ist.[67]

Demnach war bisher keine Rechtsnorm ersichtlich, die einkommensteuerrechtlich eine abweichende Behandlung des gemeinsam mit anderen tätig werdenden Unternehmers vom Einzelunternehmer gerechtfertigt hätte. Die Regelung des § 15 Abs. 3 Nr. 1 EStG 1986 ist daher nach meiner Auffassung als materielle Rechtsänderung zu qualifizieren.

bbb) Welche sachlichen Gründe den Gesetzgeber dazu veranlaßt haben, nun auch im Einkommensteuergesetz den Gewerbebetriebsbegriff des § 15 Abs. 2 Satz 1 EStG fiktiv zu erweitern, ist den Gesetzgebungsmaterialien nicht zu entnehmen. Es ist jedoch zu vermuten, daß letztlich die (angeblichen) *Ermittlungsprobleme* für die gesetzliche Festschreibung der einer sachlich zutreffenden Qualifizierung widersprechenden einheitlichen Beurteilung ausschlaggebend waren.[68] Auf diesen Gesichtspunkt hatte die diesbezügliche bisherige Rechtsprechung maßgeblich abgestellt: die Ermittlung von Einkünften unterschiedlicher Einkunftsarten wäre bei Personengesellschaften mit erheblichen Schwierigkeiten verbunden; es müßten im Gesellschaftsvermögen unterschiedliche Vermögensmassen gebildet werden, insbesondere könne im Falle einer Personenhandelsgesellschaft entgegen § 5 Abs. 1 EStG nicht mehr an die nach den §§ 6, 39ff. HGB (jetzt: § 238ff. HGB) vorgeschriebene Gewinnermittlung angeknüpft werden, die sich auf die gesamten Aktivitäten der Gesellschaft erstrecke.[69] Daß das Praktikabilitätsprinzip als primär technisches Prinzip nicht die gleiche Bedeutung hat wie etwa das Leistungsfähigkeitsprinzip, ist bereits oben[70] gezeigt worden. Im

---

[65] Vgl. Tipke, Steuerrecht, S. 395.

[66] Vgl. dazu die Amtliche Begründung zum Gewerbesteuerrahmengesetz v. 1.12.1930 (RT-Drucks. IV Nr. 568, S. 109ff.). Danach sollte die Fiktion des § 2 Abs. 2 GewStG einem „dringenden Verwaltungsinteresse" dienen, um die dort genannten Gesellschaften als *Einheit* zur Gewerbesteuer heranziehen zu können. Ein solches Interesse besteht für die Einkommensteuer aber gerade nicht, da sie als Personensteuer ausgestaltet ist.

[67] Lenski / Steinberg, Gewerbesteuergesetz, Anm. 95 zu § 2 GewStG; vgl. auch RFH, Urt. v. 10.1.1940, RStBl., 134: „... deshalb ist der der Einkommensteuerveranlagung zugrunde gelegte gewerbliche Gewinn für die Gewerbesteuer nicht bindend, sondern es bedarf hierfür der selbständigen Gewinnermittlung. Die an sich zu erstrebende Einheitlichkeit des Steuerrechts findet ihre Grenze eben in dem besonderen Wesen und den Zwecken der beiden Steuern. Der Unterschied zwischen Einkommensteuer und Gewerbesteuer zeigt sich insbesondere bei der steuerlichen Behandlung der Personengesellschaften."

[68] In diesem Sinne auch Herzig / Kessler DB 1985, (I) 2476, (II) 2528.

[69] So BFH, Urt. v. 10.11.1983, BStBl. II 1984, 152, 154 unter Hinweis auf Strutz, Kommentar zum Einkommensteuergesetz 1925, Anm. 30 zu § 29 EStG.

[70] S. 74f.

übrigen hat der Gesetzgeber das Einkommensteuerrecht als Einkunftsartenrecht ausgestaltet, also damit verbundene Ermittlungsschwierigkeiten bewußt in Kauf genommen. Warum diese bei teilweise gewerblicher gemeinsamer wirtschaftlicher Betätigung gravierender sein sollen als im Falle gemischt nichtgewerblich tätiger Personenvereinigungen oder bei gemischter Betätigung von Einzelpersonen, ist nicht recht ersichtlich.

Das soll an einem Beispiel verdeutlicht werden: Wenn etwa zwei Anwälte eine Gesellschaft bürgerlichen Rechts zur gemeinsamen Ausübung ihrer Praxis gründen, erzielen sie ohne Zweifel Einkünfte aus freiberuflicher Tätigkeit. Ist Zweck der Gesellschaft daneben die Verwaltung von Kapitalvermögen für die Altersversorgung, so erzielen die Sozii – Trennbarkeit der wirtschaftlichen Tätigkeiten vorausgesetzt – daneben Einkünfte aus Kapitalvermögen. Vermittelt die Gesellschaft statt dessen jedoch Interessenten für Bauherren-Modelle, sollen nicht nur die hieraus erzielten Gewinne zu den Einkünften aus Gewerbebetrieb gehören, die gesamte Tätigkeit der Sozii wird zum Gewerbebetrieb. Bei einem Einzelanwalt bliebe es in diesem Falle bei einer Aufteilung der Einkünfte.[71] Die Praktikabilitätserwägungen sind in den genannten Beispielsfällen die gleichen.

Auch der Hinweis der Rechtsprechung auf das *Handelsrecht,* für dessen Geltungsbereich sämtliche Tätigkeiten einer Personen*handels*gesellschaft immer gewerblich seien, sofern auch nur eine gewerbliche darunter sei,[72] vermag die These von der einheitlichen Beurteilung nicht zu stützen.

Zum einen ist der handelsrechtliche Begriff des Handelsgewerbes nicht mit dem einkommensteuerrechtlichen Begriff des Gewerbebetriebs identisch.[73] So erzielt etwa ein selbständiger Handwerker Einkünfte aus Gewerbebetrieb; erfordert sein Geschäftsbetrieb nach Art und Umfang eine kaufmännische Führung, hängt dessen Qualifikation als Handelsgewerbe von seiner Eintragung im Handelsregister ab; ist eine Eintragung unterblieben, so liegt kein Handelsgewerbe vor. Demgegenüber erzielt ein Land- und Forstwirt einkommensteuerrechtlich Einkünfte nach § 13 EStG, gleichgültig, ob er von der Möglichkeit des § 3 Abs. 2 und 3 HGB Gebrauch macht, seinen Betrieb handelsgewerblich als Handelsgewerbe zu führen.

Zum anderen beschränkt sich der Tätigkeitsbereich einer Personenhandelsgesellschaft meines Erachtens nicht notwendig auf den Betrieb eines Handelsgewerbes. Allgemeine Auffassung ist, daß eine Handelsgesellschaft

---

[71] Vgl. BFH, Urt. v. 9.8.1983, BStBl. II 1984, 129, 131 = FR 1984, 70 m. Anm. L. Schmidt, der die einheitliche Beurteilung bei Personengesellschaften für ungerechtfertigt hält.

[72] Vgl. die Nachweise unten in den Fn. 75 und 76.

[73] Ebenso Staub-Brüggemann, Großkommentar zum HGB, RdNr. 2 zu § 3 HGB; Schmidt, Einkommensteuergesetz, Anm. 8 a zu § 18 EStG; ders. FR 1980, 482, 492f.

zwei unterschiedliche Handelsgewerbe betreiben kann.[74] Daß sie neben dem Handelsgewerbe jedoch keine vermögensverwaltende Tätigkeit entfalten könne, begründet die herrschende Meinung[75] unter einmütigem Hinweis auf Ehrenberg[76] damit, daß eine Handelsgesellschaft keine „Privatsphäre" habe und nur existiere, um ein Handelsgewerbe zu betreiben. Der herausgestellte Gegensatz Privatsphäre – unternehmerische Sphäre ist meiner Auffassung nach für die aufgeworfene Fragestellung belanglos. Die vermögensverwaltende Tätigkeit kann nicht einer „privaten Lebenssphäre" zugeordnet werden, da auch sie in der Absicht Überschüsse zu erzielen betrieben wird; die Überschußerzielungsabsicht ist gemeinsames Merkmal jeder erwerbswirtschaftlichen Tätigkeit.[77] Schließlich sprechen gegen die Heranziehung des Handelsrechts auch die Durchbrechungen des in § 5 Abs. 1 EStG statuierten Maßgeblichkeitsgrundsatzes. So gehören etwa Wirtschaftsgüter des Gesamthandsvermögens einer Personengesellschaft nicht ausnahmslos zu deren Betriebsvermögen und können daher insoweit gerade nicht in den Betriebsvermögensvergleich miteinbezogen werden.[78]

Für die durch § 15 Abs. 3 Nr. 1 EStG erfolgte materielle Rechtsänderung im Sinne einer Ungleichbehandlung einzeln tätig werdender gegenüber gemeinsam tätig werdenden Personen sind demnach keine überzeugenden Gründe erkennbar.

---

[74] Vgl. dazu etwa Düringer / Hachenburg, Handelsgesetzbuch, Anm. 10 zu § 105 HGB m.w.N.

[75] BGH, Urt. v. 5.5.1960, NJW 1960, 1852, 1853; Schlegelberger / Hefermehl, Handelsgesetzbuch, Anm. 20 zu § 343 HGB. A. A. jedoch Wolff, Festgabe für v. Gierke, S. 135, der die Handelsgesellschaft dem Einzelkaufmann dahingehend gleichstellen will, daß sich auch der Lebensbereich einer Handelsgesellschaft begrifflich nicht in dem Betrieb des Unternehmens erschöpft.

[76] Ehrenberg, Handbuch des gesamten Handelsrechts Band II, S. 93f.: „Bei Handelsgesellschaften kann ein Zweifel im Sinne des § 343 nicht entstehen, weil diese eine private Lebenssphäre nicht besitzen, Geschäfte also stets einen handelsgewerblichen Charakter haben."

[77] Zutreffend lautet der Gegensatz daher Privatsphäre – Einkünfteerzielungssphäre.

[78] Ein Beispiel: Kauft eine Personengesellschaft von einem mit den Gesellschaftern befreundeten Dritten ohne jeglichen betrieblichen Anlaß eine Darlehensforderung, so ist diese handelsrechtlich, jedoch nicht steuerrechtlich zu bilanzieren, da ihr die Eigenschaft als Betriebsvermögen fehlt. Sie kann also nur der Vermögenskategorie „Privatvermögen" angehören. Zinseinnahmen sind daher Einkünfte aus Kapitalvermögen (§ 20 EStG) der Gesellschaft. Beispiele aus der Rechtsprechung: BFH, Urt. v. 22.5.1975, BStBl. II, 84 (vom Gesellschafter bewohntes Einfamilienhaus der Gesellschaft); BFH, Urt. v. 5.3.1981, DB 1981, 1858 (Goldtermingeschäfte).

3. Die Einkünftequalifikation bei freiberuflich tätig werdenden Personengesellschaften mit berufsfremden Mitgliedern

Die in den §§ 13ff. EStG aufgeführten typisierten Leistungen weisen ein gemeinsames[79] Merkmal auf: steuerbar ist die entgeltliche Verwertung von Leistungen (Wirtschaftsgütern oder Dienstleistungen) am Markt.[80] Die einzelnen Leistungen erfordern den Einsatz von Kapital, von Arbeitskraft oder einer Kombination beider „Produktionsfaktoren". Die den Einkünften aus freiberuflicher Tätigkeit (§ 18 Abs. 1 Nr. 1 EStG) zugrunde liegende Leistung ist – in erster Linie[81] – die selbständige entgeltliche Verwertung der eigenen Arbeitskraft.[82] Einen Oberbegriff für die drei in § 18 Abs. 1 Nr. 1 EStG genannten Arten freiberuflicher Tätigkeit[83] gibt es jedoch nicht.[84]

Von der gewerblichen Tätigkeit, deren positive Merkmale (vgl. § 15 Abs. 2 EStG) im übrigen auch auf die freiberufliche Tätigkeit zutreffen, unterscheidet sich diese dadurch, daß vom Steuerpflichtigen eine persönliche *qualifizierte* Arbeitsleistung erbracht wird.

a) Konsequenzen der Theorie von der partiellen Steuerrechtssubjektivität der Personengesellschaften

Es kann daher schon zweifelhaft sein, ob Einkünfte i.S. § 18 Abs. 1 Nr. 1 EStG durch gemeinsame wirtschaftliche Betätigung überhaupt erzielbar sind, da diese sämtlich persönliche Eigenschaften, z.B. eine wissenschaftliche Vorbildung erfordern, die nur ein Gesellschafter einer Personengesellschaft, der eine natürliche Person ist, haben kann, nicht aber die Gesellschaft selbst.[85] Eine Personenvereinigung kann weder Rechtswissenschaft

---

[79] Ausnahme: Die – ab 1.1.1987 weggefallene – systemwidrige Besteuerung des Nutzungswertes des selbstgenutzten Wohneigentums nach § 21 Abs. 2 EStG. Zur gesetzlichen Neuregelung vgl. Schmidt, Einkommensteuergesetz, „Aktueller Nachtrag", S. 1881ff.

[80] Ebenso Ruppe, in: Tipke (Hrsg.), Übertragung von Einkunftsquellen im Steuerrecht, S. 7, 16.

[81] Freilich gibt es auch unter den freien Berufen solche, deren Ausübung einen gewissen Kapitaleinsatz erfordern; man denke etwa an die häufig mit hoher Kapitalausstattung betriebenen Fach- und Zahnarztpraxen sowie die freiberuflich betriebenen Laboratorien. Trotz des Einsatzes solcher technischer Hilfsmittel steht jedoch nach wie vor die persönliche Arbeitsleistung des Berufsträgers im Vordergrund.

[82] Historisch ist anzumerken, daß noch § 15 des Preußischen Einkommensteuergesetzes vom 24.6.1891 (PrGS 1891, 195) unter der Überschrift „Einkommen aus gewinnbringender Beschäftigung" die Einkünfte aus freier Berufstätigkeit mit den heutigen Einkünften aus nichtselbständiger Arbeit zusammenfaßte.

[83] Das sind: wissenschaftlich u.s.w. ausgeübte Tätigkeiten, sog. „Katalogberufe" und den Katalogberufen ähnliche Berufe.

[84] BVerfG, Beschl. v. 25.10.1977, BStBl. II 1978, 125, 129.

[85] So auch BFH, Urt. v. 11.6.1985, DStR 1985, 638 m. Anm. -LS-.

studieren, noch Notar oder Rechtsanwalt sein. Die neue, herrschende Auffassung von der Einheit der Personengesellschaft müßte diese Frage daher konsequent verneinen. Wenn sich die Einkünftequalifikation bei Personengesellschaften nach der Tätigkeit dieser selbst richtet, wenn sie insoweit partielles Steuerrechtssubjekt ist, kann sie den Tatbestand freiberuflicher Einkünfte aus den soeben genannten Gründen nicht erfüllen. Diese Konsequenz wollen jedoch weder Rechtsprechung noch die dieser Rechtsprechung kritisch gegenüberstehende Literatur ziehen.[86] Die Tatbestandsmerkmale der freiberuflichen Tätigkeit werden vielmehr übereinstimmend bei den einzelnen Gesellschaftern geprüft: Die Reichweite der dogmatischen Erkenntnis von der partiellen Steuerrechtssubjektivität der Personengesellschaft endet also offenbar dort, wo als sachgerecht empfundene Ergebnisse nicht mehr erzielt werden können.

b) Eigene Auffassung

Derartige Friktionen lassen sich mit der oben entwickelten[87] eigenen Auffassung von der Einkünftequalifikation bei gemeinsamer wirtschaftlicher Betätigung vermeiden: Liegt eine solche nur dann vor, wenn die isoliert betrachtete Beitragsleistung mit der gemeinsam erbrachten Leistung qualitativ identisch ist, sie also einen nur quantitativen Ausschnitt der „Leistungsbeziehung" Personenvereinigung – Dritter darstellt, ist die Vereinigung der Leistungsbeziehungen im Verhältnis Personenvereinigung – Dritter nur dann als „freiberufliche Tätigkeit" im Sinne § 18 Abs. 1 EStG zu qualifizieren, wenn die Leistungsbeziehung Gesellschafter – Dritter als solche Tätigkeit zu qualifizieren ist. Letzteres ist nur dann der Fall, wenn der Gesellschafter selbst den Tatbestand des § 18 Abs. 1 Nr. 1 EStG verwirklicht. Eine freiberufliche Mitunternehmerschaft ist also nach der zugrunde gelegten eigenen Auffassung zumindest dann möglich, wenn sämtliche Gesellschafter den gleichen in § 18 EStG aufgeführten Beruf ausüben.

c) Beurteilung einzelner Fallgruppen

Probleme treten jedoch dann auf, wenn der für die Einkünftequalifikation entscheidende inhaltliche Parallellauf der Tätigkeiten der Gesellschafter nicht gegeben ist. Verschiedene Fallgestaltungen können hier unterschieden werden:[88] zum einen kann es sein *(Fall 1)*, daß sich Freiberufler mit Personen

---

[86] Vgl. dazu die Darstellung der verschiedenen vorgetragenen Auffassungen auf S. 52ff.

[87] S. 87.

[88] Eine Differenzierung läßt die einschlägige Literatur häufig vermissen; oft wird nur pauschal von „dem Berufsfremden" gesprochen.

gemeinsam betätigen, die keinerlei der in § 18 Abs. 1 Nr. 1 EStG genannten Berufszugangsvoraussetzungen erfüllen (Beispiele: Witwe des Gesellschafters einer Freiberufler-Gesellschaft; Architekt und Grundstücksmakler); zum anderen ist denkbar *(Fall 2)*, daß ein Gesellschafter einer Freiberufler-Gesellschaft eine Kapitalgesellschaft ist (Beispiel: Wirtschaftsprüfungsgesellschaft mbH & Co. KG); schließlich kommen Gestaltungen vor *(Fall 3)*, bei denen zwar alle Gesellschafter isoliert die Voraussetzungen für eine freiberufliche Tätigkeit erfüllen, eine Homogenität der Berufe jedoch nicht gegeben ist (Beispiel: Sozietät von Arzt und Krankengymnast).

aa) Im *Fall 1* ist zunächst zu prüfen, ob der Betätigung ein gemeinsamer Zweck zugrunde liegt, den zu fördern sich die Beteiligten gegenseitig verpflichtet haben. Im Beispielsfall der („berufsfremden") Witwe ist dieses meines Erachtens zu verneinen. Die Förderungspflicht bestünde darin, daß sich die Witwe aktiv am freiberuflichen Leistungserstellungsprozeß beteiligte, also selbst leitend und eigenverantwortlich freiberuflich tätig würde. Diese Voraussetzung kann sie meines Erachtens schon mangels Berufsqualifikation nicht erfüllen. Auch ein gemeinsamer Zweck wird regelmäßig fehlen, da für die Witwe nicht die gemeinsame Berufsausübung, sondern vielmehr der Vermögenswert ihrer Beteiligung im Vordergrund steht. Die Rechtsbeziehungen zwischen der Witwe und den Gesellschaftern sind also mangels Zweckübereinstimmung nicht gesellschaftsrechtlicher, sondern schuldrechtlicher Natur. An der weiterhin Einkünfte aus freiberuflicher Tätigkeit erzielenden „Freiberufler-Mitunternehmerschaft"[89] ist die Witwe somit nicht beteiligt, ihre Kapitaleinlage ist als partiarisches Darlehen i. S. § 20 Abs. 1 Nr. 4 EStG zu qualifizieren.[90]

Der Fall der Zusammenarbeit von Architekt und Grundstücksmakler ist hingegen anders zu beurteilen: Der gemeinsame Zweck liegt hier in Form der Ausübung *zweier verschiedener* Tätigkeiten vor;[91] jeder Gesellschafter macht hier den *ganzen* Zweck zu seinem eigenen – andernfalls wäre wohl schon der gesellschaftliche Zusammenschluß unterblieben. Wenn dies so ist,

---

[89] Gleicher Ansicht ist Schick, Die freien Berufe im Steuerrecht, S. 97, der jedoch im Falle einer nicht nur übergangsweisen Beteiligung der Witwe annimmt, sie würde Mitunternehmerin; dies ist aus den genannten Gründen abzulehnen.

[90] Eine echte stille Beteiligung scheidet schon deshalb aus, weil sich die Witwe an keinem „Handelsgewerbe" beteiligt, vgl. § 230 Abs. 1 HGB. Zur Abgrenzung Innengesellschaft – partiarisches Darlehen vgl. BGH, Urt. v. 9.2.1967, BB 1967, 439; BFH, Urt. v. 8.3.1984, BStBl. II, 623, 625 m.w.N. Für eine Beschränkung der Mitunternehmerschaft auf die „Freiberufler" auch Felix DStR 1985, 365. Einkünfte aus Gewerbebetrieb in vollem Umfang nehmen an Erdweg FR 1984, 602 und Jurkat GmbHR 1985, 88. Für volle Freiberuflichkeit plädieren Bordewin RWP SG 5.2, S. 580 und Jakob, StRK – Anmerkungen, R.5 zu § 15 Abs. 2 EStG 1975, S. 10f. für den Fall, daß sich die Tätigkeit der Gesellschaft als Ergebnis der Tätigkeit der berufsqualifizierten Gesellschafter erweist.

[91] Darin liegt der wesentliche Unterschied zum soeben behandelten Fall der Gesellschafterwitwe.

übt der berufsfremde Gewerbetreibende (Makler) einen freien Beruf (mit) aus, der Freiberufler (Architekt) ist an der Ausübung des Gewerbes mit beteiligt. Eine Tätigkeit i. S. § 18 Abs. 1 Nr. 1 EStG kann jedoch nicht mehr als freiberuflich qualifiziert werden, wenn sie von jemandem ausgeübt wird, der die Berufsqualifikation nicht innehat. Ebenso erfüllt eine Tätigkeit dann nicht den Tatbestand des § 18 Abs. 1 Nr. 1 EStG, wenn sie zwar von einem Berufsangehörigen vorgenommen wird, die Tätigkeit selbst jedoch nicht freiberuflicher Art ist. Da die verschiedenen Tätigkeiten in der Regel gegenseitig verflochten sind, sind sie bei beiden Gesellschaftern als gewerblich zu beurteilen. Die gemeinsame wirtschaftliche Betätigung von Architekt und Grundstücksmakler führt daher zu einheitlich gewerblichen Einkünften.

bb) Im *Fall 2* (Beteiligung einer Körperschaft) ist meines Erachtens zu differenzieren.[92] Da die Einkünftequalifikation im Einkommensteuergesetz von wenigen, neuerdings gesetzlich geregelten Ausnahmefällen abgesehen, rein tätigkeitsbezogen vorgenommen wird und § 8 Abs. 1 KStG diesbezüglich auf das Einkommensteuergesetz verweist,[93] ist zu prüfen, ob die an der Gesellschaft beteiligte Körperschaft freiberuflich tätig geworden ist. Dies ist nur dann der Fall, wenn die an der Kapitalgesellschaft beteiligten Gesellschafter und die zu ihrer Vertretung berufenen Personen wiederum selbst Angehörige freier Berufe sind,[94] denn die Personen, die nicht Berufsträger sind, können diese Eigenschaft selbstverständlich auch nicht durch den Zusammenschluß zu einer Körperschaft erwerben. Treffen diese Voraussetzungen zu, übt die Körperschaft ebenso wie die anderen Gesellschafter eine freiberufliche Tätigkeit aus, eine freiberufliche Mitunternehmerschaft liegt vor. Die Einkünfte der Körperschaft werden lediglich qua gesetzlicher Anordnung in § 8 Abs. 2 KStG umqualifiziert. Liegen diese Voraussetzungen nicht vor, ist also die Körperschaft bereits nach einkommensteuerrechtlicher Qualifikation gewerblich tätig, gelten die für den erstgenannten Fall soeben entwickelten Grundsätze.

cc) Erfüllen alle Gesellschafter isoliert betrachtet die Voraussetzungen eines freien Berufes, liegt jedoch keine Homogenität der Berufe vor *(Fall 3),*

---

[92] Der Fall der gewerblich geprägten Personengesellschaft i. S. § 15 Abs. 3 Nr. 2 EStG soll hier als gesetzlich geregelter Ausnahmefall nicht in die Betrachtung mit einbezogen werden. Zur Kritik an dieser gesetzlichen Regelung vgl. oben S. 102 ff.

[93] Körperschaftsteuersubjekte können grundsätzlich die Tatbestände aller Einkunftsarten mit Ausnahme der Einkünfte aus nichtselbständiger Arbeit verwirklichen, vgl. Felix / Streck, KStG, Anm. 5 zu § 8 KStG.

[94] Für diese Auffassung sprechen auch §§ 27, 28 der Wirtschaftsprüferordnung und §§49, 50 des Steuerberatungsgesetzes, nach denen auch Körperschaften die Anerkennung als Wirtschaftsprüfer- bzw. Steuerberatungsgesellschaften erhalten können. Zu pauschal Bordewin, RWP SG 5.2, S. 835, 850, der die Auffassung vertritt, eine Freiberufler-GmbH & Co. KG erziele unabhängig von der Qualifikation der Gesellschafter der GmbH freiberufliche Einkünfte.

ist ebenfalls zu differenzieren. Grundsätzlich individualisiert das Steuerrecht bei den Einkünften aus freiberuflicher Tätigkeit nach Berufen.[95] Jeder Beruf erfordert eine bestimmte qualifizierte Vorbildung, die formelle Berufszugehörigkeit gehört deshalb meines Erachtens zum Tatbestand des § 18 Abs. 1 Nr. 1 EStG. Übt etwa ein Rechtsanwalt selbständig die Heilkunde aus, wird niemand daran zweifeln, daß er wegen fehlender Berufsqualifikation als Arzt aus dieser Tätigkeit nicht freiberufliche, sondern gewerbliche Einkünfte bezieht. Der Zusammenschluß dieses Rechtsanwalts mit einem Arzt zur gemeinsamen Ausübung der Heilkunde[96] ändert an dieser Qualifikation selbstverständlich nichts. Anderes gilt jedoch meines Erachtens in den die Praxis beherrschenden Fällen der Zusammenarbeit verschiedener freier Berufe, die zu einer gemeinsamen Berufsgruppe gehören. So lassen sich etwa die in § 18 Abs. 1 Nr. 1 EStG aufgeführten sogenannten „Katalogberufe" unter den Oberbegriffen Heilberufe, rechts- und wirtschaftsberatende Berufe, technische Berufe und Medienberufe zusammenfassen. Im Beispielsfall der Zusammenarbeit von Arzt und Krankengymnast gehören beide Berufstätigkeiten den Heilberufen an, der Krankengymnast wird jedoch nur auf bestimmten Teilgebieten der Heilkunde tätig.[97] Aufgrund der Verwandtheit der Berufsbilder erzielen daher meines Erachtens beide Mitunternehmer freiberufliche Einkünfte.[98]

4. Die Einkünftequalifikation in Fällen der Betriebsaufspaltung

a) Der wirtschaftliche Hintergrund der Betriebsaufspaltung

Die von der Rechtsprechung geschaffene Rechtsfigur der Betriebsaufspaltung[99] wird meines Erachtens nur vor dem dieser Gestaltung zugrunde liegenden wirtschaftlichen Hintergrund verständlich:[100] Die Betriebsaufspaltung wurde steuerdogmatisch als eine Variante jener Fälle entwickelt, bei denen sich ein bisheriger Einzelunternehmer oder Mitunternehmer aus dem Geschäftsleben zurückziehen will und deshalb das Unternehmen als Ganzes oder zumindest wesentliche Betriebsgrundlagen an eine Kapitalgesellschaft

---

[95] So auch Schick, Die freien Berufe im Steuerrecht, S. 93.

[96] Auf das entgegenstehende Standesrecht sei hier nur hingewiesen.

[97] Vgl. dazu das Gesetz über die Ausübung des Berufes des Kankengymnasten vom 21.12.1958, BGBl. I, S. 985.

[98] Gleiches gilt meines Erachtens für die Zusammenarbeit anderer Berufe unter einem „Oberberufsbild", wie z. B. Rechtsanwalt und Notar, Steuerberater und Rechtsanwalt, Architekt und Ingenieur, Journalist und Bildberichterstatter und auch für die Zusammenarbeit von „Katalogberuflern" mit Personen, die einen „ähnlichen Beruf" i. S. von § 18 Abs. 1 Nr. 1 EStG ausüben, so etwa beratender Betriebswirt und Unternehmensberater.

[99] Vgl. die Darstellung der Rechtsprechung oben auf S. 54ff.

[100] Zum folgenden Walz, Steuergerechtigkeit und Rechtsanwendung, S. 343f. unter Hinweis auf Herrmann / Heuer, RdNr. 13 d, e zu § 15 EStG mit Nachweisen.

verpachtet.[101] Die damit aufgeworfene einkommensteuerrechtliche Frage, ob der Verpächter weiterhin gewerblich oder fortan verpachtend tätig wird, beantwortet die Rechtsprechung vom gewünschten Ergebnis her: Gegen die fortan verpachtende Tätigkeit spricht der Eintritt eines Gewinnrealisierungstatbestandes bei der Überführung des bisherigen Betriebsvermögens in Privatvermögen. Dies will man aus Gründen der Billigkeit und der Erhaltung der Betriebssubstanz vermeiden, weil vorliegend ja anders als bei einer Betriebsveräußerung dem Verpächter kein Gegenwert zufließt, aus dem er die Steuer finanzieren kann. Handelt es sich um einen mit Dritten abgeschlossenen Betriebspachtvertrag, räumt die Rechtsprechung dem Verpächter gar ein mittels Erklärung gegenüber dem Finanzamt auszuübendes Wahlrecht ein, den Gewerbebetrieb aufzugeben und die stillen Reserven versteuern zu wollen oder ihn fortzuführen (Fortsetzung des Gewerbebetriebs ohne werbende Tätigkeit, sog. „ruhender Gewerbebetrieb").[102] Bei enger sachlicher und personeller Verflechtung zwischen Verpächter und Pächter bemüht die Rechtsprechung die Hilfskonstruktion der Betriebsaufspaltung. Die angenommene Notwendigkeit der Vermeidung der Versteuerung stiller Reserven zog die Rechtsprechung so in den Bann, daß die Frage nach der gesetzlichen Grundlage der Qualifikation der Einkünfte des Verpächters als gewerblich, insbesondere nach der bundesverfassungsgerichtlichen Bestätigung dieser Judikatur,[103] an Bedeutung verlor.

Bei dem der Betriebsaufspaltung zugrunde liegenden Sachverhalt sind die Pachteinnahmen des Verpächters ihrer Art nach als Einkünfte aus Vermietung und Verpachtung gemäß § 21 Abs. 1 Nr. 1 EStG zu qualifizieren.[104] Die Einkünfte könnten jedoch unter zwei Aspekten im Rahmen einer gewerblichen Tätigkeit erzielt worden sein (§ 21 Abs. 3 EStG): zum einen ist denkbar, daß der Verpächter als Einzelunternehmer (§ 15 Abs. 1 Nr. 1 EStG) bzw. die Verpächter mitunternehmerisch (§ 15 Abs. 1 Nr. 2 EStG) *selbst* eine gewerbliche Tätigkeit entfalten; zum anderen muß geprüft werden, ob der bzw. die Verpächter gemeinsam mit der Betriebskapitalgesellschaft in Mitunternehmerschaft gewerblich tätig sind (§ 15 Abs. 1 Nr. 2 EStG).

---

[101] Was etwa die Möglichkeit der Fremdorganschaft und der Haftungsbegrenzung eröffnet.

[102] Vgl. dazu die grundlegende Entscheidung des Großen Senats des BFH v. 13.11.1963, BStBl. II 1964, 124. Walz, Steuergerechtigkeit und Rechtsanwendung, S. 344, konstatiert, daß der Große Senat damit praeter legem ein subjektives öffentliches Recht geschaffen habe.

[103] BVerfG, Beschl. v. 14.1.1969, BStBl. II, 389 – ergangen zur Gewerbesteuer.

[104] BFH, Urt. v. 12.11.1985, BStBl. II 1986, 296.

b) *Die Auffassung der Rechtsprechung*

Die Rechtsprechung geht vom Vorhandensein zweier Unternehmen aus[105] und bejaht bei sachlicher und personeller Verflechtung mit der Betriebsgesellschaft die selbständige gewerbliche Tätigkeit des Besitzunternehmens. Das für die Annahme der gewerblichen Tätigkeit erforderliche und diese von der Vermögensverwaltung abgrenzende Merkmal der Beteiligung am allgemeinen wirtschaftlichen Verkehr liege darin, daß sich die Betriebsgesellschaft mittels eines unterstellten einheitlichen geschäftlichen Betätigungswillens „über die Betriebsgesellschaft“ an diesem Verkehr beteilige.[106] Die Gesellschafter der Besitzgesellschaft werden also nur durch Zurechnung von Merkmalen, die sie als Gesellschafter der Betriebsgesellschaft erfüllen, zu gewerblichen Mitunternehmern.[107] Solch eine Situation spricht aber gerade *nicht* für einen selbständigen Gewerbebetrieb. Im übrigen werden die Gesellschafter einer Betriebskapitalgesellschaft nicht gewerblich tätig, sie erzielen gemäß § 20 Abs. 1 Nr. 1 EStG vielmehr Einkünfte aus Kapitalvermögen. Die Teilnahme am wirtschaftlichen Verkehr vollzieht die GmbH selbst, § 8 Abs. 2 KStG i.V.m. § 15 Abs. 2 EStG. Die Rechtsprechung fingiert also eine Beteiligung an einer Kapitalgesellschaft, die gerade keine Mitunternehmerschaft begründet, zum Gewerbebetrieb und unterstellt, der Gesellschafter der Besitzgesellschaft werde auch als solcher in seiner fingierten Eigenschaft als Gewerbetreibender tätig. Ein meines Erachtens eindeutiger Verstoß gegen das Prinzip der Gesetzmäßigkeit der Besteuerung, der ersichtlich nur dazu dient, Überschußeinkünfte als Gewinneinkünfte zu erfassen und damit den vom Gesetzgeber vorgegebenen Dualismus bei der Einkünfteermittlung zu umgehen. Die Möglichkeit der Annahme eines selbständigen Gewerbebetriebes des Verpächters scheidet daher aus.[108]

c) *Die Annahme einer einheitlichen Gesellschaft*

Es lassen sich vielmehr einige Kriterien auffinden, die für eine Gesellschaft als Voraussetzung für die Annahme einer gewerblichen Mitunterneh-

---

105 BFH, Beschl. v. 8.11.1971, BStBl. II 1972, 63, 65.

106 BFH, Urt. v. 25.7.1963, BStBl. III, 505.

107 Diese Auffassung von der Maßgeblichkeit der hinter Besitz- und Betriebsgesellschaft stehenden Personen hinsichtlich des einheitlichen geschäftlichen Betätigungswillens ist meines Erachtens mit der neuen Rechtsprechung zur Handlungs- und Wirkungseinheit Personengesellschaft und mit deren partieller Steuerrechtsfähigkeit nicht mehr zu vereinbaren (vgl. dazu oben S. 56). Die das „Rechtsinstitut“ der Betriebsaufspaltung aufrecht erhaltende neueste Rechtsprechung (BFH, Urt. v. 12.11.1985, BStBl. II 1986, 296) übersieht, daß eine sachliche und personelle Verflechtung nicht etwa zwischen Besitz- und Betriebsgesellschaft, sondern nur zwischen den jeweils hinter den beiden Gesellschaften stehenden Gesellschaftern angenommen werden kann.

108 So auch Costede StuW 1977, 208, 216.

merschaft zwischen den Gesellschaftern der Besitzgesellschaft und der Betriebskapitalgesellschaft selbst sprechen. Wenn die Betriebsaufspaltung dadurch gekennzeichnet ist, „daß die hinter dem Besitz- und dem Betriebsunternehmen stehenden Personen einen einheitlichen geschäftlichen Betätigungswillen haben, der (über das Betriebsunternehmen) auf die Ausübung einer gewerblichen Betätigung (§ 1 Abs. 1 GewStDV) gerichtet ist",[109] so kann das nur bedeuten, daß die natürlichen und (die Gesellschafter der) juristischen Person zu dem gemeinsamen Zweck der Ausübung eines Gewerbes tätig werden, wobei die Förderungspflichten auf die Bereitstellung der wesentlichen Betriebsgrundlagen sowie die Ausübung der Gesellschafterrechte an der Betriebsgesellschaft gerichtet sind. Doch auch gegen diesen Lösungsansatz bestehen erhebliche Bedenken: ein „Durchgriff" auf die hinter der Betriebskapitalgesellschaft stehenden Gesellschafter erklärte die Gesellschafter selbst zu Mitunternehmern. Dies widerspräche der klaren gesetzlichen Anordnung in § 20 Abs. 1 Nr. 1 EstG, wonach Gesellschafter von Kapitalgesellschaften Einkünfte aus Kapitalvermögen beziehen, und wäre auch ein Verstoß gegen die in § 1 KStG angeordnete Steuerrechtssubjektivität der juristischen Personen; danach wird das Gewerbe von der Kapitalgesellschaft selbst betrieben und nicht von ihren Gesellschaftern. Es gibt auch keine auf übergeordneter dogmatischer Ebene getroffene Grundsatzentscheidung über eine abweichende Behandlung interessenmäßig absolut gleichgeschalteter, handelsrechtlich rein instrumental eingesetzter Kapitalgesellschaften.[110] Eine solche Grundsatzentscheidung müßte in allen dogmatisch gleichgelagerten Fällen, so etwa bei der GmbH & Co. KG und der Einmann-GmbH Anwendung finden.

d) Eigene Auffassung

Zutreffender Ausgangspunkt für die Besteuerung der Gesellschafter der Besitzgesellschaft ist nach den oben[111] erarbeiteten Grundsätzen der Zuordnung der steuerbaren Leistung zur „richtigen" Einkunftsart die Qualifikation der isoliert betrachteten Beitragsleistung des Besitzgesellschafters, die vorliegend zu Einkünften aus Vermietung und Verpachtung führt.[112] Zu prüfen ist, ob diese Verpachtungsleistung einer isolierten Einkünftequalifikation zugänglich oder ob sie selbst wiederum durch eine umfassendere Leistung des Steuerpflichtigen veranlaßt, deren nicht trennbarer Bestandteil ist. Eine derartige Leistung könnte die Kapitalüberlassung des Gesellschafters der Betriebskapitalgesellschaft an diese darstellen. Zwar ist durchaus

---

[109] BFH, Urt. v. 18.6.1980, BStBl. II 1981, 39, 40.
[110] So auch Walz, Steuergerechtigkeit und Rechtsanwendung, S. 343.
[111] S. 76ff.
[112] Vgl. oben S. 122.

anzunehmen, daß die Verpachtung wesentlicher Betriebsgrundlagen auch die Gesellschafterstellung des Verpächters in der Betriebskapitalgesellschaft stärkt, er diese über seine Mitgliedschaft und über die Eigentumsposition an den Betriebsmitteln zusammen mit den anderen Besitzgesellschaftern sogar beherrscht, doch fehlt es anders als in den Fällen der mitunternehmerischen Betriebsaufspaltung[113] an einer Zuordnungsnorm, die Rechtsgeschäfte zwischen dem Gesellschafter einer Kapitalgesellschaft und dieser selbst negiert und das Entgelt aus der schuldrechtlichen Leistungsbeziehung den Einkünften aus Kapitalvermögen des Gesellschafters zuordnet. Der Verpächter empfängt das Pachtentgelt daher nicht in seiner Eigenschaft als Gesellschafter der GmbH. Die Körperschaftssphäre und die Gesellschaftersphäre werden auch in den Fällen beherrschender Kapitalgesellschafter strikt getrennt. Als Ergebnis bleibt daher festzuhalten, daß eine Umqualifikation der verpachtenden Tätigkeit der Gesellschafter der Besitzgesellschaft unter keinem rechtlichen Gesichtspunkt angezeigt ist. Der Versuch der Rechtsprechung mit Hilfe der Grundsätze über die Betriebsaufspaltung unerwünschte Folgen der unterschiedlichen Arten der Einkünfteermittlung beseitigen zu wollen, ist daher als unvereinbar mit dem Prinzip der Gesetzmäßigkeit der Besteuerung abzulehnen.

Rechtspolitisch wäre zu überlegen, ob nicht generell beherrschende Kapitalgesellschafter personalistisch strukturierter Kapitalgesellschaften als Gewerbetreibende mit gewerblichen Einkünften besteuert werden sollten.[114] Bis dahin kann der Rechtsprechung meines Erachtens anempfohlen werden, sich die Auffassung von Hensel in der Bonner Festgabe für Zitel-

---

[113] Bei der mitunternehmerischen Betriebsaufspaltung wird eine Personengesellschaft, in der Regel eine GmbH & Co. KG, als Betriebsgesellschaft tätig. Der BFH hat in einem neuen Urteil (v. 25.4.1985, BStBl. II, 622) seine frühere Rechtsprechung aufgegeben und den Anwendungsbereich der Betriebsaufspaltung in diesen Fällen nur dann für gegeben erachtet, wenn die Zuordnungsnorm des § 15 Abs. 1 Nr. 2 Hs. 2 EStG *nicht* eingreift. Diese Norm erfaßt nach der Rechtsprechung auch Entgelte für Leistungen, die alle Gesellschafter der die Leistung empfangenden und die Vergütung gewährenden Personengesellschaft gemeinsam erbringen, sofern nur die in Frage stehenden Leistungen wirtschaftlich durch das Gesellschaftsverhältnis zu der die Leistung empfangenden Personengesellschaft veranlaßt sind und nicht lediglich zufällig mit diesem zusammentreffen (BFH, Urt. v. 23.5.1979, BStBl. II, 763; BFH, Urt. v. 30.11.1978, BStBl. II 1979, 236). Einfacher ausgedrückt: Der/die Verpächter empfangen das Pachtentgelt in ihrer Eigenschaft als Gesellschafter der Betriebsgesellschaft, es ist daher als eine Vergütung für die Überlassung von Wirtschaftsgütern nach § 15 Abs. 1 Nr. 2 Hs. 2 EStG zu qualifizieren. Am Rande sei bemerkt, daß sich der BFH in diesem Urteil bemüht, die im Handelsregister als Kommanditgesellschaft eingetragene Besitzgesellschaft als eine Gesellschaft bürgerlichen Rechts zu qualifizieren und diese mit einer Bruchteilsgemeinschaft gleichzusetzen; andernfalls wäre er mit dem vom Großen Senat postulierten Grundsatz der Handlungs- und Wirkungseinheit der Personengesellschaft in Konflikt geraten.

[114] Ein diesbezügliches Wahlrecht wurde bereits 1925 von Enno Becker, Verhandlungen des 33. Deutschen Juristentages, S. 461 gefordert und wird im US-amerikanischen Steuerrecht seit 1958 mit Erfolg praktiziert (sog. Subchapter S des Internal Revenue Code); dafür auch Walz, Steuergerechtigkeit und Rechtsanwendung, S. 373ff. und wohl auch Costede StuW 1977, 208, 219.

mann zu eigen zu machen: „... es wird dem Richter in vielen Fällen wertvoller erscheinen, den Gesetzgeber auf die Mängel des Gesetzes durch Abweisung des Steueranspruchs hinzuweisen, als durch dessen Bejahung die Rechtsunsicherheit zu verstärken und den Fehler zu sanktionieren."[115]

5. Die Einkünftequalifikation bei vermögensverwaltenden Personenvereinigungen mit betrieblich beteiligten Mitgliedern

Gemäß § 14 Satz 3 AO liegt „Vermögensverwaltung ... in der Regel vor, wenn Vermögen genutzt, zum Beispiel Kapitalvermögen verzinslich angelegt oder unbewegliches Vermögen vermietet oder verpachtet wird". Betreibt der Steuerpflichtige die Vermögensverwaltung in Gemeinschaft mit anderen, sucht man im Einkommensteuergesetz vergeblich nach einer § 15 Abs. 1 Nr. 2 EStG entsprechenden Regelung. Mangels abweichender Anordnung ist dem Einkommensteuergesetz daher der Grundsatz zu entnehmen, daß sich durch gemeinschaftliches Tätigwerden an der Einkünftequalifikation nichts ändern soll.[116]

In Fällen, in denen sich ein Gewerbetreibender aus betrieblichen Gründen an einer vermögensverwaltenden Personenvereinigung beteiligt, erschöpft sich dessen Tatbestandsverwirklichung jedoch nicht in der „vereinigten Leistung" – verstanden als Summe der isoliert betrachteten Beitragsleistungen der Gesellschafter –, sie ist vielmehr Ausfluß eines gewerbliche Wesenszüge tragenden Verhaltens. Seine steuerbare Leistung ist daher eine gewerbliche.[117] Im Extremfall, in dem die Beteiligung sämtlicher an einer vermögensverwaltenden Personenvereinigung beteiligten Mitglieder eigenbetriebliche Gründe hat,[118] ist die Qualifikation der isoliert betrachteten Beitragsleistung (im Sinne eines Bruchteils der „vereinigten Leistung") als Vermögensverwaltung für die Besteuerung sämtlicher Mitglieder ohne jegliche einkommensteuerrechtliche Bedeutung. Die Einkünfteermittlung ist, da die Mitglieder gewerbliche Einkünfte erzielen, nach §§ 4ff. EStG vorzunehmen.[119]

---

[115] Hensel, S. 217, 230.

[116] Dieser Grundsatz gilt unabhängig vom Streit um die einkommensteuerrechtlich „richtige" Einordnung der Personengesellschaft; vgl. BFH GrS, Beschl. v. 19.10.1970, BStBl. II 1971, 177, 178 (noch auf der Grundlage der Bilanzbündeltheorie); BFH, Urt. v. 23.7.1975, BStBl. II 1976, 180, 181; BFH GrS, Beschl. v. 15.6.1984, BStBl. II, 751, 762.

[117] Vgl. dazu bereits oben S. 86. Der eigenständige Lösungsansatz zu den dabei auftauchenden Problemen der Einkünfteermittlung wurden oben auf S. 88ff. ausführlich dargestellt.

[118] Oder die kraft Rechtsform nur gewerbliche Einkünfte erzielen können.

[119] Zu den dabei auftauchenden verfahrensrechtlichen Schwierigkeiten siehe oben S. 95ff.

6. Die Einkünftequalifikation bei Leistungsbeziehungen zwischen der Gesellschaft und ihren Gesellschaftern

a) *Anerkennung und mögliche Richtungen einer Leistungsbeziehung*

Leistungsbeziehungen zwischen der Gesellschaft und ihren Gesellschaftern sind in zwei Richtungen denkbar.

Handelt es sich bei einer Leistung der Gesellschaft an den Gesellschafter um ein Entgelt für die Beitragsleistung des Gesellschafters, so liegt auf seiten der Gesellschaft keine echte Leistung vor, dieses Entgelt ist vielmehr Teil des erwirtschafteten Gewinns/Überschusses, der dem Gesellschafter in seiner Eigenschaft als Mitglied der Vereinigung als Gegenleistung für seine Beitragsleistung zufließt. Einkommensteuerrechtliche Auswirkungen hat dieser Vorgang weder bei der Gesellschaft noch beim Gesellschafter. Die Gesellschaft kann jedoch an den Gesellschafter auch Leistungen auf der Basis eines schuldrechtlichen Leistungsaustausches erbringen;[120] nur in diesen Fällen kann eine steuerrechtlich relevante Leistungsbeziehung bejaht werden.

Zum anderen kann auch der Gesellschafter an die Gesellschaft Leistungen erbringen. Auch hier ist zu differenzieren: Handelt es sich dabei um eine gesellschaftsrechtliche Beitragsleistung im Rahmen der Pflichten des Gesellschafters zur Förderung des gemeinsamen Zweckes, liegt eine Leistungsvereinigung (gemeinsame wirtschaftliche Betätigung) mit den übrigen Gesellschaftern vor; ein Leistungsaustausch besteht hier nicht zwischen Gesellschafter und Gesellschaft, Partner der Leistungsbeziehung ist vielmehr der mit der Gesellschaft kontrahierende Dritte.[121] Häufig werden jedoch von Gesellschaftern Leistungen an die Gesellschaft unabhängig von gesellschaftlichen Beitragsverpflichtungen auf besonderer schuldrechtlicher Grundlage erbracht. Ein Gesellschafter schließt etwa mit der Gesellschaft einen Mietvertrag über ein ihm gehörendes Bürogebäude ab, aufgrund eines Arbeitsvertrages wird er als Geschäftsführer seiner Gesellschaft tätig, aufgrund Darlehensvertrages überläßt er seiner Gesellschaft Kapital.

b) *Auffinden der relevanten steuerbaren Leistungen*

Voraussetzung einer zutreffenden Einkünftequalifikation in den Fällen echter Leistungsaustauschbeziehungen zwischen Gesellschaft und Gesell-

[120] Zivilrechtlich wird die Möglichkeit von auf Leistungsaustausch gerichteten schuldrechtlichen Beziehungen zwischen Gesellschaft und Gesellschafter allgemein anerkannt; vgl. MüKo-Ulmer, RdNr. 153 zu § 705 BGB für die BGB-Gesellschaft und Fischer, in: Staub, Großkommentar HGB, Anm. 23 zu § 105 HGB für die OHG sowie Groh, in: Festschrift für Flume, Band II, S. 71, 73.

[121] Vgl. dazu oben S. 73f.

schafter ist das Auffinden der zutreffenden zugrunde liegenden steuerbaren Leistung. Gemäß dem oben[122] erarbeiteten Einkünftequalifikationsmodell bei gemeinsamer wirtschaftlicher Betätigung erbringt ein leistender Gesellschafter die Leistung nicht der Gesellschaft, vielmehr den übrigen Gesellschaftern gegenüber als quantitativen Ausschnitt seiner Leistung an die Gesellschaft. Der Leistungsstrang führt also vom leistenden Gesellschafter über die Gesellschaft zu den einzelnen Gesellschaftern. Leistet umgekehrt die Gesellschaft an den Gesellschafter, so erbringt die steuerbare Leistung nicht etwa die Gesellschaft, die einzelnen Gesellschafter erbringen vielmehr die entsprechenden Leistungsanteile an den die Leistung empfangenden Gesellschafter. Bildlich läßt sich dieser Sachverhalt wie folgt darstellen:

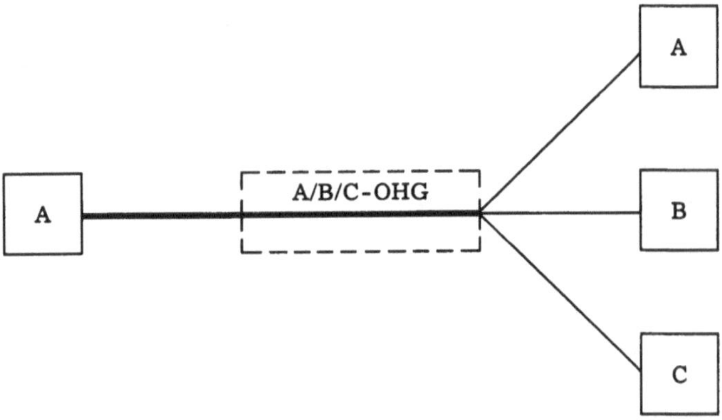

Daraus folgt, daß zwischen dem je nach Richtung der Leistungsbeziehung schuldrechtlich berechtigten bzw. verpflichteten A und dem Gesellschafter A keine steuerbare Leistungsbeziehung besteht, da Leistender und Leistungsempfänger dieselbe Person sind.[123] Die zwischen den Einkommensteuerrechtssubjekten A und B sowie A und C bestehende Leistungsbeziehung ist ein quantitativer Ausschnitt der „Leistungsbeziehung" zwischen A und der A / B / C – OHG, der sich grundsätzlich nach deren gesellschaftsrechtlicher Beteiligungsquote bemißt.[124]

---

[122] S. 87.

[123] Dies entspricht der zivilrechtlichen Rechtslage bezüglich Rechten und Pflichten von Gesellschaftern einer BGB-Gesellschaft aus Drittgeschäften mit der Gesellschaft. Der Gesellschafter kann eine ihm gegen die BGB-Gesellschaft zustehende Forderung sowohl dieser gegenüber geltend machen als auch einzelne Gesellschafter nach § 427 BGB als Gesamtschuldner in Anspruch nehmen. In beiden Fällen muß er sich jedoch den auf ihn entfallenden Forderungsanteil anrechnen lassen. Vgl. dazu BGH, Urt. v. 1.12.1982, NJW 1983, 749; MüKo-Ulmer, RdNr. 168 zu § 705 BGB m.w.N. Wegen der gesetzlichen Anordnung in § 124 HGB gilt für Personenhandelsgesellschaften abweichendes; dazu Fischer, in: Staub, Großkommentar HGB, Anm. 23f. zu § 124 HGB.

[124] Zur Maßgeblichkeit einer von der Beteiligungsquote abweichenden Gewinnverteilungsabrede vgl. Schmidt, Einkommensteuergesetz, Anm. 70 zu § 15 EStG m.w.N.

c) Beurteilung von Einzelfällen

Besonderheiten der Einkünftequalifikation bei Leistungsbeziehungen zwischen Gesellschaft und Gesellschafter sollen an Beispielen erläutert werden. Dabei ist es wegen unterschiedlicher gesetzlicher Vorgaben zweckmäßig, zwischen Leistungen, die die Gesellschaft an den Gesellschafter und solchen, die der Gesellschafter an die Gesellschaft erbringt, sowie innerhalb dieser Gruppen zwischen der Erzielung von Überschußeinkünften (§ 2 Abs. 1 Nrn. 4-7 EStG) und von Gewinneinkünften (§ 2 Abs. 1 Nrn. 1-3 EStG) zu unterscheiden.

aa) Vermieten A und B gemeinsam als zu gleichen Teilen berechtigte Gesellschafter einer Einkünfte aus Vermietung und Verpachtung erwirtschaftenden Gesellschaft bürgerlichen Rechts (GbR) – ohne gesellschaftsrechtlich dazu verpflichtet zu sein – ein in ihrem Gesamthandseigentum befindliches Bürohaus an den A, der darin ein Gewerbe ausübt, zum Preis von 100, so vermietet einkommensteuerrechtlich A an sich selbst, B erzielt aus seiner Leistungsbeziehung mit A Einkünfte aus Vermietung und Verpachtung in Höhe von 50. A hat als Mieter Betriebsausgaben in Höhe von 50.

bb) Ist Gesellschaftszweck der Gesellschaft daneben der An- und Verkauf von Immobilien, erwirtschaftet sie Einkünfte aus Gewerbebetrieb (§ 15 Abs. 1 Nr. 2 EStG).[125] Ein Unterschied zum oben genannten Beispiel besteht nur insoweit, als B nun aus seiner Leistungsbeziehung mit A Einkünfte aus Gewerbebetrieb erzielt. Da der vereinbarte Mietzins hier sowohl beim Gesellschafter A wie beim Mieter A im Zusammenhang mit gewerblichen Einkünften steht, ist es meines Erachtens in diesen Fällen aus *Praktikabilitätsgründen* möglich oder sogar geboten, für die Frage der Einkünftequalifikation und -ermittlung die Personengesellschaft als Einheit und Endpunkt von Leistungsbeziehungen anzuerkennen, da hierdurch im Besteuerungsergebnis keine Abweichungen auftreten: Dem Gewinnanteil des A und des B von je 50 stehen Betriebsausgaben des A von 100 gegenüber.[126]

cc) Gewährt A im erstgenannten Beispiel der vermögensverwaltenden GbR – wiederum ohne gesellschaftsrechtliche Verpflichtung – ein verzinsliches Darlehen (Zinsen: 100), etwa zur Durchführung von Renovierungsarbeiten, so besteht seine steuerbare Leistung bei isolierter Betrachtungsweise in der Nutzungsüberlassung von Kapital an den Gesellschafter B. Die Leistung könnte jedoch durch die Beitragsleistung des A zur gemeinschaftlich erbrachten Vermietungsleistung veranlaßt sein. Dies ist meines Erachtens

---

[125] Da der An- und Verkauf von Immobilien unter den Voraussetzungen des § 2 HGB ein Handelsgewerbe darstellt, wird die Gesellschaft in diesem Fall zur offenen Handelsgesellschaft.

[126] So im Ergebnis auch die neuere Rechtsprechung des BFH zur „Handlungs- und Wirkungseinheit Personengesellschaft"; vgl. dazu die Darstellung bei Döllerer DStZ/A 1983, 179, 182; hier geht es nicht mehr um Qualifikations-, sondern um bloße Zuordnungsfragen.

dann der Fall, wenn sich A im allgemeinen wirtschaftlichen Verkehr *nicht* als „Geldverleiher" betätigt, diese Aktivität also nur im Hinblick auf seine Vermietungsleistung entfaltet. Unabhängig von der zivilrechtlichen Qualifikation der Nutzungsüberlassung als Darlehensvertrag liegt dann steuerrechtlich eine Beitragsleistung des Gesellschafters A vor; die gezahlten Zinsen sind ebenso wie der Überschuß-/Unterschußanteil aus dem Gesellschaftsergebnis Einkünfte aus Vermietung und Verpachtung. Daher kann aus *Praktikabilitätsgründen* für Zwecke der Einkünfteermittlung davon ausgegangen werden, daß dem Unterschußanteil des A und B von jeweils 50 eine „Sondereinnahme" des A in Höhe von 100 gegenübersteht. Übt A jedoch den Beruf des Bankiers aus und überläßt er dem Gesellschafter B in diesem Rahmen ein Darlehen, so ist die Hingabe des Darlehens nicht durch das Gesellschaftsverhältnis veranlaßt, A erzielt infolgedessen aus seiner Leistungsbeziehung mit B Zinsen in Höhe von 50 als Einkünfte aus Gewerbebetrieb nach § 15 Abs. 1 Nr. 1 EStG.

Die *Rechtsprechung* beurteilt Fälle, in denen ein Gesellschafter an seine (vermögensverwaltend tätige) Gesellschaft Leistungen erbringt, jedoch nach anderen Kriterien. Für den RFH war es selbstverständlich, daß auch auf schuldrechtlicher Grundlage erbrachte „Sonderleistungen" eines Gesellschafters unabhängig von deren Art in der Einkunftsart, die die Gesellschaft verwirklichte, erbracht wurden.[127] Der BFH macht hingegen die Qualifikation unter Hinweis darauf, daß eine entsprechende Anwendung des § 15 Abs. 1 Nr. 2 Hs. 2 EStG auf Überschußeinkünfte nicht in Betracht komme, von der gewählten zivilrechtlichen Gestaltung als Beitragsleistung oder eigenständiges Schuldverhältnis abhängig.[128] Im letzteren Fall sollen die Darlehenszinsen in voller Höhe Einnahmen aus Kapitalvermögen, für die Gesellschaft in voller Höhe Werbungskosten aus Vermietung und Verpachtung sein. Der Nichtanwendung des § 15 Abs. 1 Nr. 2 Hs. 2 EStG kann zugestimmt werden,[129] die Maßgeblichkeit der zivilrechtlichen Gestaltung ist meines Erachtens abzulehen. Zivilrechtliche Gestaltungen haben lediglich Indizwirkung für das Steuerrecht.[130] Ob die zur Verfügungstellung von Kapital im Rahmen einer gesellschaftsrechtlichen Beitragspflicht erbracht

---

[127] RFH, Urt. v. 8.1.1936, RStBl., 135; die Ausführungen des Urteils legen die Vermutung nahe, daß Grund für diese Einbeziehung das – andernfalls gefährdet erscheinende – gesonderte Feststellungsverfahren war.

[128] BFH, Urt. v. 18.11.1980, BStBl. II 1981, 510.

[129] Ebenso Groh JbFfSt. 1979/80, 209, 239; Kruse JbFfSt. 1979/80, 245f.; Schmidt-Liebig FR 1982, 553, 554; für diese Auffassung spricht meines Erachtens entscheidend, daß der Gesetzgeber im Jahre 1980 (Gesetz v. 20.8.1980, BStBl. I, 589) in § 21 Abs. 1 Satz 2 EStG nur die sinngemäße Anwendung des § 15 a EStG, nicht jedoch, wie im nämlichen Gesetz für die Einkünfte aus Land- und Forstwirtschaft und die Einkünfte aus selbständiger Arbeit geschehen, eine entsprechende Anwendung des § 15 Abs. 1 Nr. 2 EStG angeordnet hat. A. A. Schulte FR 1980, 341, 343f.

[130] So Ruppe, in: Tipke (Hrsg.), Übertragung von Einkunftsquellen im Steuerrecht, S. 10, 11.

wird, entscheidet sich danach, wodurch die Leistung *veranlaßt* worden ist.[131] Daß steuerrechtliche Leistungsbeziehungen nicht zwischen dem Gesellschafter und der Gesellschaft, sondern nur zwischen ihm und den übrigen Gesellschaftern bestehen, ist bereits oben[132] gezeigt worden.[133]

dd) Gesetzlich angeordnete Sonderregeln (§§ 15 Abs. 1 Nr. 2 Hs. 2, 13 Abs. 5, 18 Abs. 5 EStG) gelten bei gemeinsamer Erzielung von Gewinneinkünften. Nach diesen Normen sind als Einkünfte aus der gemeinschaftlich verwirklichten Einkunftsart auch zu erfassen „die Vergütungen, die der Gesellschafter von der Gesellschaft für seine Tätigkeit im Dienst der Gesellschaft oder für die Hingabe von Darlehen oder für die Überlassung von Wirtschaftsgütern bezogen hat." Die Auslegung dieser Norm ist strittig; nach der Rechtsprechung des Ersten Senats des BFH erfaßt die Vorschrift nur Vergütungen für Leistungen, die durch das Gesellschaftsverhältnis veranlaßt, bei wirtschaftlicher Betrachtung als Beitrag zur Verwirklichung des Gesellschaftszwecks anzusehen sind.[134] Nach der Rechtsprechung des Vierten Senats hingegen erfaßt die Norm nach ihrem Wortlaut und Zweck grundsätzlich alle Leistungen des Mitunternehmers.[135] Die Rechtsprechung des Ersten Senats mißt § 15 Abs. 1 Nr. 2 Hs. 2 EStG meines Erachtens zu Unrecht nur deklaratorische Bedeutung bei: Ist eine Leistung durch das Gesellschaftsverhältnis veranlaßt, so ist sie unabhängig von ihrer zivilrechtlichen Grundlage stets als Beitragsleistung zu qualifizieren. Selbständige Bedeutung gewinnt die Vorschrift erst dann, wenn sie sämtliche Leistungen des Mitunternehmers erfaßt. Da die Vergütungen bei dieser Auslegung der Norm sowohl beim Leistenden wie auch beim die Leistung entgegennehmenden Gesellschafter im Zusammenhang mit gewerblichen Einkünften stehen, kann für die Einkünfteermittlung die Personengesellschaft aus *Praktikabilitätsgründen* als Partner und Endpunkt der Leistungsbeziehung anerkannt werden, so daß hier *im Ergebnis* von der neueren Rechtsprechung des BFH zur „Steuerrechtssubjektivität der Personengesellschaft in Sachen Einkunftsart und Einkunftsermittlung" nicht abgewichen wird.

---

[131] Vgl. zur Bedeutung des Veranlassungsprinzips für die Abgrenzung der Einkunftssphären oben S. 79ff.

[132] S. 73f.

[133] Die gegenteilige Rechtsprechung des BFH (Urt. v. 18.11.1980, BStBl. II 1981, 510) führt zu dem paradoxen Ergebnis, daß derselbe Gesellschafter den gleichen Geldbetrag als Einkunft aus Kapitalvermögen vereinnahmt und als Werbungskosten aus Vermietung und Verpachtung verausgabt.

[134] Sog. Beitragsgedanke; vgl. BFH, Urt. v. 23.5.1979, BStBl. II, 757, 762; Urt. v. 23.5.1979, BStBl. II, 763, 765f.; Urt. v. 23.5.1979, BStBl. II, 767, 768; Urt. v. 27.5.1981, BStBl. II 1982, 192, 196.

[135] Gleichgültig ist nach dieser Rechtsprechung, ob die Leistung auf gesellschaftsrechtlicher oder besonderer, schuldrechtlicher Grundlage erbracht wird. Eine Ausnahme soll nur dann gelten, wenn die Leistung zufällig und ohne jeglichen wirtschaftlichen Zusammenhang mit der Mitunternehmerschaft des Leistenden zusammentrifft; so BFH, Urt. v. 24.1.1980, BStBl. II, 271, 274; Urt. v. 24.1.1980, BStBl. II, 269, 270f.; Urt. v. 25.1.1980, BStBl. II, 275, 276.

VIII. Zusammenfassung der Ergebnisse der Arbeit

1. Die Zuordnung der wirtschaftlichen Betätigung eines Steuersubjekts zur „richtigen" Einkunftsart (Einkünftequalifikation) ist von großer materieller Bedeutung, da durch sie der Umfang der steuerbaren Einkommenssphäre festgelegt wird (S. 15). Werden mehrere Einkommensteuerrechtssubjekte (natürliche Personen) gemeinschaftlich tätig, setzt eine zutreffende Einkünftequalifikation die Bestimmung des steuerlich Handelnden und der einnahmenbringenden Handlung voraus (S. 16f.).

2. Die gemeinsame wirtschaftliche Betätigung ist im Wirtschaftsleben in den verschiedensten Ausprägungen überaus häufig anzutreffen (S. 19f.). Sie wird definiert als ein vertraglicher Zusammenschluß mehrerer Rechtssubjekte zu dem zugrunde gelegten gemeinsamen Zweck, die Erzielung von Einnahmen aufgrund einer Teilnahme am Marktgeschehen durch die Erbringung von Beiträgen (Vermögenswerte und Dienstleistungen) zu fördern (S. 24).

3. Die Frage der Einkünftequalifikation bei Personenvereinigungen war und ist bis heute trotz im Prinzip stets gleich gebliebener, wenn auch dürftiger gesetzlicher Vorgaben einem steten Wandel unterworfen (S. 25ff.). Ihre Beantwortung ist abhängig von den jeweils zugrunde gelegten zivil- und steuerrechtlichen Prämissen. Als solche werden insbesondere angesehen: die zivilrechtliche Auffassung vom „Wesen" der Personengesellschaft (Einheit der Gesellschaft oder Vielheit der Gesellschafter; S. 27, 29f., 36f., 41, 43, 57f.), das Verhältnis des Zivilrechts zum Steuerrecht (Maßgeblichkeit, bloße Indizwirkung oder Unabhängigkeit voneinander; S. 27, 32f., 35f., 38f., 41f.), das Verständnis des Steuergegenstandes (Einkunftsquelle, Einkommen, steuerbare Handlung; S. 26, 29, 34f., 37) sowie steuerverfahrensrechtliche Regelungen (einheitliche Einkünftefeststellung; S. 33f., 39f.).

4. Die derzeit herrschende Auffassung im Steuerrecht sieht die Personenvereinigung als eine von ihren Mitgliedern weitgehend unabhängige Einheit an. Steuergegenstand und damit Objekt der Einkünftequalifikation ist die Tätigkeit der insoweit als Steuerrechtssubjekt betrachteten Vereinigung. Den Mitgliedern wird das Besteuerungsergebnis lediglich anteilig zur Versteuerung zugewiesen (S. 44ff.). Die Reichweite des Einheitlichkeitspostulates endet jedoch nach der neuen Rechtsprechung des Bundesfinanzhofes dort, wo als sachgerecht empfundene Ergebnisse – etwa die Erfassung anteiliger Veräußerungsgewinne bei betrieblich

beteiligten Gesellschaftern einer Überschußgesellschaft – nicht mehr erzielt werden können (S. 45f.). Ein Teil der Literatur hingegen zieht aus dem neuen dogmatischen Verständnis konsequent für die Qualifikation aller auftauchenden Einzelfallgestaltungen gemeinsamen wirtschaftlichen Tätigwerdens weitreichende Folgerungen (S. 48 - 60). Der Gesetzgeber sieht sich veranlaßt, durch Einzelfallregelungen bereits eingetretene Rechtsprechungsänderungen (Aufgabe der Gepräge-Rechtsprechung) zu korrigieren und als möglich erachtete zu verhindern.

5. Der Versuch einer den Grundprinzipien der Einkommensbesteuerung gerecht werdenden Bewältigung des Problems setzt zunächst eine Bestimmung des Steuertatbestandes, insbesondere des Steuergegenstandes der Einkommensteuer voraus (S. 62). Steuergegenstand ist die auf eine Vermögensmehrung im Rahmen einer Einkunftsart gerichtete Handlung eines Steuerpflichtigen, seine „steuerbare Leistung" (S. 67f.). Auch bei gemeinsamer Betätigung kann eine steuerbare Leistung jeweils nur von dem einzelnen beteiligten Steuersubjekt (natürliche Person, Körperschaft) an einen Dritten erbracht werden (S. 73f.). Eine partielle Steuerrechtssubjektivität von Personengesellschaften ist abzulehnen (S. 74).

6. Die Bestimmung der steuerbaren Leistung und deren Zuordnung zur „richtigen" Einkunftsart ist nach Maßgabe der aus dem Normengefüge des Einkommensteuergesetzes ableitbaren Ordnungsstruktur der Einkunftsarten vorzunehmen (S. 78f.). Führt die Qualifikation der die Wertveränderung unmittelbar auslösenden Ursache zu einer subsidiären Einkunftsart, ist es zur Ermittlung der zutreffenden steuerbaren Leistung erforderlich, die Kausalkette ausgehend von der festgestellten äquivalenten Letztursache zurückzuverfolgen (S. 81). Ein Kriterium, aus dem so gewonnenen Ursachenspektrum die maßgebliche eine Wertveränderung bedingende Ursache herauszufiltern, ist das Ordnungssystem der Einkunftsarten (S. 83f.).

7. Letztursache für die Wertveränderung ist bei einer steuerbaren Leistung des Gesellschafters einer Personengesellschaft seine isoliert betrachtete Beitragsleistung als quantitativer Ausschnitt der „Leistungsbeziehung" der Gesellschaft zu einem Dritten (S. 84f.). Ob sich die steuerbare Leistung des Gesellschafters in dieser Beitragsleistung erschöpft oder nur Teil einer umfassenderen Leistung des Steuerpflichtigen ist, wird nach Maßgabe der Ordnungsstruktur der Einkunftsarten entschieden (S. 86).

8. Die Meinungsvielfalt zur Frage der Einkünfteermittlung bei unterschiedlicher Qualifikation der Gesellschafterleistungen zeigt, daß die Reichweite des Einheitlichkeitspostulates der herrschenden Meinung dort endet, wo das für richtig erachtete Besteuerungsergebnis in Gefahr

gerät (S. 88). Die sich zunehmend durchsetzende Auffassung von der Gewinnermittlung des betrieblich beteiligten Gesellschafters aufgrund einer zweiten Ergebnisrechnung der Gesellschaft („Als-Ob-Steuerbilanz") geht von unzutreffenden handelsrechtlichen Prämissen aus (S. 91 ff.). Leistungsfähigkeitskonform ist nur die zu einer völligen Aufgabe der Einheitsbetrachtung führende, zu Ende gedachte Als-Ob-Betrachtung, d. h. die ausschließlich gesellschafterbezogene Einkünfteermittlung (S. 94). Diese ist dagegen bereits unmittelbare Konsequenz des eigenen dogmatischen Verständnisses (S. 95).

9. Verfahrensnormen sind aufgrund ihrer dienenden Funktion gegenüber dem materiellen Steuerrecht so auszulegen, daß eine materiell richtige Besteuerung erreicht wird (S. 96). Eine einheitliche und gesonderte Feststellung gemeinsam erwirtschafteter Einkünfte ist daher auch dann durchzuführen, wenn die steuerbaren Leistungen der Gesellschafter unterschiedlichen Einkunftsarten zuzuordnen sind (S. 98 f.). Eine nach Einkunftsarten differenzierende Rechtsbehelfsbefugnis gegen einheitliche Feststellungsbescheide ist abzulehnen (S. 100 f.).

10. Die Einkünftequalifikation von Einzelfallgestaltungen gemeinsamer wirtschaftlicher Betätigung nach Maßgabe des gefundenen dogmatischen Konzeptes (S. 102 ff.) führt, da sie ausschließlich gesellschafterbezogen ist, zu leistungsfähigkeitskonformen Ergebnissen. Die neuerdings überstürzt erfolgte gesetzliche Regelung der Einkünftequalifikation gewerblich geprägter Personengesellschaften ist aus systematischen Gründen („Einkünftequalifikation nach Rechtsformwahl") abzulehnen (S. 104 ff.). Auch die Normierung der einheitlichen Beurteilung gemischter Betätigungen widerspricht Grundwertungen des Einkommensteuergesetzes, da es als Einkunftsartenrecht ausgestaltet ist (S. 112 ff.). Bei freiberuflich tätig werdenden Personengesellschaften mit berufsfremden Mitgliedern wird eine je nach Art der „Berufsfremdheit" differenzierende Lösung vorgeschlagen (S. 118 ff.). Die gewerbliche Qualifikation der steuerbaren Leistungen der Besitzgesellschafter in Fällen der sog. Betriebsaufspaltung ist als unvereinbar mit dem Prinzip der Gesetzmäßigkeit der Besteuerung abzulehnen (S. 124 f.). Betrieblich beteiligte Mitglieder einer vermögensverwaltenden Gesellschaft erzielen originäre gewerbliche Einkünfte (S. 126). Bei Leistungsbeziehungen zwischen einem Gesellschafter und seiner Gesellschaft erbringt jener seine steuerbare Leistung nicht ihr, vielmehr den übrigen Gesellschaftern gegenüber als jeweils quantitativen Ausschnitt seiner Leistung an die Gesellschaft (S. 127 f.).

Literaturverzeichnis*

Arbeitskreis für Steuerrecht GmbH (Hrsg.): Nichtgewerbliche Gesellschaften und Gemeinschaften. Vermögensverwaltung und Sozietäten. Köln 1984.

Argenta GmbH (Hrsg.): Ein neuer „vordringlicher" Gesetzentwurf zur Besteuerung von Personengesellschaften, in: Nota bene, Juni 1985 (Beilage zum Betriebsberater Heft 16/1985).

v. Armansperg, Wolfgang: Die Abschreibungsgesellschaft. Entstehung – Ausgestaltung – Einschränkungen. München 1983.

Ball, Kurt: Steuerrecht und Privatrecht. Theorie des selbständigen Steuerrechtssystems. Mannheim – Berlin – Leipzig, 1924.

Ballerstedt, Kurt: Der gemeinsame Zweck als Grundbegriff des Rechts der Personengesellschaften, JuS 1963, 253.

Bayer, Hermann-Wilfried: Grundbegriffe des Steuerrechts. Berlin 1977.

— Zum Systemgedanken des deutschen Einkommensteuerrechts, FR 1983, 105.

— Der Stufenbau des Steuertatbestandes, FR 1985, 337.

— / *Müller,* Friedrich Paul: Das Einkommen – der Steuergegenstand des Einkommensteuerrechts? – Einige Bemerkungen zu einem grundlegenden Mißverständnis –, BB 1978, 1.

Becker, Enno: Die Grundlagen der Einkommensteuer. München – Berlin 1940.

v. Beckerath, Hans-Jochem: Die einheitliche Feststellung von Einkünften im Veranlagungs- und Einspruchsverfahren, DStR 1983, 475.

Bichel, A. E.: Aufgabe des Handelsbetriebes durch eine GmbH & Co. KG, Die steuerliche Betriebsprüfung 1984, 105.

Biergans, Enno: Einkommensteuer und Steuerbilanz. 3. Aufl. München 1985.

— Überlegungen zur personellen Zurechnung von Betriebsausgaben und Werbungskosten, FR 1984, 297.

— / *Stockinger,* Roland: Zum Einkommensbegriff und zur persönlichen Zurechnung von Einkünften im Einkommensteuerrecht, FR 1982, (I.) 1, (II.) 25.

— / *Wasmer,* Claudius: Zum Tatbestand der Besteuerung und zum Leistungsfähigkeitsbegriff in der Einkommensteuer, FR 1985, 57.

Bilsdorfer, Peter: Rechtsbehelfe von Personengesellschaften im Besteuerungsverfahren, NWB Fach 2, S. 4433.

— Die sogenannte isolierende Betrachtungsweise, RIW 1983, 850.

Birk, Dieter: Das Leistungsfähigkeitsprinzip als Maßstab der Steuernormen. Köln 1983.

---

* Sind von einer Schrift frühere Auflagen verwendet worden, ist dies im Zitat vermerkt.

Bitz, Horst: Begriff und steuerliche Folgen der Mitunternehmerschaft auf gesellschaftsrechtlicher und schuldrechtlicher Basis, DB 1984, 316.

Blaurock, Uwe: Steuerrecht und Grundgesetz, JA 1980, 142.

Blümich, Walter / *Falk,* Ludwig: Einkommensteuergesetz, Kommentar (Loseblatt). 12. Aufl. München, Stand Mai 1985.

Bordewin, Arno: Mitunternehmerbesteuerung im Spannungsfeld zwischen Einheit der Gesellschaft und Vielfalt der Gesellschafter, StbJb. 1982/83, S. 181.

— Post mortem Bilanzbündeltheorie – Freud und Leid der Einheit der Personengesellschaft, DStZ/A 1983, 487.

— Die GmbH & Co. KG nach dem Beschluß des Großen Senats des Bundesfinanzhofs vom 25. Juni 1984, RWP SG 5.2, S. 835.

— Änderungen des § 15 a des Einkommensteuergesetzes durch das Steuerbereinigungsgesetz 1985, BB 1985, 386.

— Zum Entwurf eines Gesetzes zur vordringlichen Regelung von Fragen der Besteuerung von Personengesellschaften, BB 1985, 1548.

— Aufgabe der Gepräge-Rechtsprechung – Auswirkungen auf die Betriebsaufspaltung, die atypische GmbH & Still und die „gemischt" tätige GmbH & Co. KG?, FR 1985, 98.

— Gepräge-Gesetzgebung – gesetzliche Verankerung der Gepräge-Rechtsprechung durch das Steuerbereinigungsgesetz 1986, NWB Fach 3 b, S. 3281.

Böttcher, Conrad: Zum Wirtschafts- und Steuerrecht der Familienunternehmen, StbJb. 1953/54, 239.

Brewi, Karl: Die steuerliche Behandlung der Personenhandelsgesellschaften. Düsseldorf 1981.

Bruse, Matthias: Neuorientierung bei der Besteuerung der Personengesellschaften – Gepräge-Rechtsprechung, Gewinnerzielungsabsicht und Mitunternehmereigenschaft nach dem Grundsatzbeschluß des BFH, FR 1985, (I.) 63, (II.) 85.

Buchner, Herbert: Zur rechtlichen Struktur der Personengesellschaften, AcP 169 (1969), 483.

Bühler, Ottmar: Lehrbuch des Steuerrechts, Bd. 2 (Einzelsteuerecht). Berlin 1938.

— Neues Beginnen wissenschaftlicher Arbeit am Steuerrecht, StuW 1947, Sp. 1.

Canaris, Claus-Wilhelm: Systemdenken und Systembegriff in der Jurisprudenz. 2. Aufl. Berlin 1983.

Christoffel, Hans-Günther / *Dankmeyer,* Udo: Das Steuerbereinigungsgesetz 1986: Die gesetzliche Verankerung der sog. Geprägegrundsätze, DB 1986, 347.

Coen, Max: Einkünfteermittlung bei geschlossenen Immobilienfonds, WPG 1985, 380.

— / *Vogel,* Holmer: Die Abhängigkeit der Einnahmen-/Werbungskosten-Überschußrechnung von der Steuerbilanz bei geschlossenen Immobilienfonds, DB 1982, 1764.

Costede, Jürgen: Mitunternehmerschaft und Betriebsaufspaltung bei der GmbH und Still – dogmatische und methodische Probleme des einkommensteuerlichen Dualismus –, StuW 1977, 208.

Crezelius, Georg: Verkappte Analogien in der Finanzrechtsprechung, StuW 1981, 117.

— Steuerliche Rechtsanwendung und allgemeine Rechtsordnung. Grundlagen für eine liberale Besteuerungspraxis. Herne–Berlin 1983.

— Ertragsbesteuerung der GmbH und Co. KG (Beschluß des Großes Senats des BFH vom 25.6.1984 GrS 4/82, BStBl. II S. 751), SteuerStud 1985, 84.

Deutsches Institut für Wirtschaftsforschung: Einkünfte aus Vermietung und Verpachtung: Steuerliche Verluste im Wohnungsbau nehmen rasch zu. Wochenbericht 21/85, S. 247.

Döllerer, Georg: Die Steuerbilanz der Personenhandelsgesellschaft als konsolidierte Bilanz einer wirtschaftlichen Einheit, DStZ/A 1974, 211.

— Neuere Entwicklungen im Steuerrecht der Personengesellschaft, DStZ/A 1976, 435.

— Rechtsbeziehungen zwischen der Personenhandelsgesellschaft und ihren Gesellschaftern in der Steuerbilanz, in: Festschrift für Werner Flume, Band II, 1978, S. 43ff.

— Die Bilanzen der Personenhandelsgesellschaft und ihrer Gesellschafter – Chaos oder System?, DStZ/A 1980, 259.

— Zur Realteilung bei Personenhandelsgesellschaften – Anmerkungen zu dem BFH-Urteil vom 19. Januar 1982 VIII R 21/77 –, DStZ/A 1982, 267.

— Zur Rechtsnatur der neuen Körperschaftsteuer, BB 1983, 1.

— Neues Steuerrecht der Personengesellschaft, DStZ/A 1983, 179.

— Die atypische stille Gesellschaft – gelöste und ungelöste Probleme, DStR 1985, 295.

— Aus der neueren Rechtsprechung des Bundesfinanzhofs zur Betriebsaufspaltung, GmbHR 1986, 165.

Domann, Rita: Steuerbereinigungsgesetz 1986: Änderungen der Abgabenordnung, DB 1986, (I.) 611, (II.) 664.

Dornfeld, Robert: Die Aufregung ist grundlos. Der Beschluß des Großen Senats trifft nicht die Bauherrenmodelle, „Blick durch die Wirtschaft" v. 15.11.1984.

Durchlaub, Wolfgang: Verlustzuweisungen aus Vermietung und Verpachtung bei Personengesellschaften, DStR 1975, 311.

Düringer / Hachenburg: Handelsgesetzbuch, Kommentar. 3. Aufl. Mannheim – Berlin – Leipzig 1932.

Ebeling, Jürgen: Einzelne Folgen aus der Abkehr von der Bilanzbündeltheorie, DStZ/A 1976, 251.

Ehrenberg, Victor: Handbuch des gesamten Handelsrechts, Bd. 2, Leipzig 1918.

Einkommensteuerkommission (Hrsg.): Untersuchungen zum Einkommensteuerrecht unter besonderer Berücksichtigung textkritischer, rechtssystematischer und verfassungsrechtlicher Gesichtspunkte. Bonn 1964.

Eisenmann, Frank: Die Grundbegriffe Einnahmen – Einkünfte – Einkommen im Einkommensteuerrecht. Diss. Tübingen 1977.

Erdweg, Anton: Die Publikums-GmbH & Co. KG und ihre Gesellschafter im Ertragsteuerrecht – Anmerkungen zum Beschluß des Großen Senats des BFH v. 25.7.1984 GrS 4/82 –, FR 1985, 602.

Esser, Josef: Wert und Bedeutung der Rechtsfiktionen. Frankfurt a.M. 1940.

Fabricius, Fritz: Relativität der Rechtsfähigkeit. Ein Beitrag zur Theorie und Praxis des privaten Personenrechts. München – Berlin 1963.

Felix, Günther: Gewerbesteuer bei gemischter Tätigkeit (Doppeltätigkeit), StuW 1963, 85.

— Über einige Auswirkungen des „GmbH & Co.KG-Beschlusses 1984 des Großen Senats" auf das Rechtsinstitut der Betriebsaufspaltung, DStZ/A 1984, 575.

— Zur Einkünftequalifikation des Nur-Besitzgesellschafters, BB 1985, 1970.

— „Staatsethisch ein verwerflicher Vorgang". Zur Aufgabe der „Gepräge-Rechtsprechung" und ihrer Wiederherstellung durch den Gesetzgeber, Handelsblatt v. 22.4.1985.

— Neue Rechtslage der einkommensteuerrechtlichen Qualifizierung der Einkünfte aus Sozietäten mit berufsfremden Mitgliedern, DStR 1985, 363.

— / *Streck,* Michael: Körperschaftsteuergesetz. 2. Aufl. München 1984.

Fink, Hans Ludwig: Ist die Bilanzbündeltheorie noch haltbar?, in: StbJb. 1955/56, 525.

Flume, Werner: Gesellschaft und Gesamthand, ZHR 136 (1972), 177.

— Das „Halten und Verwalten" eines Vermögens oder Vermögensgegenstandes als BGB-Gesellschaft in zivilrechtlicher und steuerrechtlicher Sicht, DB 1973, 2470.

— Gesamthandsgesellschaft und juristische Person, in: Festschrift für Ludwig Raiser, Funktionswandel der Privatrechtsinstitutionen. Tübingen 1974, S. 27.

— Allgemeiner Teil des Bürgerlichen Rechts, 1. Band, 1. Teil: Die Personengesellschaft. Heidelberg – New York 1977.

— Der Entwurf eines Gepräge-Rechtsprechungs-Gesetzes, DB 1985, 1152.

Frank, Hans: Nationalsozialistisches Handbuch für Recht und Gesetzgebung. München 1935.

Friauf, Karl-Heinrich: Steuerrecht und Verfassungsrecht, DStZ/A 1975, 359.

Frotscher, Gerrit: Kommentar zum Einkommensteuergesetz. Freiburg, Stand 1985.

Fuisting, B.: Die Preussischen direkten Steuern, 1. Bd., Kommentar zum Einkommensteuergesetz. Berlin 1901.

— Die Preussischen direkten Steuern, 3. Bd., Kommentar zu den Gewerbesteuergesetzen. 2. Aufl. Berlin 1900.

— Die Preussischen direkten Steuern, 4. Bd., Grundzüge der Steuerlehre, Berlin 1902.

George, Heinz: Anmerkung zum Beschuß des BayObLG vom 13.11.1984, BB 1985, 544.

v. Gierke, Otto: Deutsches Privatrecht, Band 1: Allgemeiner Teil und Personenrecht. Leipzig 1895.

Giloy, Jörg: Zur Symmetrie der Einkunftsarten, FR 1978, 205.

— Vieldeutige Einkommensbegriffe. Herne – Berlin 1978.

Glaser, Fritz: Das Einkommensteuergesetz vom 29. März 1920. Kommentar. Berlin 1922.

Greif, Martin: Die Beurteilung der steuerlichen Abgrenzung der Einkünfte aus freiberuflicher und gewerblicher Tätigkeit – unter besonderer Berücksichtigung der BFH-Entscheidungen zur Abgrenzung bei Ärzten und Steuerberatern, DStR 1977, (I.) 560, (II.) 597.

Grieger, Rudolf: Anmerkung zum Urteil des BFH vom 17.3.1966 – IV 233, 234/65, DStZ/A 1966, 159.

— Anmerkung zum Urteil des BFH vom 17.3.1966 – IV 233, 234/65, BB 1966, 396.

— Ausgewählte Fragen der Ertragsbesteuerung der Personengesellschaften, StbJb. 1966/67, 159.

Groh, Manfred: Gesellschafterbeitrag und Gesellschaftsgewinn, in: Festschrift für Werner Flume zum 70. Geburtstag, Bd. 2, Köln 1978, 71.

— Die nichtgewerblich tätige Personengesellschaft, JbFfSt. 1979/80, 209.

— Die Kriterien der Mitunternehmerschaft, BB 1982, 1229.

— Gewinnerzielungsabsicht und Mitunternehmerschaft – Anmerkung zum Beschluß des Großen Senats des BFH vom 25.6.1984 GrS 4/82 –, DB 1984, 2424.

— Nach der Aufgabe der Geprägetheorie – zum Beschluß des Großen Senats des BFH vom 25.6.1984 GrS 4/82, DB 1984, 2373.

— Das Steuerrecht als unerwünschte Quelle des Gesellschaftsrechts, BB 1984, 304.

Hahn, Hartmut: Die Grundsätze der Gesetzmäßigkeit der Besteuerung und der Tatbestandsmäßigkeit der Besteuerung in rechtsvergleichender Sicht. Berlin 1984.

Haller, Heinz: Die Steuern. Grundlinien eines rationalen Systems öffentlicher Abgaben. 2. Aufl. Tübingen 1971.

Hartmann, Bernhard / *Christians,* Uwe: Steuerliche Abgrenzung zwischen freiem Beruf, nichtselbständiger Arbeit und gewerblicher Tätigkeit, DB 1984, 1365.

— / *Walter,* Norbert: Auslegung und Anwendung von Steuergesetzen. Grundlagen der Rechtsanwendung im Steuerrecht. Berlin 1984.

Hennerkes, Brun-Hagen / *Binz,* Marc: Die GmbH & Co., 7. Aufl. München 1984.

— Die „gewerblich geprägte Personengesellschaft", BB 1985, 2161.

— Das sogenannte Gepräge-Gesetz. Anmerkungen zu Artikel 7 Nr. 6 des Steuerbereinigungsgesetzes 1986, BB 1986, 235.

Hensel, Albert: Steuerrecht. Berlin 1924.

— Zur Dogmatik des Begriffs „Steuerumgehung", in: Bonner Festgabe für Zitelmann, München – Leipzig 1923, 217.

Herrmann, Carl / *Heuer,* Gerhard / *Raupach,* Arndt: Kommentar zur Einkommensteuer und Körperschaftsteuer. 18. Aufl. Köln 1950/77. Loseblatt, Stand 1986.

Herzig, Norbert / *Kessler,* Wolfgang: Die begrenzte Steuerrechtsfähigkeit von Personenmehrheiten nach dem Beschluß des Großen Senats des BFH vom 25.6.1984, DB 1985, (I.) 2476, (II.) 2528.

Heuer, Gerhard: Bürgerlich-rechtliche Gesellschaft als Gewerbetreibende bei Beteiligung einer GmbH, GmbHR 1974, 166.

Heyll, Ulrich: Zur unternehmensspezifischen Rechtssubjektivität von Personengesellschaften im Einkommensteuerrecht. Diss. Berlin 1982.

Hildebrandt, Joachim: Gepräge-Rechtsprechung: In der eigenen Schlinge gefangen. „Blick durch die Wirtschaft" v. 18.4.1985.

— Mit dem Holzhammer zurück zur Geprägetheorie. „Blick durch die Wirtschaft" v. 17.10.1985.

Höhn, Ernst: Steuerrecht. Ein Grundriß des schweizerischen Steuerrechts für Unterricht und Selbststudium. 3. Aufl. Bern – Stuttgart 1979.

Hübschmann / Hepp / Spitaler: Kommentar zur Abgabenordnung und Finanzgerichtsordnung. 8. Aufl. Köln 1981 ff. (Stand: März 1986).

Hueck, Alfred: Gesellschaftsrecht. 18. Aufl. München 1983.

Institut der Wirtschaftsprüfer (Hrsg.): Neuorientierung bei der Besteuerung der Personengesellschaften. Düsseldorf 1985.

Jagdfeld, August / *Kurth*, Hans / *Schelnberger*, Franz Josef: Umqualifizierung von Einkünften bei steuerbegünstigten Kapitalanlagen – Tendenzen der Rechtsprechung und Verwaltungsauffassung, DStR 1980, 705.

Jakob, Wolfgang: Steuern vom Einkommen I. Grundlagen der Einkommensteuer, Überschußeinkünfte. Stuttgart – Berlin – Köln – Mainz 1980.

— Anmerkung zu den Urteilen des BFH vom 8.8.1980, BStBl. II, 705 und vom 17.7.1981, BStBl. II, 773, in: StRK EStG 1975, § 19 Abs. 1 Nr. 1 R. 1, 3.

— Anmerkung zum Urteil des BFH vom 8.2.1983, BStBl. II, 355, in: StRK EStG 1975, § 21 WK R. 8.

— Anmerkung zum Beschluß des Großen Senats des BFH vom 25.6.1984, BStBl. II, 751, in: StRK EStG 1975 § 15 Abs. 2 R. 5.

— Die Mitunternehmerschaft in Form der sogenannten atypischen stillen Gesellschaft. Kontinuität und Wandel eines Rechtsinstituts im Bilde der Rechtsprechung, BB 1986, 1615.

— / *Jüptner*, Roland: Zur Zwangsläufigkeit außergewöhnlicher Belastungen – Gedanken zur Systematik und Struktur eines Auffangtatbestandes –, StuW 1983, 206.

— / — Das Kapitalkonto in §§ 15 a I, 21 I 2 EStG – zugleich Überlegungen zur „Übergangsregelung" der Verwaltung zu § 21 Abs. 1 Satz 2 EStG, FR 1985, 225.

— / — Steuerfragen der mittelbaren Parteienfinanzierung über Organisationen. Verfassungsrecht Betriebsausgabenabzug Vertrauensschutz. Stuttgart 1986.

Jurkat, Werner: Zur Körperschaftsteuerpflicht einer Publikums-KG, einer GmbH & Co. KG und ähnlicher Gesellschaftsformen, GmbHR 1983, 224.

— Der Beschuß des Großen Senats vom 25.6.1984. Zur Begründung und zu den Auswirkungen für Veranlagungs- und Beratungspraxis, GmbHR 1985, (I.) 62, (II.) 86.

Klein, Franz / *Orlopp*, Gerd: Abgabenordnung, Kommentar. 3. Aufl. München 1986.

— / *Flockermann*, Paul / *Kühr*, Christian: Kommentar zum Einkommensteuergesetz. 3. Aufl. Neuwied – Darmstadt 1981.

Klempt, Walter / *Winter*, Wilhelm: Die ertragsteuerliche Behandlung der gewerblichen Grundstücksverwaltungsunternehmen, Die steuerliche Betriebsprüfung 1971, (I.) 5, (II.) 25.

Knobbe-Keuk, Brigitte: Die Besteuerung der Personengesellschaft nach der neueren Rechtsprechung und Verwaltungsauffassung, DStR 1979, 183.

— Die Betriebsaufspaltung – ein „Rechtsinstitut"?, in: StbJb. 1980/81, 335.

— Bilanz- und Unternehmenssteuerrecht. 5. Aufl. Köln 1985.

— Zur Aufgabe der Gepräge-Rechtsprechung, BB 1985, 473.

— Ein Tritt für die Finanzrechtsprechung. „Blick durch die Wirtschaft" v. 25.4.1985 = BB 1985, 820.

— Zum Entwurf eines Gesetzes zur vordringlichen Regelung von Fragen der Besteuerung von Personengesellschaften, BB 1985, 941.

— Zur geplanten rückwirkenden gesetzlichen „Verankerung" der vom Bundesfinanzhof aufgegebenen Gepräge-Rechtsprechung, BB 1985, 1903.

— Die Anteile der Kommanditisten einer GmbH & Co. KG an der Komplementär-GmbH, in: Festschrift für Hugo von Wallis, Bonn 1985, S. 373.

— Gesellschaft und Mitunternehmerschaft, StuW 1986, 106.

— Das Steuerrecht als unerwünschte Quelle des Gesellschaftsrechts. Köln 1986.

Koniarski, Lother: Einkommen als Maßstab steuerlicher Leistungsfähigkeit. München 1984.

Kornblum, Udo: Weitere Rechtstatsachen zum Unternehmens- und Gesellschaftsrecht, GmbHR 1983, (I.) 29, (II.) 61.

— / *Kleinle,* Werner / *Baumann,* Roland / *Steffan,* Bernhard: Neue Rechtstatsachen zum Unternehmens- und Gesellschaftsrecht, GmbHR 1985, (I.) 7, (II.) 42.

Kreile, Reinhold: Die Entscheidungen des Bundesfinanzhofs und ihre Auswirkungen auf die Tätigkeit des Finanzausschusses des Deutschen Bundestages, in: Festschrift für Hugo von Wallis, Bonn 1985, S. 183.

— Von der Gepräge-Rechtsprechung zur Gepräge-Gesetzgebung, DStZ/A 1986, 4.

Kröger, Horst: Zum Veranlassungsprinzip im Einkommensteuerrecht, StuW 1978, 289.

Kruse, Heinrich-Wilhelm: Steuerrecht. 3. Aufl. München 1973.

— Aktivierungsfragen. Von der dogmatischen zur statischen Bilanzauffassung und zurück?, JbFfSt. 1978/79, 172.

— Gewinnanteil und Sondervergütungen der Gesellschafter von Personengesellschaften de lege lata und de lege ferenda, in: Kruse (Hrsg.), Die Grundprobleme der Personengesellschaft im Steuerrecht, Köln 1979, S. 37.

— Korreferat zum Referat Dr. Groh, JbFfSt. 1979/80, 262.

— Zurechnungsprobleme bei Gesamthandsgemeinschaften – ein Beitrag zum Umgang mit Generalklauseln, JbFfSt. 1983/84, 237.

— Über Rechtsgefühl, Rechtsfortbildung und Richterrecht im Steuerrecht, BB 1985, 1077.

Kühn, Rolf / *Kutter,* Heinz / *Hofmann,* Ruth: Abgabenordnung, Finanzgerichtsordnung. 14. Aufl. Stuttgart 1983.

Kurth, Hans: Die Besteuerung des Mitunternehmers. Steuerliche Beurteilung der Leistungsbeziehungen zwischen der Mitunternehmergemeinschaft und ihren Gesellschaftern. Wiesbaden 1978.

Lademann / Söffing / Brockhoff: Einkommensteuergesetz. Kommentar. Loseblatt, Stand 1985.

Lang, Joachim: Systematisierung der Steuervergünstigungen. Ein Beitrag zur Lehre vom Steuertatbestand. Berlin 1974.

Larenz, Karl: Methodenlehre der Rechtswissenschaft. 5. Aufl. Berlin – Heidelberg – New York 1983.

Lenski / Steinberg: Gewerbesteuergesetz. Kommentar. 5. Aufl. Köln 1977. Loseblatt, Stand 1986.

Lieb, Manfred: Zur Kaufmannseigenschaft der Gesellschafter von KG und OHG, DB 1967, 759.

Linzbach, Peter: Der Werdegang der preussischen Einkommensteuer unter besonderer Berücksichtigung ihrer kausalen Entwicklungsfaktoren. Frankfurt a.M. – Bern – New York – Nancy, 1984.

List, Heinrich: Anmerkung zum Urteil des BFH v. 10.11.1983, BStBl. II 1984, 152, in: StRK EStG (bis 1974) § 15 Ziff. 2 R. 222.

Littmann, Eberhard: Die Gewinne der Personengesellschaften in der Einkommensteuer, DB 1958, 580.

— Einkommen und Einkünfte – Gesetzessystematische Abgrenzung, DStR 1962, 17.

— Einkommen, Einkünfte, Einkunftsarten – Einzelheiten zur gesetzlichen Unterscheidung, DStR 1962, 41.

— Die gesetzliche Ordnung der Einkunftsarten in der Einkommensteuer, DStR 1962, 94.

— Zur Abgrenzung der gewerblichen von der nichtgewerblichen Vermögensverwaltung in der Einkommen- und Gewerbesteuer, DStZ/A, 1962, 357.

— Anmerkung zu dem Urteil des BFH vom 21.12.1976 – VIII R 27/72, DStR 1977, 288.

— / *Bitz,* Horst / *Meincke,* Jens Peter: Das Einkommensteuerrecht. Kommentar. 14. Aufl. Stuttgart 1985.

Löhr, Ute / *Richter,* Wolfgang: Fortführung einer freiberuflichen Praxis bei fehlender beruflicher Qualifikation der Erben – freiberufliche oder gewerbliche Einkünfte?, BB 1980, 676.

Loidl, Volker: Die GmbH ohne erwerbswirtschaftliche Zielsetzung. Köln 1970.

Loritz, Karl-Georg: Das Grundgesetz und die Grenzen der Besteuerung. Neuere Aspekte verfassungsgerichtlicher Rechtsprechung, NJW 1986, 1.

— Die systemgerechte Einkommensteuer – ein unerreichbares Ziel?, StuW 1986, 9.

Mangold, Fritz: Zur Körperschaftsteuer, StuW 1978, 162.

Martin, Suse: Rechtsgeschäfte im Spannungsfeld zwischen Zivil- und Steuerrecht, BB 1984, 1629.

Meilicke, Heinz: Von abgestorbenen, unnützen und moribunden Richtergesetzen, in: Festschrift für Hugo von Wallis, Bonn 1985, S. 167.

Meincke, Jens Peter: Zivilrechtliche Vorfragen bei der einkommensteuerrechtlichen Übertragung von Einkunftsquellen aus der Sicht des Zivilrechtlers, in: Tipke (Hrsg.), Übertragung von Einkunftsquellen im Steuerrecht. Köln 1978.

Mellwig, Winfried: Zur steuerlichen Behandlung von Sondervergütungen i.S. § 15 Abs. 1. Nr. 2 EStG an inländische Gewerbebetriebe, DB 1978, (I.) 1047, (II.) 1099.

— Vermögensverwaltung: Bewährungsprobe für das neue Steuerrecht der Personengesellschaft, DB 1985, (I.) 2066, (II.) 2120.

Merkenich, Kurt: Die unterschiedlichen Arten der Einkünfteermittlung im deutschen Einkommensteuerrecht. Berlin 1982.

Merten, Henning: Die Abgrenzung des Betriebsvermögens vom Privatvermögen bei Einzelunternehmen und Personengesellschaften im Einkommensteuerrecht. Diss. Köln 1981.

Meßmer, Kurt: Sind Personengesellschaften Subjekt der Gewerbesteuer?, FR 1959, 103.

— Die Bilanzbündeltheorie. Eine meisterhafte Schöpfung der Rechtsprechung?, in: StbJb. 1972/73, S. 127.

— Ausgewählte Fragen der Besteuerung der Personengesellschaften, in: StKongrRep 1974, 281.

Mirbt, Hermann: Beiträge zur Lehre vom Steuerschuldverhältnis, Finanzarchiv 1927, 1.

Mösbauer, Hans Heinz: Das Steuerrecht – Auf der Suche nach dem System, DStR 1975, 679.

Mrozek, Alfons: Handkommentar zum preußischen Einkommensteuergesetz. Köln 1914.

Mugdan, Benno: Die gesamten Materialien zum Bürgerlichen Gesetzbuch für das Deutsche Reich. Band II, Berlin 1899, Neudruck Aalen 1979.

Müller-Gugenberger, Christian: Bemerkungen zur „societas leonina". Fabel-haftes im Gesellschaftsrecht, in: Gedächtnisschrift für Jürgen Rödig. Berlin – Heidelberg – New York 1978, 274.

Münchener Kommentar: Bürgerliches Gesetzbuch. Kommentar. München 1978ff.

Mundorf, Hans: GmbH & Co. KG bleibt, was sie war. Handelsblatt v. 12./13.4.1985.

Musgrave, Richard / *Musgrave,* Peggy: Public finance in theory and practice. New York 1976.

Müthling, Hans / *Fock,* Ernst: Kommentar zum Gewerbesteuergesetz. 3. Aufl. München. Loseblatt, Stand April 1985.

Neumark, Fritz: Wirtschafts- und Finanzprobleme des Interventionsstaates. Tübingen 1961.

— Grundsätze gerechter und ökonomisch rationaler Steuerpolitik. Tübingen 1970.

Offerhaus, Klaus: Zur Analogie im Steuerrecht, BB 1984, 993.

— Leserbrief, in: „Blick durch die Wirtschaft" v. 25.4.1985.

Orth, Manfred: Anmerkung zum Urteil des BFH vom 12.1.1983, BStBl. II, 425, in: StRK GewStG § 2 Abs. 1 R. 396.

Pabst / Quast / Schmider / Uelner: Praxis der steuerbegünstigten Kapitalanlagen, Band XIII. Köln 1985.

Palandt, Otto: Bürgerliches Gesetzbuch. Kommentar. 45. Aufl. München 1986.

Parczyk, Wolfgang: Die tatbestandsmäßige Zuordnung von Lebenssachverhalten unter eine der sieben Einkunftsarten des geltenden Einkommensteuerrechts – ein Qualifikations-, kein Quantifizierungsproblem, StuW 1967, Sp. 723.

Paulick, Heinz: Lehrbuch des allgemeinen Steuerrechts. 2. Aufl. Köln – Berlin – Bonn – München 1972.

— Stichwort „Familiengesellschaft", in: Handwörterbuch des Steuerrechts. 2. Aufl. München – Bonn 1981.

Paus, Bernhard: Überlegungen zu dem Beschluß des Großen Senats vom 25.6.1984 GrS 4/82 – u. a. Aufgabe der Gepräge-Rechtsprechung, DStZ/A 1985, 450.

— Ist eine Gesellschaft zwischen einem Freiberufler und einem Berufsfremden gewerblich tätig?, Die Information 1985, 265.

Quast, Dieter: Steuersparbranche fordert Ausnahmeregelungen. „Blick durch die Wirtschaft" v. 15.11.1984.

Raisch, Peter: Vereinigungen zum Betrieb landwirtschaftlicher Unternehmen auch in der Rechtsform der Offenen Handelsgesellschaft oder der Kommanditgesellschaft?, BB 1969, 1361.

Rasenack, Christian: Die Theorie der Körperschaftsteuer. Berlin 1974.

Raupach, Arndt: Der Durchgriff im Steuerrecht, München 1968.

— Die Personengesellschaft im Einkommensteuerrecht: Einheit der Gesellschaft oder Vielheit von Gesellschaftern, FR 1976, 233.

— / *Tipke* Klaus / *Uelner,* Adalbert: Niedergang oder Neuordnung des deutschen Einkommensteuerrechts? Münsteraner Symposium Band I. Köln 1985.

Reiss, Wolfram: Ertragsteuerliche Behandlung von Gesamthandsbeteiligungen und Beteiligungserträgen, StuW 1986, 232.

Reuter, Dieter: Die „Wesenselemente" der Personengesellschaft in der neueren Rechtsprechung – Bestandsaufnahme, literarische Gegenbewegungen, Konsequenzen –, GmbHR 1981, 129.

Rose, Gerd: Zur Bestimmung der Einkunftsarten bei gemischten wirtschaftlichen Aktivitäten von Einzelpersonen, DB 1980, 2464.

Ruppe, Hans-Georg: Möglichkeiten und Grenzen der Übertragung von Einkunftsquellen als Problem der Zurechnung, in: Tipke (Hrsg.), Übertragung von Einkunftsquellen im Steuerrecht, Köln 1978, S. 7.

— Die Abgrenzung der Betriebsausgaben/Werbungskosten von den Privatausgaben, in: Söhn (Hrsg.), Die Abgrenzung der Betriebs- oder Berufssphäre von der Privatsphäre im Einkommensteuerrecht, Köln 1980, S. 103.

Ruppel, Alfred: Die Fragwürdigkeit der steuerrechtlichen Nichtanerkennung handelsrechtlicher Gesellschaftsformen, DStZ/A 1982, 465.

Sandberger, Georg / *Müller-Graff,* Peter-Christian: Die rechtliche Form freiberuflicher Zusammenarbeit, ZRP 1975, 1.

Schanz, Georg: Der Einkommensbegriff und die Einkommensteuergesetze, Finanzarchiv 1896, 1.

— Der privatwirtschaftliche Einkommensbegriff, Finanzarchiv 1922, 505.

Schellenberger, Heinz: Die Immobilien-KG und ihre Gesellschafter, StbJb. 1983/84, 121.

— Der Bundesfinanzhof-Beschluß vom 25.6.1984, GrS 4/82 – Folgen und Folgerungen, DStR 1985, 163.

Scheuerle, Wilhelm: Das Wesen des Wesens – Studien über das sogenannte Wesensargument im juristischen Begründen, AcP 163 (1963), 429.

Schick, Walter: Die freien Berufe im Steuerrecht. Köln 1973.

Schlegelberger, Franz: Handelsgesetzbuch. Kommentar. 5. Aufl. München 1973 ff.

Schmidt, Christian: Die Realteilung von Mitunternehmerschaften im Einkommensteuerrecht. Frankfurt a. M. – Bern 1982.

Schmidt, Karsten: Anmerkung zum Beschluß des BayObLG vom 13.11.1984, JuS 1985, 416.

Schmidt, Ludwig: Personengesellschaften im Spannungsfeld von Zivilrecht und Ertragsteuerrecht, FR 1980, 482.

— Subjektive Zurechnung von Einkünften. „Väter und Söhne“ – fünf Jahre danach, in: StbJb. 1980/81, 115.

— Einkommensteuergesetz. Kommentar. 5. Aufl. München 1986.

Schmidt-Liebig, Axel: Der Gewerbebetriebsbegriff der §§ 2 I Ziff. 2, 15 I EStG, StuW 1977, 302.

— Die Einkünfte eines Gemeinschafters aus der Hausverwaltung – ein Beitrag zur Zuordnung der Einkünfte nach § 2 Abs. 1 EStG, FR 1982, 553.

— Der Gewerbebetrieb in der Einkommen- und Gewerbesteuer, BB Beilage 14/1984.

Schmölders, Günther: Der fehlende Einkommensbegriff, StuW 1960, Sp. 75.

Schröder, Karl-Wilhelm: Der Einkommensbegriff des § 2 EStG. Begriffsbestimmung und Systematik. SteuerStud 1985, 10.

Schulte, Wilfried: Die Einkünfte der Gesellschafter einer vermögensverwaltenden Personengesellschaft, FR 1980, 341.

Schulze-Osterloh, Joachim: Der gemeinsame Zweck der Personengesellschaften. Berlin – New York 1973.

— Steuerliche Hauptprobleme der Abschreibungsgesellschaften und ihrer Gesellschafter, insbesondere das negative Kapitalkonto, in: Kruse (Hrsg.), Die Grundprobleme der Personengesellschaft im Steuerrecht, Köln 1979, 131.

— Kapitalgesellschaft und & Co. – Handelsgesellschaft kraft Rechtsform?, NJW 1983, 1281.

— Die Qualifikation der Einkünfte einer vermögensverwaltenden Personengesellschaft (zum Beschluß des Großen Senats des BFH vom 25.6.1984), DStZ/A 1985, 315.

Schulze zur Wiesche, Dieter: Die Personengesellschaft nach dem Beschluß des Großen Senats vom 25.6.1984, Die Wirtschaftsprüfung 1985, 65.

— Einstufung der gesamten Tätigkeit einer Personengesellschaft als gewerbliche Tätigkeit?, DB 1985, 2221.

Schwarz, B.: Kommentar zur Abgabenordnung. Freiburg, Loseblatt, Stand 1985.

Söffing, Günther: Zur Abkehr der Rechtsprechung von der Bilanzbündeltheorie, StbJb. 1976/77, 241.

— Möglichkeiten und Grenzen der Übertragung von Einkunftsquellen durch Bestellung eines unentgeltlichen Nießbrauchs für Familienangehörige, in: Tipke (Hrsg.), Übertragung von Einkunftsquellen im Steuerrecht. Köln 1978.

— Die faktische Betriebsaufspaltung, DStZ/A 1983, 443.

— Anmerkung zum Urteil des BFH vom 17.1.1985 – IV R 106/81, FR 1985, 359.

— / *Fleischmann*, Hans Gunnar: Die Auswirkungen des Beschlusses des Großen Senats vom 25.6.1984 – GrS 4/84 auf Immobilienanlagen, DB 1984, 2433.

Soergel, Hans Theodor / *Siebert*, Wolfgang: Kommentar zum Bürgerlichen Gesetzbuch. 11. Aufl. Stuttgart – Berlin – Köln – Mainz 1978ff.

Söhn,. Hartmut: Betriebsausgaben, Privatausgaben, gemischte Aufwendungen, in: Söhn (Hrsg.), Die Abgrenzung der Betriebs- oder Berufssphäre von der Privatsphäre im Einkommensteuerrecht, Köln 1980.

Spitaler, Armin: Fiktionen im Steuerrecht, StbJb. 1958/59, 409.

Stadie, Holger: Die persönliche Zurechnung von Einkünften. Berlin 1983.

Staub, Hermann: Großkommentar zum HGB. 4. Aufl. Berlin – New York 1982ff.

Stoll, Gerold: Das Steuerschuldverhältnis in seiner grundlegenden Bedeutung für die steuerliche Rechtsfindung. Wien 1982.

Streck, Michael: Gewerbebetrieb, Mitunternehmerschaft, Bilanzbündeltheorie. Zur methodischen Präzisierung bei aktuellen Problemen, FR 1973, 297.

Strickrodt, Georg u. a. (Hrsg.): Handwörterbuch des Steuerrechts. 2. Aufl. München – Bonn 1981.

Strutz, Georg: Handausgabe des Einkommensteuergesetzes vom 29. März 1920. Kommentar. Berlin 1920.

— Grundbegriffe des Steuerwesens. Berlin 1922.

— Kommentar zum Einkommensteuergesetz vom 10.8.1925. Berlin 1927.

Svoboda, Karl: Rechtsform der Personengesellschaft (OHG, KG) für Immobilien-Anlage-Gesellschaften zulässig?, BB 1966, 684.

Tiedtke, Klaus: Einkommensteuer- und Bilanzsteuerrecht. Berlin – New York 1983.

Tipke, Klaus: Steuerrecht und bürgerliches Recht, JuS 1970, 149.

— Steuerrecht – Chaos, Konglomerat oder System?, StuW 1971, 2.

— Grundstücksveräußerungen im Steuerrecht. Gewerbebetrieb oder Vermögensverwaltung? Köln 1974.

— Übertragung von Einkunftsquellen – zum Thema der Münchener Tagung der Deutschen steuerjuristischen Gesellschaft, StuW 1977, 293.

— Zur Abgrenzung der Betriebs- und Berufssphäre von der Privatsphäre im Einkommensteuerrecht, StuW 1979, 193.

— Zur Problematik einer rechtsformunabhängigen Besteuerung der Unternehmen, NJW 1980, 1079.

— Steuergerechtigkeit in Theorie und Praxis. Köln 1981.

— Über „erwirtschaftete" Einkünfte und Einkünfteerzielungsabsicht, FR 1983, 580.

— Buchbesprechung zu Crezelius, Georg: Steuerrechtliche Rechtsanwendung und allgemeine Rechtsordnung, NJW 1984, 2081.

— Steuerrecht. Ein systematischer Grundriß. 10. Aufl. Köln 1985.

— Forum: Das Einkommen als zentraler Begriff des öffentlichen Schuldrechts, JuS 1985, 345.

— / *Kruse,* Heinrich-Wilhelm: Abgabenordnung. Finanzgerichtsordnung. 11. Aufl. Köln 1983 ff., Loseblatt, Stand 1985.

Uelner, Adalbert: Folgerungen aus der Aufgabe der Gepräge-Rechtsprechung durch den Bundesfinanzhof, in: StbJb. 1985/86, 237.

— / *Dankmeyer,* Udo: Die Verrechnung von Verlusten mit anderen privaten Einkünften nach dem Änderungsgesetz vom 20. 8. 1980 (sog. § 15 a – Gesetz), DStZ/A 1981, 12.

Upmeier, Werner: Die neue „Klassensteuer". Die Verselbständigung der Besteuerung nach Einkommensarten, dargestellt an der gesonderten Besteuerung der Einkünfte aus nichtselbständiger Arbeit. Diss. Köln 1972.

Vogel, Klaus: Argumente im Steuerrechtsstreit. Kann eine rechtswissenschaftliche „Argumentationstheorie" der Praxis helfen – und wo und wie?, JbFfSt. 1978/79, 34.

v. Wallis, Hugo: Rechtsprechung des BFH zur Finanzgerichtsordnung im Jahre 1984, DStZ 1985, 240.

Walz, Wolfgang Rainer: Steuergerechtigkeit und Rechtsanwendung: Grundlinien einer relativ autonomen Steuerrechtsdogmatik. Heidelberg 1980.

— Empfiehlt sich eine rechtsformunabhängige Besteuerung der Unternehmen?, Gutachten für den 53. Deutschen Juristentag. Band I. München 1980.

— Die steuerrechtliche Herausforderung des Zivilrechts. ZHR 147 (1983), 281.

— Anmerkung zum Urteil des BFH vom 10.11.1983, BStBl. II 1984, 152, in: StRK EStG (bis 1974) § 15 Ziff. 2 R. 222.

— Anmerkung zum Beschluß des GrS des BFH v. 25.6.1984, BStBl. II, 751, in: JZ 1985, 192.

Wanner, Eva: Einkommensteuerrechtliche Problematik, insbesondere Veranlassung, Abzugsverbot und Geschenkbegriff, in: Jakob (Hrsg.), Die Förderung politischer Parteien über Spendensammelvereine. Augsburg 1986.

Wassermeyer, Franz: Die Abgrenzung des Betriebsvermögens vom Privatvermögen, in: Söhn (Hrsg.), Die Abgrenzung der Betriebs- oder Berufssphäre von der Privatsphäre im Einkommensteuerrecht, Köln 1980, 315.

Weber, Hans-Dieter: Der Gewerbebetrieb im Ertragsteuerrecht. Berlin 1977.

Weber-Grellet, Heinrich: Die Gesamthand im Einkommensteuerrecht, DStR 1982, (I.) 699; 1983, (II.) 16.

— Zum Nebeneinander verschiedener Einkunftsarten bei Mitunternehmerschaften, DStZ/A 1982, 228.

Wiedemann, Herbert: Gesellschaftsrecht, Band I – Grundlagen. München 1980.

Withol, Arved: Das gewerbesteuerrechtliche Problem beim Zusammentreffen von mehreren gewerblichen Tätigkeiten und von einem Gewerbebetrieb mit Vermietung und Verpachtung, DStZ/A 1963, 261.

Woerner, Lothar: Mitunternehmerbegriff und Bilanzbündeltheorie bei der Gewerbesteuer, BB 1974, 592.

— Die neuere Rechtsprechung des Bundesfinanzhofs zur Einkommensbesteuerung von Gesellschaftern einer Personengesellschaft, BB 1975, 645.

— Die Tragweite des Beitragsgedankens bei der Auslegung des § 15 Abs. 1 Nr.2 EStG, JbFfSt. 1977/78, 150.

— Anmerkung zum Urteil des BFH v. 7.2.1985 – IV R 31/83 –, BB 1985, 1053.

— Die Betriebsaufspaltung auf dem Prüfstand, BB 1985, 1609.

Wolff, Martin: Über einige Grundbegriffe des Handelsrechts, in: Festgabe für Otto Gierke, Band II, Breslau 1910, S. 115.

Wollny, Paul: Auswirkungen des Beschlusses des Großen Senats vom 25.9.1984 auf den Immobilienbereich, DStZ/A 1985, 107.

Wübben, Bernd: Die Offene Handelsgesellschaft als Steuersubjekt. Diss. Münster 1955.

Zacharias, Erwin / *Rinnewitz,* Jürgen: Die Bedeutung der Neufassung des § 15 Abs. 2 EStG (StEntlG 1984) für die Grenzziehung zwischen privater Vermögensverwaltung und gewerblicher Tätigkeit bei der Veräußerung von Immobilien, DStR 1984, 193.

Zeitler, Franz-Christoph: Ende der steuergestaltenden Verwendung der GmbH bei Personengesellschaften? Zum gewerblichen Charakter der vermögensverwaltenden GmbH & Co. KG und der Betriebsaufspaltung, GmbHR 1985, 301.

v. Zezwitsch, Friedrich: Die Bilanzbündeltheorie – ein brüchiger Torso, FR 1970, (I.) 133, (II.) 158.

Kolibri 360 GmbH
Ferdinand-Jühlke-Straße 7
99095 Erfurt, Deutschland
produktsicherheit@kolibri360.de

Druck:
CPI Druckdienstleistungen GmbH
im Auftrag der
Kolibri 360 GmbH
Ferdinand-Jühlke-Str. 7
99095 Erfurt